国家出版基金项目
NATIONAL PUBLICATION FOUNDATION

满族语言与文化研究丛书

主编◎郭孟秀　副主编◎长　山

濒危满语环境中的满族祭祀文化

BINWEI MANYU HUANJING ZHONG DE MANZU JISI WENHUA

阿拉腾◎著

社会科学文献出版社
SOCIAL SCIENCES ACADEMIC PRESS (CHINA)

黑龙江大学出版社
HEILONGJIANG UNIVERSITY PRESS

图书在版编目（CIP）数据

濒危满语环境中的满族祭祀文化 / 阿拉腾著 . -- 哈
尔滨：黑龙江大学出版社；北京：社会科学文献出版
社，2020.12（2023.9 重印）
（满族语言与文化研究丛书 / 郭孟秀主编）
ISBN 978-7-5686-0607-3

Ⅰ . ①濒… Ⅱ . ①阿… Ⅲ . ①满语－研究②满族－祭
祀－民族文化－研究－中国 Ⅳ . ① H221 ② K892.22

中国版本图书馆 CIP 数据核字（2020）第 272684 号

濒危满语环境中的满族祭祀文化
BINWEI MANYU HUANJING ZHONG DE MANZU JISI WENHUA
阿拉腾　著

责任编辑　魏　玲　邵明菲
出版发行　黑龙江大学出版社　社会科学文献出版社
地　　址　哈尔滨市南岗区学府三道街 36 号　北京市北三环中路甲 29 号院华龙大厦
印　　刷　哈尔滨市石桥印务有限公司
开　　本　720 毫米 ×1000 毫米　1/16
印　　张　15
字　　数　215 千
版　　次　2020 年 12 月第 1 版
印　　次　2023 年 9 月第 2 次印刷
书　　号　ISBN 978-7-5686-0607-3
定　　价　54.00 元

本书如有印装错误请与本社联系更换，联系电话：0451-86608666。

总　序

　　由黑龙江大学出版社联合社会科学文献出版社组织策划的满族语言与文化研究丛书即将出版。丛书荟萃《清代满语文对蒙古语言文字的影响研究》（长山著）、《朝鲜语与满－通古斯语族同源词研究》（尹铁超著）、《满语修辞研究》（魏巧燕著）、《满语借词研究》（哈斯巴特尔著）、《满语认知研究：形态、语义和概念结构》（贾越著）、《俄藏满文文献总目提要》（王敌非著）、《满族社会文化变迁研究》（阿拉腾等著）、《濒危满语环境中的满族祭祀文化》（阿拉腾著）、《满洲崛起对东北少数民族文化认同的影响》（郭孟秀著）、《清代黑龙江地区世居民族交往交流研究》（吕欧著）、《清代东北流人视野中的满族社会生活》（高松著），共十一部力作，是近年来黑龙江大学满学研究院研究成果的集中展现，也是诸位学者"博观而约取，厚积而薄发"的必然结果；同时也体现出黑龙江大学出版社慧眼识金，为满学研究把薪助火的专业精神。在本丛书的十一部著作中，可以归类为满语（通古斯语族）语言学的有五部，可以归类为文化人类学的有四部，另有古籍类一部，民族史类一部。其中涉及满族语言文字方面的内容，笔者并非相关领域专家，无从评价。以下是阅后的几点思考，是为序。

　　首先，是关于满族文化内涵的思考。

本套丛书把内容定位为"语言与文化"，以展示黑龙江大学满学研究院在满族语言文化研究方面取得的优秀成果。阅读这套丛书后，笔者欲从历时和地理空间的角度思考满族文化的内涵，以便更深刻地理解丛书的内容。

尹铁超教授在《朝鲜语与满－通古斯语族同源词研究》一书中，将同源词研究上溯到了中国古代地方民族政权高句丽国的高句丽语和三韩语，把朝鲜语、高句丽语、满－通古斯语族诸语作为比较研究的对象。郭孟秀研究员提出，满族文化研究的内容框架可参考文化哲学三个层面的研究主题，即对文化现象的一般考察，关于文化的社会历史透视，以及关于文化的价值思考。他认为，除了第一个层面外，满族文化研究在其他两个层面都比较匮乏。① 这一观点无疑是正确的，非常有价值的。阿拉腾等在《满族社会文化变迁研究》一书中对满族文化进行了历时的分期。特别重要的是郭孟秀研究员在《满洲崛起对东北少数民族文化认同的影响》一书中对满族文化进行了纵向、历时的思考，将肃慎族系文化作为整体进行分类研究，包括肃慎－挹娄、勿吉－靺鞨、宋金时期女真人、元明时期女真人，研究其文化特征和满洲文化的形成。从历史发展过程的角度思考满族及其先民的文化的形成、演变过程，无疑为我们提供了非常有意义的研究视角。郭孟秀研究员还在满族文化的内涵研究上进行了创新，提出底层文化（渔猎文化）、表层文化（农耕文化）的概念，并首创满洲文化"轴心期"的新观点，即满洲人学汉语、习汉俗是一种文化选择的结果，更是文化有机体生命力的一种展示。对满族人来说，作为核心的渔猎文化与作为次核心的农耕文化在这一时期既存在一种亲和的相互融合的状态，同时又各自保留具有独立特征的文化张力，是文化二元结构的最佳状态，为满洲文化的发展提供了广阔的空间和愿景。此时的满洲文化表现出未特定化和未确定性，处于充满无限可能的"方成"而非"已成"状态，是满洲文化轴心期的重要标志。而在此之前，满学界就已经开始从人类发展史的角度审视

---

① 郭孟秀：《满族文化研究回顾与反思》，载《满语研究》2016 年第 1 期。

满族文化的形成发展过程。在全国"首届满族文化学术研讨会"上，有学者提出满族文化发展的三个阶段，即远古时期、满洲鼎盛时期（努尔哈赤进入今辽沈以后）、中华人民共和国成立以后的满族新文化时期。有学者提出清朝时期满族文化的四个类型：留守型文化、屯垦型文化、留守与驻防交叉型文化、驻防型文化。驻防型文化层次最高，留守、屯垦型文化保留传统内容较多。[①] 但此次研讨会以后，从人类发展史的角度和自然地理空间的角度研究满族文化的成果还是较少。而满族语言与文化研究丛书的出版，将会成为帮助我们更加全面地了解满族文化内涵的重要资料。

中国远古的文化，由于处于相对封闭的自然地理空间而呈现出独立发展的地域土著特征，很少受到族系外民族的冲击和干扰，形成了自身的半闭环的交流循环体系，黑龙江流域便是中国相对封闭的自然地理空间中的重要一环。黑龙江流域以北是不太适合远古人类生存的，外兴安岭南缘只发现了零星的新石器遗址，而在黑龙江流域内，新石器文化的遗存才开始密集、丰富起来。在满族先民生存的黑龙江下游流域以及乌苏里江、松花江下游流域，其北部是没有外敌存在的，而其东部是大海，只有西部和南部面临着濊貊－夫余族系的威胁，即夫余和高句丽。在公元 7 世纪前，肃慎族系与濊貊－夫余族系间形成了弱平衡关系，在长期的历史发展过程中塑造了具有独特地域特征的文化，即北东北亚类型的渔猎文化。而一旦离开这一具有独特自然地理特征的区域，就会发生文化类型的明显演变。笔者认为，在远古时期，自然地理状况对人类社会的发展进程起到决定性的影响，几乎所有的文明古国都不曾脱离这一规律。古埃及、古巴比伦、古印度文明的发生区域有一个共同的因素，即大河、平原和适合于旱地农业发展的环境。这些文明古国自然地理空间的开放性导致了其文明的中断，而相对封闭的地理空间环境则成为中国古代文明绵延不断的有利条件之一。中国古代文明的发生因素同样是大河（黄河）、平原，黄河从上游至下游流经宁夏平原、河套平原、汾渭平原、华北平原，特别是汾渭平原和

---

① 周凤敏：《"首届满族文化学术研讨会"综述》，载《满族研究》1990 年第 1 期。

华北平原，作为古中国文明的发生地域，远古农业十分发达。据考证，这些地方距今五千年左右出现青铜器，距今三千多年出现象形文字——甲骨文。这些条件与其他三个文明古国有相似之处，即适合远古农业发展的大河、平原，以及象形文字和青铜器。

历史事实证明，黑龙江干流流域不适合旱地农业的发展，若不脱离这一区域便不可能进入古代的文明社会，而是长期滞留于原始的氏族－部落社会。比如，东胡族系的鲜卑人和契丹人在脱离这一区域南下直至中原后，才有机会进入到奴隶制社会，最终进入到封建社会；蒙古族脱离这一区域到漠北草原后才进入到奴隶社会。而那些没有机会脱离黑龙江干流流域的诸氏族部落，比如埃文基人（鄂伦春、鄂温克人）、那乃－赫哲人、乌尔奇人、乌德盖人、尼夫赫人、奥罗奇人、奥罗克人等25个土著"民族"，则根本没有机会脱离氏族－部落社会。因此，我们可以把满族的传统文化划分为四种类型：第一种类型是没有脱离黑龙江干流下游流域、乌苏里江流域、松花江干流下游流域的满族先民的文化，他们仍然处于氏族－部落社会，狩猎、捕鱼是其文化的核心特征，比如肃慎、挹娄、勿吉、靺鞨的大部分及生女真、野人女真等；第二种类型是源自黑水靺鞨的女真人建立金朝后形成的该时期的女真文化；第三种类型是以粟末靺鞨为主建立的渤海国的文化，粟末部是夫余人和勿吉人融合形成的，《旧唐书》记载为"涑沫靺鞨"或"浮渝靺鞨"①，受夫余人影响，粟末靺鞨文化具有鲜明的中原文化特征；第四种类型就是女真－满洲－满族文化，简称满族文化，建立清朝的核心是建州女真，其主要部落胡里改部的源头是黑龙江下游以北的乌德盖部落，逐步迁移至松花江中游（今依兰县）。元末明初，胡里改部和斡朵里部先后南迁，开启了满洲族的历史，也创造了满洲族文化。分析这四种类型的文化我们发现，渤海文化、女真文化、女真－满洲－满族文化之间并没有继承关系，而是表现出明显的差异性，它们的共同点是其源头都与黑龙江下游的原始部落相关，在恶劣的自然环境下形

---

① 刘昫等：《旧唐书》第 05 部，陈焕良、文华点校，岳麓书社 1997 年版，第 991、992 页。

成的剽悍、刚烈和无所畏惧的精神，或许就是它们文化共同性的体现。所以，如果我们用"肃慎－满洲族系"文化来命名满族及其先民的文化的话，其特点则是多样性中蕴含着共同性，且多样性超过其共同性。满族文化包括满族先民的文化（黑龙江下游流域的氏族－部落文化、渤海文化、建立金朝的女真文化）、满族传统文化和革命文化、社会主义先进文化。满族的传统文化处于濒危状态，但满族的现代文化（社会主义先进文化）则正处于形成、发展的过程中，而且必然是综合性的、复合型的新文化。不能将满族现代文化的形成发展视为"汉化过程"，因为这完全违背了中国历史的发展过程。新石器时代的六大文化区系①和六大文化区②，以及先秦时期华夏"中国"的"天下"中夷夏分布、交错杂居的事实，包括秦、楚、吴、越等融入华夏的历史，这些都说明是各民族共同创造了华夏文化。满族现代文化的建设处于中华现代文化建设的范围中，表现为核心文化（中华文化核心价值观、精神力量）的统一和表层、深层文化（满族文化）多样性的统一。中国其他各民族的文化同样处于现代文化的重塑过程中。

其次，是关于满族文化濒危问题的思考。

所谓"濒危文化"包括物质的、非物质的正在消失的文化，而且是不可逆转地即将消失的文化。既然是濒危的文化，其所依存的人文条件和自然地理条件就都已经处于消失的过程中，所以，濒危文化不具有传承性，因为文化的本体内涵和形式都已经经历了长期的变异过程，失去了传播的功能性基础。濒危文化的原始内涵是不可复原的，因为其最核心的文化内涵已经不复存在。比如现在东北地区还存在一些"活态"的萨满祭祀仪式，但无论是规模还是功能都区别于以往。在本套丛书中，《清代满语文对蒙古语言文字的影响研究》《朝鲜语与满－通古斯语族同源词研究》《满语修辞研究》《满语借词研究》《满语认知研究：形态、语义和概念结构》

---

① 苏秉琦、殷玮璋：《关于考古学文化的区系类型问题》，载《文物》1981 年第 5 期。
② 严文明：《中国史前文化的统一性与多样性》，载《文物》1987 年第 3 期。

《濒危满语环境中的满族祭祀文化》，均属于濒危文化研究的范畴。"黑龙江省富裕县三家子村、孙吴县四季屯等一些满族村屯中还有十几位满族老人能够较为熟练使用满语，满语口语即将彻底退出历史舞台。对基础满语语法、满语修辞、满语与锡伯语比较等方面的研究，是在书面语的层面对满语所做的继承与保护，这项工作可以让满族语言作为满族文化的一部分存续下去。"这是本套丛书立项报告中的表述，笔者深以为然。满族濒危文化严格表述应为"满族濒危传统文化"，即将退出社会功能的是过去的文化，而满族新的文化即社会主义先进文化正处于建设过程中，因此从整体视角看，满族文化不存在濒危的问题，而是在发展中出现了变迁。《满族社会文化变迁研究》就是从这个视角进行的研究，非常具有现实意义。

基于上述认识，笔者个人的观点是要重视满族濒危传统文化的资料库建设（文字记载、影像资料制作、博物馆展示建设等）和专业化研究，做好这些工作的基础是有效的精英人才培养机制，如黑龙江大学开展的满族语言文化方向的本科生和研究生培养工作，就是很有远见的举措。满族优秀的传统文化是中华文化的组成部分，我们有责任，更有能力，对其进行深入、系统的研究。

再次，是关于满族语言与文化研究重要价值的思考。

郭孟秀研究员认为，目前针对满族文化价值方面的研究是比较匮乏的，该观点抓住了满族文化研究存在的突出问题。满族及其先民创造了恢宏而又多样的优秀民族文化，诸如渤海文化、女真文化和女真－满洲－满族文化，是中国古代北方地区最具影响力的少数民族文化，对中华文化的发展做出了杰出贡献。从我国旧石器晚期到新石器早期的人类发展状况来看，中原地区并不总是走在前面，先进的文明也并不都是从中原向四周扩散。比如距今约八千年的阜新查海文化的玉器，距今五六千年的红山文化的庙、祭坛、塑像群、大型积石冢、玉猪龙等成套玉器，都说明苏秉琦先生认为中华文明"满天星斗"的观点是正确的。至少在某一个时期内，中原地区还未发现"具有类似规模和水平的遗迹"而走在前面的文明，当然，这并不影响中原地区作为古中国文明核心区域所起到的引领作用。东北地区史前文化的顶峰显然是前红山－红山文化，它作为华夏文化的边缘和"北狄"文化的腹地，成为中华文化向东北地区传播的枢纽和通道，最先受到影响的是濊貊－夫余族系，而后是东胡族系，最后受影响的肃慎－满洲族系却创造了三种类型的文化，从公元7世纪末开始间断影响中国北部一千多年，是少数民族文化与中华文化融合的典型范例。满族先民所创造的这些优秀文化对中华文化的贡献没有得到学界应有的重视，研究成果较少，这是非常遗憾的。应该特别重视女真人两次入主中原、粟末靺鞨人建立"海东盛国"渤海的文化因素研究，以及这些满族先民的文化向中原文化靠拢的原因，这些都是满族文化价值研究的重要课题，但不限于此。"满族缔造的清朝，持续近三百年，对中华民族的近现代历史与文化都产生了重要的影响。因此，从中华民族文化大局的角度研究满族文化具有重要的历史意义与现实意义。"这是本套丛书的重要意义和价值所在。

丛书中《满洲崛起对东北少数民族文化认同的影响》《清代满语文对蒙古语言文字的影响研究》《清代东北流人视野中的满族社会生活》《清代黑龙江地区世居民族交往交流研究》四部著作对满族文化的价值进行了探讨。后金－清政权在入关前，分别发动了对蒙古、赫哲、索伦等族的一系列统一战争，建立了牢固的同盟关系，稳固了后方，同时进一步将中华文化传播到这些地区。通过清朝的统治，东北少数民族逐步接受中华文化并且开始认同中华文化，有一个重要的途径就是通过接受、认同满洲文化来渐次接受、认同中华文化，满洲文化"中华化"的过程使得中华文化在东北少数民族中的传播和影响更为深入、稳固，这是满族文化对中华文化历史建设的重要贡献。当然，这一贡献并不局限于东北地区，还包括中国其他的少数民族地区。

在先秦时期，"天下观"中存在"教化天下"的内涵，自秦朝始，"教化天下"演化出中央与边疆之间"因俗而治"、羁縻制度、土司制度以及朝贡－封赏等多种形式的政治关系，实则是"教化观"外溢扩展的结果。先秦时期"教化天下"不等于华夏"中国"实际控制的"天下"，带有礼治的想象成分，两种"天下"合二为一实现于清朝。也可以这样认为：满洲文化的"中华化"使得先秦时期想象的"天下"和"教化天下"在清朝统一于实践的"天下"。"大一统"的理想之所以能够在清朝实现，文化一统是重要的条件，而在这一过程中，满洲文化"中华化"的贡献是关键因素，其当然成为满族文化价值研究的重要内容。

在满族文化中，语言文字具有重要而独特的学术研究价值。《俄藏满文文献总目提要》等著作就是这方面的研究成果。满文古籍文献包括档案、图书、碑刻、谱牒、舆图等，数量居 55 个少数民族文字古籍文献之首。"清代，特别康熙、雍正、乾隆三朝，大量公文用满文书写，形成了大量的满文档案。用满文书写印制的书籍档案资料，及汉文或别种文字文献的满译本，构成了满文文献的全部。"此外，中国第一历史档案馆所藏满文文献，就有一百五十万件左右。辽宁、吉林、黑龙江、内蒙古、西藏、北京等省、市、自治区的档案部门或图书馆，中央民族大学、北京大学等大学的图书馆，以及中国社会科学院民族学与人类学研究所等研究机构的图书馆，均藏有满文文献。北京、沈阳、台北是我国三大满文文献收藏宝库。由于历史变迁等一些举世周知并令人难忘的原因，我国珍贵的满文文献还流散在世界各地，如日本、韩国、俄罗斯、英国、美国等地。① 比如，日本有镶红旗文书（从雍正至清末）资料 2402 函。1975 年，美国国会图书馆藏有满文文献 8916 册。因此，我国必须培养一批相当数量的满语言文字方面的专业人才，翻译和研究浩如烟海的满文文献，与其他文字的文献对照、补充，还原更加真实、完整的清朝历史与文化，寻觅无文字民族的历史与文化的面貌，其价值自不待言。本套丛书中满语言文字研究方面的著作，就属于这类成果。

最后，是关于满族文化与中华文化关系的思考。

在《满洲崛起对东北少数民族文化认同的影响》一书中，郭孟秀研究员认为东北少数民族对中华文化认同的形成过程，是通过对国家政权的认同发展到对满洲文化的认同，再由此升华到对中华文化的认同。这是非常

---

① 富丽：《满文文献整理纵横谈》，载《中央民族学院学报》1984 年第 3 期。

新颖而有创意的观点。笔者认为，在这个过程中，满洲文化的逐步"中华化"是影响清朝各民族对中华文化产生认同的关键因素。李大龙教授认为，"建立清朝的满洲人则不仅没有回避其'东夷'的出身，反而在天子'有德者居之'旗号下对魏晋以来边疆政权对'大一统'观念继承与发展的基础上有了更进一步发扬，目的是在确立满洲及其所建清朝的'中国正统'地位的基础上实现中华大地更大范围内的'大一统'"①。"大一统"观念自秦朝开始拓展其内涵，从单纯的华夏"中国"统治的合法性、正统性，逐渐形成中央王朝文化一统、政治一统、疆域一统、族系一统等内涵的综合概念，其中，文化一统是实现其他"大一统"的基础。所以，清朝统治者在顶层文化上推行以儒家思想为基础的中华文化，在基础层文化上采取"修其教不易其俗，齐其政不易其宜"②的政策，既包容差异，又实现了中华文化核心价值的统一。在这一过程中，满族文化必然向"中华化"的方向发展，因为文化政策必须服从于统治的合法性和稳定性。

研究满族文化与中华文化的关系，首先要知道什么是中华文化。习近平总书记对此指出："我们灿烂的文化是各民族共同创造的。中华文化是各民族文化的集大成。"③在2021年的中央民族工作会议上，习近平总书记又指出："要正确把握中华文化和各民族文化的关系，各民族优秀传统文化都是中华文化的组成部分，中华文化是主干，各民族文化是枝叶，根深干壮才能枝繁叶茂。"④满族的优秀传统文化亦是中华文化的组成部分，中华文化认同是由包括满族文化在内的各民族文化认同的基础文化层级和中华文化认同的国家文化层级组成的，基础文化层级不应具有政治属性，而国家文化层级则必然具有政治属性。中华文化认同是在认同中华各民族

---

① 李大龙：《农耕王朝对"大一统"思想的继承与发展》，载《云南师范大学学报（哲学社会科学版）》2020年第6期。

② 《礼记·王制》，见杜文忠：《王者无外：中国王朝治边法律史》，上海古籍出版社2017年版，第72页。

③ 《习近平：在全国民族团结进步表彰大会上的讲话》，新华网，2019年9月27日。

④ 《习近平在中央民族工作会议上强调 以铸牢中华民族共同体意识为主线 推动新时代党的民族工作高质量发展》，新华网，2021年8月28日。

文化形成和发展历史的基础上，对中华顶层文化的价值观、精神的认同，或者说顶层文化已经属于国家文化的范畴，每个民族的文化认同都不能与之等同，每个民族的文化都不等同于中华文化。这就厘清了满族文化与中华文化的关系，即枝叶与主干的关系，基础层级与顶层（国家文化）的关系。这一认识应该成为开展满族文化研究的原则，也就是说既不能把满族文化的研究政治化，也不能认为开展满族传统文化研究和发展满族现代文化就有害于中华文化认同，就与极端的、狭隘的民族主义有联系。开展满族文化研究与发展满族现代文化是中华文化建设的一部分，不影响中华文化共同性的增进，包容和尊重差异的共同性才会更有生命力和凝聚力。正常的差异并不会成为中华文化建设的障碍，处理得当，反而会成为动力。

满族语言与文化研究丛书的出版，体现了上述四个思考中提到的理念，笔者期盼更多此类研究成果涌现。

中国民族理论学会副会长，

延边大学、黑龙江大学兼职教授、博导，都永浩

总 导 言

　　满族（满洲）既是一个历史民族，也是一个现代民族，独特的发展历程铸就了其别具一格的文化特质，使之成为中华文明大花园的一朵奇葩。形成于明朝末年的满洲民族共同体，素有"马背上的民族""引弓民族"之称。满族族源可追溯至商周时期的肃慎，汉至两晋时期的挹娄（肃慎），北魏时期的勿吉，隋唐时期的靺鞨，宋、元、明时期的女真等均为肃慎后裔，也是满族的先世。这些部族长期繁衍生息于我国东北的"白山黑水"之间，在军事、政治、社会、文化上都创造了辉煌的成就，对中华民族文化的形成发展影响重大，意义深远。正如著名社会学家、人类学家费孝通先生所言，中华民族是由 56 个民族构成的多元一体，各民族文化的多样性构成了中华文明的丰富性。因此，研究满族语言及其历史文化具有重要的学术价值与现实意义。

　　全国唯一专门的满语研究机构——黑龙江省满语研究所自 1983 年成立以来，本着"把科研搞上去，把满语传下来"的办所宗旨，组建了国内第一个满语研究团队。自 20 世纪 80 年代以来，黑龙江省满语研究所充分利用地缘优势，连续对日趋濒危的满语进行抢救性调查，采用录音、录像等现代化手段，对黑河地区、齐齐哈尔地区和牡丹江地区仍然能够使用满语的满族老人进行连续性跟踪调查记录，完整保存活态满语口语原始资料。

近年来，抢救性调查范围拓展至赫哲语、鄂伦春语、鄂温克语、那乃语与锡伯语，搜集了较为全面丰富的满－通古斯语族诸语言调查资料。此外，黑龙江省满语研究所对满语语音、语法、词汇等基本理论问题展开了系统的分析研究。

1999 年 11 月，黑龙江省满语研究所整建制迁入黑龙江大学，组建黑龙江大学满族语言文化研究中心，研究领域由单一满语拓展至满族历史与文化，并利用黑龙江大学的人才培养机制，陆续创建与完善中国少数民族语言文学（满语）学士、硕士与博士三级学位培养体系，目前共培养满语本科、硕士、博士毕业生近 170 人。中国少数民族语言文学（满语）专业培养了大量的满语专业人才，毕业生多于满文档案保管机构从事满文档案整理与研究工作。2019 年 6 月，为适应学科建设发展需要，满族语言文化研究中心正式更名为满学研究院，标志着黑龙江大学满学学科建设迈上一个新台阶，成为集满语满学研究、满语人才培养、满族文化传承于一体的教学科研机构。经过几代人的努力，黑龙江大学满学研究团队以学科特色鲜明、学术积淀厚重、学科体系完善、学术研究扎实而享有一定学术声誉和社会影响力。

满族语言与文化研究丛书拟出版的 11 部专著即为满学研究院科研人员的近期学术成果。其中以满语研究为主题的成果 4 部，哈斯巴特尔《满语借词研究》，长山《清代满语文对蒙古语言文字的影响研究》，贾越《满语认知研究：形态、语义和概念结构》，魏巧燕《满语修辞研究》；以亲属语言比较研究为主题的 1 部，尹铁超《朝鲜语与满－通古斯语族同源词研究》；以满文文献研究为主题的 1 部，王敌非《俄藏满文文献总目提要》；以满族历史文化研究为主题的 5 部，阿拉腾《濒危满语环境中的满族祭祀文化》，郭孟秀《满洲崛起对东北少数民族文化认同的影响》，阿拉腾等《满族社会文化变迁研究》，吕欧《清代黑龙江地区世居民族交往交流研究》，高松《清代东北流人视野中的满族社会生活》。丛书研究既涉及基础理论问题，又涵盖以问题为中心的专题探讨；研究主题多偏重于历史范畴，亦有基于田野调查的现实问题研究。

这批成果是黑龙江大学满学研究院的教学科研人员经过一定时期的积累，秉持严谨的态度所推出的原创性成果。但是，学无止境，受自身专业与研究能力限制，相关研究或许还存在一些局限与不足，希望得到学界师友批评指正。

满语文已经退出或者说正在淡出历史舞台，不再具有现实应用性的交际交流功能。因而，满语文研究，乃至以满语文研究为基础的满学研究已经成为"具有重要文化价值和传承意义的绝学冷门学科"。在现代语境下，抢救保护与开发研究少数民族语言文化是一项意义重大而充满艰辛的事业，需要学术工作者坚持严谨的学术操守，抵制急功近利的诱惑，甘于"板凳要坐十年冷"的寂寞，同时更需要社会各界的大力支持与积极参与。

满族语言与文化研究丛书的出版要特别感谢香港意得集团主席高佩璇女士。自2009年开始，高佩璇女士从中华民族传统文化传承与保护的高远视角，先后出资700余万元资助黑龙江大学与香港大学饶宗颐学术馆合作开展"满族文化抢救开发与研究"项目。该项目旨在对现存活态满族文化进行抢救性调查与挖掘，对现存满文档案开展整理翻译与研究开发，以加强后备人才培养，拓展深化满族语言与历史文化研究。德高望重的国学大师饶宗颐先生大力倡导这一功在当代、利在千秋的民族文化事业，并为项目亲自题写牌匾"满族文化抢救开发与研究"。高佩璇女士以黑龙江省政协常务委员身份，多次撰写建议提案，向各级领导及社会呼吁关注支持满学研究与满族文化事业，并得到省委、省政府、省政协领导的重视与批示，彰显了深切的民族情怀与企业家的担当奉献精神。香港大学饶宗颐学术馆馆长李焯芬教授、副馆长郑炜明教授等在项目论证和实施中开展了大量细致工作。经过项目组成员十余年的努力，目前项目第二期即将结项，此次出版的11部专著即为该项目第二期的部分成果。在此谨向令人敬仰与怀念的饶宗颐先生（已故）致以敬意，向高佩璇女士等支持关注满学事业的社会各界仁人志士表示由衷感谢。

满族语言与文化研究丛书出版之际，还要感谢黑龙江大学领导及黑龙江大学重点建设与发展工作处的大力支持。感谢黑龙江大学出版社的帮助，正是在他们的努力下，本丛书得到了国家出版基金的资助；他们对所有选题进行认真审核，严把意识形态关，并邀请相关领域专家对每部专著内容予以审读，提出修改建议，大大提升了学术成果的严谨性。部分论著涉及满语文及音标，给录入排版造成了一定困难，幸有诸位编辑不辞辛苦，认真校对，保证内容的规范与质量，在此一并致谢！

黑龙江大学满学研究院院长，

博导、研究员，郭孟秀

前　言

　　宗教祭祀是满族上自皇族贵胄下至平民百姓与超自然存在进行沟通的主要方式。皇家的宗教祭祀活动，在乾隆年间经官方规范，业已形成定规，但民间的宗教祭祀活动依然在不同程度上保留着原初的模样，从程序、对象到细节，均包含大量尚未被解读的信息。只有在广泛收集资料的基础上，变换观察角度，从细节上加以印证，才能弥补单个或数个文本所缺省的内容。本书以满族民间宗教祭祀文本为中心展开分析研究，并伴以文化人类学的田野调查，以期阐明东北满族宗教文化及其与所处生态环境之间的关系，探明其所依据的运行原理等。

　　国内对于满族宗教祭祀资料的收集整理，始于清朝建立之时。那时的收集整理，可分为官方的和民间的，或者民间的和学者的两种。具体而言，一类是官方及民间各自的收集整理，除了清代官方祭祀典章制度外，在一些野史笔记类著作中也有片段记录。前者如《八旗通志》《大清通典》《大清会典》《礼部则例》《大清会典事例》《国朝宫史》等，后者如震钧的《天咫偶闻》、昭梿的《啸亭杂录》、吴振棫的《养吉斋丛录》、姚元之的《竹叶亭杂录》、麟庆的《鸿雪因缘图记》等等。视其特点，前者官方色彩浓重，信息含量不多；后者信息含量虽亦有限，但因系所著者各自亲录于民间，故信凭度高，价值亦颇大。另一类为单种及多种文字文本的收集整理。有些文本以满文整理而成，再由清人翻译后，以满汉合璧或满汉蒙三体合一的形式存世。如《钦定满洲祭神祭天典礼》《满洲祭祀全书》《祭祀条规》《萨满念杆清汉表文》《叶赫伊拉里氏跳神典礼》等。这些文本虽较正规，然其突出问题在于，有些文本无法准确找到其对应的译文，有些则由译者做了过度的文字加工，因而如果不去参照满文原文，则无法准确领会其本来的意义。还有一些文本则仅有满文一体传世，如《满洲祭祀图说》《祭祀全书巫人诵念全录》《祝版汇抄》《祭祀祝词》《关老爷祭祀经》《清字祭祀书》《萨满咒语》等，其中所蕴藏的大量信息有待翻译与研究。

今人对于满族祭祀的研究整理也可分为两种。其一是对历史文本的研究整理，包括对祭祀文本各方面的综合性研究整理，以及少量小型研究，这些研究在翻译整理文本的基础上，对满族祭祀的某一个方面做了初步的探索。其中有一些研究在关键性问题上产生了观点碰撞，引发了进一步的思考。另外，最近也有人对民间散在的满族祭祀手抄本进行搜集整理，为相关研究提供了宝贵资料。不过，这些手抄本虽多以满汉合璧形式存在，但其汉译多出自民间人士之手，其关键词语又多由满文音译而来，因而舛误颇多，若不据满文原文乃至蒙古文去揣摩，则无从准确掌握其中的信息。其二是对满族活态萨满祭祀的调查研究：既有有关满族习俗及萨满信仰的综合性的整理报告，也有针对特定范围或特定家族的小规模的调查研究；既包含对相关对象历史文本的解读，也提供了对现实祭祀状况的描述。然而，这些针对特定区域及对象的研究，大多只涉及满族祭祀的某个限定的方面，因而有待于以更加宽阔的视角予以综合性的把握。

而从国内有关研究趋势看，则有如下的最新动态：其一是从历史研究向文化研究转变，即呈现出一种从历史学角度向文化人类学角度转变的趋势。不过，这些研究又在不同程度上呈现出化约论或功能论的倾向，而忽略了满族祭祀对社会文化各方面的影响，并且尚缺系统化的学术概念和分析框架。其二是从侧重文本钻研向对祭祀活动各个侧面均有所考察转变。由先辈学者开创的对祭祀文本的深入分析路径，近些年似乎已经中断，取而代之的是对于活态祭祀活动各个侧面的调查研究。此外，近年来还有为数不少的后起之秀，从音乐、舞蹈、绘画等各个侧面，对满族祭祀进行文化人类学方面的考察。不过，由于上述文本研究传统的式微以及田野调查片段化趋势的出现严重阻碍了这些研究的深入，因而，重拾文本研究传统，从现代哲学的角度对其意义加以深入挖掘，乃至与人类学研究有机结合，拓宽研究视野，当为今后相关研究的重要课题。

另一方面，国外有关课题的研究历史及研究动态则有如下一些特征：对于包括清朝原有领土在内的东北地区的宗教祭祀信息，国外早在18世纪时就有记录。这些信息大都于无意间在踏查记录中产生，因而资料性价值较高。而对中国民间宗教的学术兴趣，则肇始于19世纪来到中国的耶稣会传教士，从那以后，有更多的人类学家来到中国，共同推动了中国民间宗教研究的发展。其中有关现今我国东北地区民间祭祀活动的调查研究学界一直以来都有触及。其一是踏查类著作。相关著作种类不少，举其要者，如俄国人P. 马克的《黑龙江旅行记》（1855）①、日本人间宫林藏的《东鞑纪行》（1911）②、鸟居龙藏的《满蒙探查》（1928）③ 等。这些作者对其各自旅途中所见的满－通古斯、阿伊努或古亚细亚民族的祭祀活动，特别是对有关"熊祭"的活动都有所记录。此外，19世纪中叶以后，日本曾派学者来到我国东北地区从事地理、经济、人文等方面的调查，调查者在各自的报告中都附带记录了有关民间祭祀活动的信息。其二为研究类著作。J. G. 弗雷泽的《金枝——巫术与宗教之研究》（2010）④ 中有大量涉及满－通古斯、阿伊努及古亚细亚民族的原始宗教内容。20世纪初，俄国学者史禄国在我国东北从事调查研究，在其《满族的社会组织——满族氏族

---

① P. 马克：《黑龙江旅行记》，商务印书馆，1977。
② 间宫林藏：『東韃紀行』，北斗社，1911。
③ 鸟居龍藏：『滿蒙の探查』，萬里閣書房，1928。
④ J. G. 弗雷泽：《金枝——巫术与宗教之研究》，汪培基、徐育新、张泽石译，商务印书馆，2012。

组织研究》（1924）①、《北方通古斯的社会组织》（1933）② 及《通古斯人的心智丛》（1935）③ 中，对满－通古斯语族各民族的宗教祭祀做了详细的记录。在伪满洲国时期，日本学者曾对我国东北满族民间祭祀做过不少调查，如大山彦一对吉林省吉林市萨满祭祀活动的调查（1937）④、小堀严对黑龙江省黑河市萨满祭祀活动的调查（1949）⑤ 等，这类调查记录既可见于当时的报纸杂志中，也可见于一些专著中，如赤松智城、秋叶隆的《满蒙的民族与宗教》（1941）⑥。这些资料均为第一手资料，因而具有很高的价值。其三为第二次世界大战以来的研究。二战后，针对我国东北地区的调查研究中断，不过，该时期伊利亚德在其《宗教思想史》（1975）⑦ 中，从宗教思想史的角度，对包括我国少数民族在内的阿尔泰语系各民族的原始宗教做了独到的理论分析。近年来也有少量著作涉及相关内容，如煎本孝的《东北亚诸民族的文化动态》（2002）⑧ 及铃木正崇的《东亚宗教文化的重构》（2010）⑨ 中，二者均有部分章节论及我国东北区域的宗教文化。

从近年来国外的有关研究中，似乎可以看出以下几个特征来。其一，视民间祭祀为"文化史"，认为中国民间祭祀代表一种丰富的文化史，该文化史又有别于以政治史为主线的历史进程，无论"大传统"对其有何影响，其根部总在民间社会。其二，向文化人类学转向。自20世纪80年代

① 史禄国：《满族的社会组织——满族氏族组织研究》，高丙中译，商务印书馆，1997。
② 史禄国：《北方通古斯的社会组织》，吴有刚、赵复兴、孟克译，内蒙古人民出版社，1985。
③ S. M. Shirokogoroff, *Psychomental Complex of the Tungus*, Berlin: Reinhold Schletzer Verlag, 1935.
④ 大山彦一：《萨满教与满族家族制度》，见大间知笃三等：《北方民族与萨满文化——中国东北民族的人类学调查》，中央民族大学出版社，1995，第103~129页。
⑤ 小堀严：《满族萨满祭祀观看记——黑龙江省瑷珲县大五家子村调查记录》，见大间知笃三等：《北方民族与萨满文化——中国东北民族的人类学调查》，中央民族大学出版社，1995，第88~102页。
⑥ 赤松智城、秋葉隆：『満蒙の民族と宗教』，大阪屋号书店，1941。
⑦ 米尔恰·伊利亚德：《宗教思想史》，晏可佳、吴晓群、姚蓓琴译，上海社会科学院出版社，2011。
⑧ 煎本孝：『東北アジア諸民族の文化動態』，北海道大学图书刊行会，2002。
⑨ 铃木正崇：『東アジアにおける宗教文化の再構築』，風響社，2010。

以来，一方面有关中国历史的研究持续受到关注，另一方面研究者表现出对其进行文化人类学考察的倾向，由此出现一种历史学与人类学结合的新的综合研究景象，并形成相对独立的框架体系，呈现出新的研究模式和发展趋势。其三，呈现区域化、微观分析及多学科交叉的趋势：区域化研究倾向已越来越明显，即由传统的面的研究逐步向点的研究转变；由宏观研究向微观分析过渡，并越来越趋精细化；突破单一学科的局限，形成多学科交叉的趋势。其四，受到"新清史"研究影响。受20世纪90年代以来"新清史"研究的影响，出现以"内亚"视角审视清代祭祀活动的动向。

本书所涉及的一些研究，则秉承文本分析的传统，从宏观上将东北地区视为一个文化区域加以整体把握，将历史学与文化人类学相结合，从微观层面上重新审视被以往的研究所忽视的文本细节，以小见大，试图赋予大量存在的官方及民间"死资料"以新的生命。同时在此基础上尝试着建构东北文化区域的框架，确定其内部的运行机制，总结出本区域内人与生态间的关联特征，综合分析区域内各个意义层次的构成方式。

目　录

第一章

满族家祭与东北亚的"熊祭"

东北亚地区土著阿伊努人中流行"熊祭"，在受到我国境内满族先民有关家畜饲养理念的影响后，又逐步衍生出"饲养型熊祭"。不过，在以萨哈林岛（库页岛）、乌苏里江流域和黑龙江下游以及我国东北地区所组合而成的民族文化区域之内，文化要素的影响为双向的，而非单向扩散的。阿伊努人的"熊祭"仪式亦反作用于满族的祭典。迄今为止，东北亚的"熊祭"及满族的祭典虽然受到研究界广泛关注，相关探索也取得显著的成就，但对两者之间的关系问题，学界仍然缺少相对完整的比较研究。就此，本章拟在详细解读东北亚民族"熊祭"特点及性质的基础上，将其与以家猪为牺牲物的满族祭典加以比较，阐明两者之间的相互影响关系，以深化东北亚各民族在祭祀文化方面的关联研究。

第一节　"熊祭"及其性质

　　"熊祭"可广泛见于北美北部的森林地带至欧亚北部地区狩猎采集民族的生活中。弗雷泽对其予以总结，认为从白令海峡到拉普兰德，猎人均对杀掉、吃掉的熊表示尊敬。类似情形在北美洲亦存在。北美印第安人将猎熊视为大事，猎熊前须长期斋戒，做好准备。出发之前要向曾经猎杀的熊的魂魄供献赎罪的祭品,求其照顾猎人。① 在野生动物中,熊具崇高的地位,因而在杀熊的时候,猎人要举办"送灵"的仪式,以期保持人与熊之间永续的共存关系。

熊为恐怖的动物,不论是在猎熊时,还是在森林中与之偶遇时,人类都会被其袭击,因而熊被很多民族视为"野兽之主"或"山林之主"。人们以为熊有超乎其他动物的力量,并且拥有掌控动物世界的本领。于是,人们便试图通过祭祀,在支配自然资源的主人(即熊)与依赖其施舍才得以维持生计的猎人之间,建立一种互惠的关系。因而,被猎人所获猎的熊,就被视为"山林之主"自身,或其派往人类社会的使者。

一、东北亚各族的"熊祭"与养熊的习俗

"熊祭"可分成两种,其一为猎获后举办的"猎杀型熊祭",其二为将幼熊养大后举办的"饲养型熊祭"。前者可广泛见于北美及欧亚地区,后者则限于黑龙江下游、萨哈林岛(库页岛)及北海道地区。② 其中,阿伊努人的"猎杀型熊祭",并不在熊被猎杀的地点举行,而是将熊搬运到山里,在猎人小屋或山洞中举行,且此"送灵"——即送还熊的灵魂的仪式相对简单。在仪式举行后,熊肉和熊皮便被运回到猎人位于山下的定居点,他们不再举行更多的祭祀活动。尼夫赫人在将熊猎杀后,会举办规模较小的"熊会",其活动的性质与阿伊努人大致相同。熊会结束后,熊皮和熊头被运回到村庄里,村民们奏乐,举行庄重的仪式去迎接,并将熊头置于圣坛上,以祭品供献。③

在"饲养型熊祭"活动中,有名而盛大者当数阿伊努人的"熊祭"

---

① J. G. 弗雷泽:《金枝——巫术与宗教之研究》,汪培基、徐育新、张泽石译,商务印书馆,2012,第814页。

② Hallowell A. Irving, "Bear Ceremonialism in the Northern Hemisphere", *American Anthropologist*, vol. 28, no. 1, 1926.

③ J. G. 弗雷泽:《金枝——巫术与宗教之研究》,汪培基、徐育新、张泽石译,商务印书馆,2012,第807页。

（iomante）。这种仪式通过屠杀家养熊的方式，将"卡姆依"（kamuy）从熊身上解放出来后，再将其送还到"神灵存在的世界"。[1] 有关早期阿伊努人的"熊祭"及其养熊习俗的记录，大都见于日本江户到明治时代造访北海道的日本人所写的游记中。如在松宫观山的《虾夷谈笔记》中便有如下记录：阿伊努人在大笼子里饲养熊，在十月里将其杀死后取胆……用两根粗棍夹熊头，在熊头上悬挂饰物，五六个男女将其压死后，取胆食肉，用熊皮与商人做交易。[2] 杀熊的时候，还要举办射礼，聚集的人依次以"镝矢射击"之。礼仪结束后，当棕熊衰弱而濒死时，众人以棍棒击打使其身死。熊被杀死后，人们用各种供品敬献给熊的遗骸。[3] 这里的"镝矢射击"，是指以木制的箭头去射击，该法可使熊皮得以保持完整。另外，阿伊努人以为利用响箭能被除邪气。[4] 在此，被杀之熊为阿伊努人自家所养。北海道阿伊努人将在猎熊时所捕获的小熊交由妇女喂养，待其长到三岁的时候，于三月之前将其杀死。这是他们一年中最重要的仪式。[5]

尼夫赫人每年一月举办相同的"熊祭"活动。在其宗教仪式中，熊最受照顾，是最重要的角色。在将母熊杀掉后，他们把小熊养起来，然并不喂奶。当熊足够大时，即从笼里将其取出，拖着走过村里各家之后，将之绑在一个树桩上，以箭射死。然后割其头，缀上刨花，置于设宴的桌子上。[6] 这一仪式持续多日，其间他们吃掉三只熊。杀熊的地点用削好的木桩围起来，顶上悬挂卷曲的刨花，以示为圣地。和阿伊努人一样，尼夫赫

---

① Kindaichi Kyōsuke and Yoshida Minori, "The Concepts behind the Ainu Bear Festival（Kumamatsuri）", *Southwestern Journal of Anthropology*, vol. 5, no. 4, 1949.

② 松宫观山：「蝦夷談筆記」，见高倉新一郎：『日本庶民生活史料集成（第四卷）探検・紀行・地誌・北辺篇』，三一書房，1970，第390頁。

③ 松宫观山：「蝦夷談筆記」，见高倉新一郎：『日本庶民生活史料集成（第四卷）探検・紀行・地誌・北辺篇』，三一書房，1970，第454頁。

④ 松宫观山：「蝦夷談筆記」，见高倉新一郎：『日本庶民生活史料集成（第四卷）探検・紀行・地誌・北辺篇』，三一書房，1970，第482頁。

⑤ J. G. 弗雷泽：《金枝——巫术与宗教之研究》，汪培基、徐育新、张泽石译，商务印书馆，2012，第794页。

⑥ J. G. 弗雷泽：《金枝——巫术与宗教之研究》，汪培基、徐育新、张泽石译，商务印书馆，2012，第799页。

人所用的这类木桩为其一切宗教仪式所惯用的徽志。①

那乃人及与其相邻而居的奥洛奇人也有"熊祭"传统。那乃人有时捉一只活熊，将其关在笼子里喂养，称其为儿子、兄弟。遇盛大节日时非常敬重地将熊从笼中牵出，到处游行，最后杀了吃掉。奥洛奇人在捕获小熊后，有义务在笼中喂养三年左右，之后将之当众杀死，和朋友一同吃熊肉。杀熊时他们将熊从笼中放出，用绳索将其牵走，一伙人带着长矛、弓箭跟在后面，游行结束后，将熊拴到一棵树或木桩上，人们用箭将其射死，将其肉烤熟吃掉。② 在屠杀家养的熊时，他们会在熊背上用马鞍状的饰物进行装饰。

二、东北亚各族"熊祭"的性质

除英国人类学家弗雷泽外，日本学者亦曾关注东北亚的"熊祭"活动，留下为数不少的论著。不过，有关"熊祭"的发源地及其传播路线等问题，仍存不同的看法。有些学者认为，"熊祭"始自阿伊努人，而有些学者则认为，黑龙江下游才是"熊祭"的发祥地。其中多数学者支持"熊祭"系自其他地域传入阿伊努人中的③，即认为 11 世纪初，"饲养型熊祭"于黑龙江流域下游产生后，于 16 世纪或 17 世纪时，传入萨哈林和北海道阿伊努人中。④

有关"熊祭"所产生的缘由，有研究从幼熊饲养的地域条件等角度分析，认为"熊祭"仅存在于前述特定地域的特定民族群体中，与这些群体

---

① J. G. 弗雷泽：《金枝——巫术与宗教之研究》，汪培基、徐育新、张泽石译，商务印书馆，2012，第 800～801 页。

② J. G. 弗雷泽：《金枝——巫术与宗教之研究》，汪培基、徐育新、张泽石译，商务印书馆，2012，第 803 页。

③ 大井晴男：「熊祭りの起源をめぐって」，『考古学雑誌』，1997 年第 1 期；佐藤孝雄：「飼熊儀礼の研究—現状と課題—」，『BIOSTORY』，2013 年第 20 期。

④ 大井晴男：「熊祭りの起源をめぐって」，『考古学雑誌』，1997 年第 1 期。

的居住条件和所处生态环境乃至生产生计活动有关①，并且与落叶阔叶林区的农牧业生态条件相关②。他们在考察"熊祭"的功能后，得出下述不同的结论：其一，关于其文化价值，一方面有研究者认为，熊的饲养尽管可使大型动物的毛皮及肉食数量得到增加，但这需要大量饲料的投入，且存在毛皮价格低下的现实问题。③ 不过另一方面，据日本古代文献《北海记》所记述"凡夷人之富者皆饲养熊崽"以及"长者畜养一两头"的情形看，有能力养熊的多为有富余的人家。因而，类似于北美洲太平洋沿岸印第安人的波特拉奇可创造社会宗教价值，有研究者认为阿伊努人的"熊祭"亦有助于人类社会的协调发展。④ 其二，关于其实用价值，因"熊祭"后可"剥皮以仕商"，将熊皮用于贸易⑤，且"送熊节"食用熊肉时可出售熊胆（若经常以鱼喂食，则熊胆的品质为上等）⑥，故有观点认为，阿伊努人的"熊祭"是在东北亚的贸易中于 18 世纪前后发展起来的。⑦ 其三，有研究者从社会实用价值与文化价值的视角观察，认为"熊祭"中保全皮张完整性的屠杀方法，源于阿伊努人兼顾贸易及宗教信仰需求的做法。⑧

值得注目的是，与尼夫赫人、奥洛奇人以及萨哈林阿伊努人的"熊祭"相比，北海道阿伊努人的"熊祭"除在熊的肢解、会食及供物等方面存在若干相同点以外，还存在不少的差异。比如在北海道阿伊努人的"熊祭"仪式上，祭坛的装饰极其豪华，与之相较，尼夫赫人的祭坛装饰却稍

---

① 渡辺仁：「アイヌの熊祭の社会的機能並びにその発展に関する生態的要因」，『民族学研究』，1965 年第 3 期。

② 大林太良：「熊祭の歴史民俗学的研究—学史的展望—」，『国立民族学博物館研究報告』，1985 年第 2 期。

③ 大塚和義：「アイヌの動物飼育」，『どるめん季刊/人類学・民俗＝民族学・考古学』，1997 年第 7 期。

④ 渡辺仁：「アイヌの熊祭の社会的機能並びにその発展に関する生態的要因」，『民族学研究』，1965 年第 3 期。

⑤ 松宮觀山：「蝦夷談筆記」，見高倉新一郎：『日本庶民生活史料集成（第四卷）探検・紀行・地誌・北辺篇』，三一書房，1970，第 390 頁。

⑥ 青島俊蔵：『蝦夷拾遺・熊胆・熊皮』，写本，1786。

⑦ 岸上伸啓：「アイヌの飼い型の送り儀式と北方交易」，『民博通信』，1997 年。

⑧ 秋野茂樹：「江戸期におけるアイヌの霊送り儀礼—和人が記した記録からその様相をみる—」，『環太平洋・アイヌ文化研究』，2006 年第 5 期。

显朴素；阿伊努人的设施中有骨仓、头神仓等，而尼夫赫人则无此类设施，仅将头骨置于野外的祭坛中。此类差异的存在，反映了相同的文化要素在传播过程中，受不同群体祭祀理念的影响而体现出不同的形式，形成了区域性的特点。

阿伊努人将世界划分为"拉玛"（lamat，神）的世界与人类的世界，认为"拉玛"会带着使命造访人类的世界，在完成其使命后，再返回"拉玛"的世界。在人类的世界里，"拉玛"均以动物的形象存在，而在"拉玛"的世界里才表现为人的形象。[1] 为使神灵返回"拉玛"的世界，人们会吃掉用来传递"拉玛"之神灵的牺牲动物，该仪式被称为"送熊"。[2]不过，在阿伊努人的认知中，神并非绝对的超越者，当其行为被认为表现不当的时候，人们亦可予以抗议。阿伊努人举行的"送熊"仪式，是把熊的神灵自人类的世界送往"拉玛"的世界的仪式，在送返时，还要馈赠大量的礼物。[3] 阿伊努人之所以吃熊肉，是因为他们相信肉体和皮毛是神灵的伪装形式，是神灵造访人类的世界时所送的礼物。[4] 阿伊努人虽把众多的动物都视为神灵，但熊却为众神之首，只有熊被称为"卡姆依"。[5]

与北海道阿伊努人相异，萨哈林阿伊努人虽亦将"熊祭"视为送返熊的灵魂的仪式，但他们注重以熊肉款待客人这一现实的目的，而并不把熊视为神本身。他们认为熊来自山神之处，在祭祀山神时会来很多客人，为款待客人他们宰杀所养的熊，分吃肉，共欢乐。割熊头是为祭奠山神，并

---

[1]　Kindaichi Kyōsuke and Yoshida Minori, "The Concepts behind the Ainu Bear Festival (Kumamatsuri)", *Southwestern Journal of Anthropology*, vol. 5, no. 4, 1949.

[2]　Anatolii Trekhsviatskyi, "At the Far Edge of the Chinese Oikoumene: Mutual Relations of the Indigenous Population of Sakhalin with the Yuan and Ming Dynasties", *Journal of Asian History*, vol. 41, no. 2, 2007.

[3]　Kindaichi Kyōsuke and Yoshida Minori, "The Concepts behind the Ainu Bear Festival (Kumamatsuri)", *Southwestern Journal of Anthropology*, vol. 5, no. 4, 1949.

[4]　Anatolii Trekhsviatskyi, "At the Far Edge of the Chinese Oikoumene: Mutual Relations of the Indigenous Population of Sakhalin with the Yuan and Ming Dynasties", *Journal of Asian History*, vol. 41, no. 2, 2007.

[5]　Kindaichi Kyōsuke and Yoshida Minori, "The Concepts behind the Ainu Bear Festival (Kumamatsuri)", *Southwestern Journal of Anthropology*, vol. 5, no. 4, 1949.

非将熊当神而祭祀。① 两者之间存在的差异，当缘于对"拉玛"的认知不同。

自北海道地区扩散至萨哈林之后，阿伊努人虽给土著尼夫赫人带来生存威胁②，但尼夫赫文化亦对阿伊努文化产生了影响。比如，萨哈林阿伊努人与尼夫赫人的"熊祭"虽均由萨满主持，但在北海道阿伊努人中，类似于萨满的"图斯库尔"（tusukur，巫）将其活动的重心置于占卜、治病等日常秩序的维护上③，而于萨哈林阿伊努人而言，"熊祭"的萨满信仰色彩则更浓厚一些。

第二节 满族祭典与"饲养型熊祭"的关联要素

在满族的祭典中，春季和入冬之际举办的祭仪是"大型祭祀"仪式，其间数头猪作为牺牲物被宰杀。将满族以家猪为牺牲物的祭典与东北亚各族的"饲养型熊祭"加以对比分析即可发现，二者在祭品要求、祭祀目的、祭祀场所等多方面具有相通之处，这表明东北亚地区各民族在祭祀文化方面具共同特点且彼此相互影响。

一、祭祀的目的与参众的范围

阿伊努人的"熊祭"，其目的非常明确，是为了回馈山神。他们认为，山神为了嘉奖人们厚待自己派去的使者，会赐给阿伊努人运气。④ 而从实用的角度看，在祭祀山神的时候，会有许多客人前来，为款待这些客人，

---

① 佐々木長左衞門：『アイヌの熊狩と熊祭』，佐々木豊栄堂，1926，第9页。
② 《元史》卷五《世祖本纪》载：至元元年十一月"征骨嵬，先是吉里迷内附，言其国东有骨嵬、亦里于两部，岁来侵疆，故往征之"。13世纪中叶，骨嵬（即阿伊努人）自北海道往萨哈林出没，从而进逼吉里迷（即尼夫赫人）。
③ 知里真志保：『知里真志保著作集』（第3卷），平凡社，1973，第23~24页。
④ J. G. 弗雷泽：《金枝——巫术与宗教之研究》，汪培基、徐育新、张泽石译，商务印书馆，2012，第793页。

大家要一起杀熊吃肉享乐①，祭祀活动的重心是同周边氏族的横向联系。以家猪为牺牲物的满族祭祀活动，则将祭祀参与者的范围限定在哈拉（hala，氏族）或家庭内部，注重于与其他哈拉的隔离。如钮祜禄氏的祭典，"上天以闻，……特意敬献乌猪。……从此，众神佑我们牙齿牢固，直到皓首变黄，家道殷实，太平快乐地过日子"②。满族的祭典与阿伊努人的"熊祭"一样，其目的亦在于提高本氏族的凝聚力，以及维护本氏族的边界。

尼夫赫人的"熊祭"，除与具婚姻关系的氏族群体联络感情之外，还以联络祖先为活动目的。尼夫赫人的节日多为一众亲属纪念死亲，是在部族之间举行的一种仪式。③ 与阿伊努人的"熊祭"相比，尼夫赫人更注重与祖先的联系，其祭祀目的与满族的祭典存在诸多重合之处。

二、对祭品的要求

东北亚的"熊祭"，注重对幼熊的饲养。如北海道阿伊努由妇女饲养捕获的幼熊④，奥洛奇任何抓到小熊的人，都有义务将其在笼里饲养三年左右；那乃人有时活捉一只熊，养在笼子里⑤，尼夫赫人则捕获熊的幼崽，交由村庄里某一氏族养育。⑥

与此相仿，除特殊情况下用市售的猪只做牺牲物之外，满族的家祭均强调以自家所养猪只充当供品。《辽滨塔瓜尔佳氏家祭》有载，"牲用豕，

① J. G. 弗雷泽：《金枝——巫术与宗教之研究》，汪培基、徐育新、张泽石译，商务印书馆，2012，第794页。

② 无名氏：《（钮祜禄氏）礼仪》，手抄本，约清代中叶，无页码。

③ Valerie Chaussonnet, *Crossroads Alaska：Native Cultures of Alaska and Siberia*, Washington D. C.：Arctic Studies Center, 1995, p. 35.

④ 佐々木長左衞門：『アイヌの熊狩と熊祭』，佐々木豊栄堂，1926，第10頁。

⑤ J. G. 弗雷泽：《金枝——巫术与宗教之研究》，汪培基、徐育新、张泽石译，商务印书馆，2012，第803页。

⑥ 尼夫赫人的仪式，除饲养和宰杀熊之外，还包括赛狗、团体比赛、会餐和集体舞蹈（参见 Valerie Chaussonnet, *Crossroads Alaska：Native Cultures of Alaska and Siberia*, Washington D. C.：Arctic Studies Center, 1995, p. 35），似与蒙古人的敖包祭祀相通。

朝一夕一，次日祭外神一，皆宜橧（以木条围成的猪圈——引者），或于晚祭用豚（小猪——引者）亦可。均宜先期详察，择其齐整无缺、无有杂色毛者用之"[1]。钮祜禄氏"每逢祭神，于祭之前一日，令人上市请牲，务择毛片纯色、无杂毛、诸处齐全洁净方可。务用编（即"遍"——引者）猪，不可用耳上有孔之猪。如力量足者，总须家内自畜者更好"[2]。"如许愿之祭，其豕由许愿之日指定，必择毛纯黑无杂色者。指定后，无论缓至三年、五年，此豕绝不作他用。"[3] 由此看来，无论是满族的家祭还是东北亚的"熊祭"，除执着于牺牲动物应为自家养殖的以外，在饲养年头的要求上亦表现出高度的一致性。此外，满族祭典亦注重于家猪的纯黑毛色，强调作为牺牲物的家猪与用于日常消费的家畜间存在的差异。

三、祭祀的场地

阿伊努人和尼夫赫人的祭坛均设置在村庄生活区域里用木桩隔离出来的空地上。阿伊努人祭熊的神座，被称为"奴下桑卡塔"（nushyasan-kata）。其四周竖立高约三尺（1米）的桩子，以细竹系在一起，用白杨削成的"木币"连接后，周围再围以文席，里边陈列有长短刀、弓箭、玉器及耳环等。[4] 尼夫赫人则将杀熊的地点用削制的木桩围起，顶上悬挂卷曲的刨花，以示其为圣地。[5]

满族的祭坛则设置在自家院中或屋内。早祭时，西炕上悬挂黄云缎幪子，南炕上设小桌；取净纸两张，剪钱两路，每路钱七个，剪完后将其上方反复折叠后，挂在幪子两边。幪子前设炕桌两张，摆香碟四个。每个香碟前供酒一盅，共供饽饽十盘；如有打糕，每盘内摆饻子三块。地正中放

---

① 无名氏：《辽滨塔瓜尔佳氏家祭》，手抄本，1944，无页码。
② 无名氏：《（钮祜禄氏）礼仪》，手抄本，约清代中叶，无页码。
③ 万福麟、张伯英等：《黑龙江志稿》，黑龙江人民出版社，1992，第260页。
④ 藤本秀賢：『アイヌ』，写本，1917，第2~3页。
⑤ J. G. 弗雷泽：《金枝——巫术与宗教之研究》，汪培基、徐育新、张泽石译，商务印书馆，2012，第800~801页。

高桌一张，每馃一块，上摆糕一块，再摆一层馃子，再上一层糕，共三层。南炕上放炕桌一张，做豆泥塔。当中糕上摆炸面鹿，一边面塔，一边豆泥塔，面塔上插翎子雀儿。堂子桌预先安屋内东南角上。俟桌上糕供完，方盘内糕亦摆齐，请堂子桌在仪门东，斜向东南安设，再请摆香碟、糕、酒之方盘。将香碟、糕、酒由方盘供于堂子桌上，加火点香。① 夕祭时，北炕摆桌两张。靠西设幪架，拴青布幪子，中挂铃铛。铃铛杆在北边，铃铛向前。东边设宝座，幪子前摆香碟两个，宝座前摆香碟一个，上香两路点火。每香碟前供酒一盅，共供馎馎九盘。② 祭坛中的部分要素如祖宗匣、西炕以及索莫杆等为固定设施，其他要素则通过将日常的空间阻隔以后扩充进来。阻隔空间的道具有堂子桌、高桌、幪子，以及装饰幪子用的纸钱等。

比较二者，尼夫赫人及阿伊努人的祭坛是用木桩隔离出来的空间，而满族的祭坛一部分为固定设施，一部分则为象征性地隔离出来的"虚拟"空间。在空间的内部，阿伊努人用短刀、弓箭、长刀、耳环、玉器等来装饰，满族则以香火及食物等加以装饰；在空间的外部，尼夫赫人及阿伊努人用木币及刨花装饰，满族则用纸钱来装饰。这种空间装饰上的差异，恐缘于牺牲动物不同。熊为凶险的动物，须将其加以有效隔离，而满族的家猪则无此必要。其他装饰物虽在形式上有较大差异，但其所表达的意义大致相通，仅在表达的方式与重点上略有不同而已。阿伊努人的短刀、长刀、弓箭等武器以及耳环、玉器等装饰物，是供踏上归路的熊用作装饰品及护身物的，其所表达的意义是直接的；满族祭典上的供物，则是对"神灵"及"先祖"的一种回馈，其所表达的意义是象征性的。此外，两种祭祀活动在神具的细节上也表现出了相通之处。如阿伊努的"木币"这种神具是将木杆刮削后，把呈条状的刨花保留在木杆上做成的。而满族的纸钱，有时被剪成钱状，有时则"根底以下，用柳枝一棵，改连纸七条，五

---

① 无名氏：《（钮祜禄氏）礼仪》，手抄本，约清代中叶，无页码。
② 无名氏：《（钮祜禄氏）礼仪》，手抄本，约清代中叶，无页码。

六寸长，敬面改连纸一张，均用白线拴之，挂在柳枝上"①。两者之间明显存在着内在的联系。

四、祭典中的杆木

中国北方乃至东北亚各民族均对竖立的对象物给予特殊的重视，具体表现在对悬崖、大树、立石及杆木、敖包的关注上。该意识的形成与这些民族有关宇宙结构的观念有密切的关联。依据米尔恰·伊利亚德的观点，在空间的均质性上，一个圣地即可形成一个突破——该突破以一种通道为标志，只有借助此通道，才有可能从一个宇宙层次过渡到另一个宇宙层次②，而该标志往往即为一根杆子或一棵树。在直观上，一个竖立的对象物，其顶端更加接近上界，因而，东北亚的"熊祭"及以家猪为牺牲物的满族家祭均涉及木杆或树桩。在"熊祭"中，熊被拴在杆木上。该类木桩是各种宗教仪式所惯用的徽志③，木桩遂从实用性的物件变为象征性的符号，进而成为仪式的中心，祭祀活动围绕其展开。装饰后的木桩被赋予更多的象征意义，尤其是在阿伊努人的"熊祭"仪式上，有五根专门为节日竖立的新神杖，其高约0.6米，顶端被削成螺旋形，上面绑有竹叶④，由此其所蕴含的象征意义变得更为复杂。在满族的祭典上，被称为索莫杆的木杆同样得到特殊的装饰，上面除刻有几条横道外，顶部还装有锡斗等，这些都有特定的象征意义。如此，东北亚"熊祭"中出现的木桩及满族祭典的索莫杆均被赋予象征性因素，只不过后者比前者具更多的文化要素。

---

① 无名氏：《盖州瓜尔佳氏宗谱书》，手抄本，1924，无页码。

② 米尔恰·伊利亚德：《神圣与世俗》，王建光译，华夏出版社，2002，第12页。

③ J. G. 弗雷泽：《金枝——巫术与宗教之研究》，汪培基、徐育新、张泽石译，商务印书馆，2012，第801页。

④ J. G. 弗雷泽：《金枝——巫术与宗教之研究》，汪培基、徐育新、张泽石译，商务印书馆，2012，第795页。

第三节　满族祭典与"饲养型熊祭"的祭祀过程

东北亚各民族"饲养型熊祭"仪式，与满族以家猪为牺牲动物的祭典，不仅在祭祀物品的准备上具有相同的特点，而且在祭祀过程中，其思维模式及行为模式也具有高度的一致性。

一、牺牲动物的出场

在东北亚"熊祭"与满族祭典上，牺牲动物的出场方式在以下几个环节上具有极高的相似性。其一，在东北亚的"熊祭"中，牺牲动物由酋长或家长带出场。如在旭川阿伊努人祭典上，酋长或家长自笼子里将熊拉出，将其拴在场地中央装饰好的杆子上。① 在满族的祭典中，则由祭主将牺牲动物带出场。如在满族的他塔喇氏祭典上，即由祭主将祭猪带至供桌前。② 其二，在"熊祭"仪式上，人们用绳子拴在熊头上将其从笼子里牵出来。③ 满族钮祜禄氏的祭典则"令人拿猪，去捆绳，唯后腿各拴单绳一条，长不过二三尺。猪头向南，肚子向西，卧"④，牲猪的出场方式酷似"熊祭"。满族他塔喇氏在带猪上祭坛时，"用晨绳（早晨搓的绑猪麻绳）拴两后腿，绳当中绑一个结扣拉之，把猪前鬃及两前腿抬腿走之领进"⑤ ——与拉熊的动作相仿，猪是以近乎站立的姿势被牵到祭坛上的。其三，在"熊祭"上，熊从笼子里被带出来以后，遍历村庄里关键的场所，以表达祭主的意愿。如尼夫赫人从笼里将熊拉出后拖着走过村庄，先将其牵引到河边，认为如此行事便可保证各家打鱼获得丰收。然后将其拉

---

① 佐々木長左衛門：『アイヌの熊狩と熊祭』，佐々木豊栄堂，1926，第 13 頁。
② 无名氏：《他塔喇氏宗谱》，印刷本，约成于清代晚期，无页码。
③ 佐々木長左衛門：『アイヌの熊狩と熊祭』，佐々木豊栄堂，1926，第 13 頁。
④ 无名氏：《他塔喇氏宗谱》，印刷本，约成于清代晚期，无页码。
⑤ 无名氏：《他塔喇氏宗谱》，印刷本，约成于清代晚期，无页码。

到村里每户人家，各家把鱼和白兰地等物献上。① 在满族祭典上，猪被直接带到祭坛后，祭主以赞美牺牲动物的方式表达自己的意愿。其四，在"熊祭"仪式上，熊在游历各关键场所一周后，被拴到树桩上。在满族祭典上，猪被引导到屋内的祭桌前或院中竖立的索莫杆旁边。如上所述，树桩、索莫杆等竖立的物件，均与满族乃至东北亚各族有关世界构造的观念有密切的联系。

二、牺牲动物的宰杀方法

在中国北方乃至东北亚各民族的灵魂观里，人的灵魂通常被分为"身体灵"和"自由灵"两种，当人死亡后，前者会灭亡，后者则会永存。这一灵魂观亦被延伸到东北亚"熊祭"及满族祭典的牺牲动物身上：要使肉体与灵魂分离，就必须将牺牲动物杀死。而在杀死牺牲动物的环节上，"熊祭"与满族祭典又有两处相似。其一，屠杀牺牲动物时，尽量做到不使其发出叫声。在"熊祭"仪式上，阿伊努人杀熊时，男人们由一人领着把用木头做的箭射向熊，接着将熊带到神杖跟前，用一根木棍放在其嘴里，九个人跪在其身上，将其颈子压在一根柱子上，五分钟以后熊便会死去，"哼也没哼一声"。② 在满族的祭典上，人们同样留意不使猪发出声响，"将下边前腿和上边前腿用力搬起，上边前腿别向前去，……总之以猪不能叫，即为别住"。其二，崇尚木质的屠杀工具。在"熊祭"仪式上，阿伊努人向熊"射出木头做的箭"，而在满族祭典上，"一人白衣，跪地祈祷毕，左手持木刀刺豕，木刀尚质，刺后以刀易之"③，即使用木扦宰杀牺牲动物。如钮祜禄氏将猪"领接后，使扦扦老"④。赫舍里王氏则用"椎

① J. G. 弗雷泽：《金枝——巫术与宗教之研究》，汪培基、徐育新、张泽石译，商务印书馆，2012，第799页。

② J. G. 弗雷泽：《金枝——巫术与宗教之研究》，汪培基、徐育新、张泽石译，商务印书馆，2012，第795页。

③ 万福麟、张伯英等：《黑龙江志稿》，黑龙江人民出版社，1992，第260页。

④ 无名氏：《（钮祜禄氏）礼仪》，手抄本，约清代中叶，无页码。

杀"，即杖杀法："猪用三蹄（即三口），有椎杀、鐵杀、剥皮之别。"① 使用这些异乎寻常的屠杀方式，其目的都在于不使牺牲动物感到苦痛，不让其发出哀鸣。祭主们认为，哀鸣声会传到神灵或其同类动物的耳里，引起不快，以至妨碍牺牲物灵魂的顺利上路及向神灵转达人类的意愿。

三、杀死牺牲动物后的布置

满族乃至东北亚各民族都认为，牺牲动物被屠杀以后不久，其肉体与灵魂尚处于半分离的状态，即分离的过渡阶段，动物这时尚未彻底死去。因而，尼夫赫妇女会准备棕色布条，日落后将这些布条缠在熊嘴上面，眼睛的下面，以便布条将熊眼里的泪水吸干。② 旭川阿伊努人将熊杀死以后，会将其拖至神座前，让其呈匍匐状。③ "熊祭"的民族有此行为，盖因其认为熊尚未彻底死去，需继续将其"杀死"。因此，在满族的祭典及东北亚的"熊祭"仪式中，牺牲动物被杀死后的处置方式，其实与这种"再杀"动物的观念有关。

首先，为再次将熊"杀"死，在"熊祭"仪式上要将熊的头与身体予以分离。阿伊努人将熊夹死之后，剥皮、砍头，将之置于屋里东边的窗户上④，或将剥皮的熊头顶骨悬挂在神杖旁的柱子上⑤。在满族的祭典上，将猪屠杀之后，人们会将"净纸上剪下的钱眼纸、苦胆、尿泡、蹄跗、鞭、脐，俱盛碟内，放北头桌里角"，"再将乌叉肋条两条拿出，摆上长方盘内，放于此桌正中，插尖刀一把，刀上缠血肠一条。肉槽上猪头用瞒肚油

① 无名氏：《赫舍里王氏族谱全书》，手抄本，1924，无页码。

② J. G. 弗雷泽：《金枝——巫术与宗教之研究》，汪培基、徐育新、张泽石译，商务印书馆，2012，第801页。

③ 佐々木長左衞門：『アイヌの熊狩と熊祭』，佐々木豊栄堂，1926，第14頁。

④ J. G. 弗雷泽：《金枝——巫术与宗教之研究》，汪培基、徐育新、张泽石译，商务印书馆，2012，第794页。

⑤ J. G. 弗雷泽：《金枝——巫术与宗教之研究》，汪培基、徐育新、张泽石译，商务印书馆，2012，第795页。

蒙上，亦缠肠一条，插刀一把"。① 满族人认为，猪的几个主要器官中驻有灵魂，因此插一把尖刀，象征着将猪再杀一次。

其次，在将牲肉煮熟的过程中，肉体与灵魂的分离过程依然在继续。尼夫赫人在切熊肉时，将熊的每条腿都置于地上，放在熊前，仿佛在入锅前要求得其允许；肉熟后使用铁钩从锅里钩出，置于熊面前的木盆内，好像是请熊首先品尝自己的肉味。② 满族祭典时，"肉熟，由锅上捞肋条一块，胸叉一块，装供肉锡里木槽内，抬出顺放高桌上"，"按件俱割三五片，装碗内，是阿姆孙肉，浇汤安箸，供肉槽正中猪头后"。③

另外，牲肉在煮熟之后，灵魂和肉体方才进入分离的状态。在"熊祭"仪式上，人们在熊嘴下置放一块其自己的生肉、一碗煮好的肉，以及一些玉米饼和干鱼，然后向死熊祷告。④ 在满族祭典上，人们"将猪肉捞入槽盆，摆全猪在内，猪头向正西，猪嘴含前里蹄一只，猪头上盖瞒肚油一张，猪里眼眶上插尖刀子一把，刀刃向西。……左手慢慢将刀拔下，放敬桌里边，刀把冲里，刀刃紧贴槽盆，轻轻放下，以昭来生之诚"⑤。在满族人看来，将牲肉还给牺牲动物，意味着其肉体与灵魂已处于完全分离的状态。猪眼里插刀，目的即在于在其肉体与灵魂分离之前，妨止其目击屠杀的情景，将刀子拔下，意味着其灵魂与肉体业已彻底分离，可送其灵魂上路。

四、祭仪中的会食

祭祀仪式中的会食行为，具有某种象征意义，一方面可增强族人的凝

---

① 无名氏：《（钮祜禄氏）礼仪》，手抄本，约清代中叶，无页码。

② J. G. 弗雷泽：《金枝——巫术与宗教之研究》，汪培基、徐育新、张泽石译，商务印书馆，2012，第 801 页。

③ 无名氏：《（钮祜禄氏）礼仪》，手抄本，约清代中叶，无页码。

④ J. G. 弗雷泽：《金枝——巫术与宗教之研究》，汪培基、徐育新、张泽石译，商务印书馆，2012，第 794 页。

⑤ 无名氏：《他塔喇氏宗谱》，印刷本，约清代晚期，无页码。

聚力，另一方面可增进与"神灵"的交流。牺牲动物被杀死，其灵魂从肉体离去以后，所余肉体便成了单纯的食物。在"熊祭"仪式上，所有在场的人员均参加会食，仅在参与人员的食用权或享用牲肉的部位上有所差别。阿伊努人男女一同祝词，主客各自围到神前祝酒后举办盛宴，谓之"神饮"，熊肉用于熬汤，酒宴一直持续到将酒喝光为止。有时可持续三五日之久。① 尼夫赫人的祭仪上，则仅有数位贵客才有权食用熊肉，主人及其他氏族成员只能喝汤。贵客须为本族女婿。此前用箭射杀熊的任务由一位客人完成，通常即为主人的女婿。② 在"熊祭"仪式上，会食的范围包括所有参与人员，其目的主要在于促进本氏族与其他氏族间的交流。在满族的祭典上，会食者范围被严格限定在本氏族之内，"不但不给外人吃，即未出嫁之女，亦不给吃"③。未出嫁女孩不许参加会食，与其终究要出嫁到其他氏族有关。满族祭典将会食的重心置于"人神交流"之上，这一点在繁杂的进食程序中亦有体现，"主祭人将碗内阿姆孙肉撒下，用箸翻挑三次，向西举碗，立叩行受胙礼"④。看来，满族祭典的会食，是将"熊祭"中"人神交流"的环节予以扩展的结果。

五、牺牲动物骨头的处理

人或动物死后不易腐烂的骨头，在宗教仪式中常被赋予特殊的意义。多种文化都认为，骨头中有灵魂寄宿，且此灵魂即便在人或动物死去后，亦不会离去。因此，人们通常会将牺牲动物的骨头通过某种特殊的方式予以处理。不论是"饲养型熊祭"，还是"猎杀型熊祭"，人们都认为，通过某种仪式，熊作为"人神交流"的使者，一方面其骨头中有灵魂寄宿，另

---

① J. G. 弗雷泽：《金枝——巫术与宗教之研究》，汪培基、徐育新、张泽石译，商务印书馆，2012，第 802 页。

② J. G. 弗雷泽：《金枝——巫术与宗教之研究》，汪培基、徐育新、张泽石译，商务印书馆，2012，第 802 页。

③ 无名氏：《（钮祜禄氏）礼仪》，手抄本，约清代中叶，无页码。

④ 无名氏：《（钮祜禄氏）礼仪》，手抄本，约清代中叶，无页码。

一方面在其骨头上可以重新长肉。因此不论是野熊还是家熊的骨头，都被保存在同一个地方，接受同等的敬意。[1] 或者将熊头剥皮后，置于屋外神杖旁的长杆上，最终变成光光的骷髅。[2] 在满族的祭典上，猪骨头也被谨慎对待，或由"萨玛太太行一跪三叩礼……连净纸随骨头撂大门外十字路口"[3]，以便其顺着路前往"他界"，或"俟剔净骨头，查全数目，舀汤半瓢，撂骨头于杪木杆东"[4]。两种祭祀的目的，均在于为牲物的灵魂提供方便，使其能够沿着道路或攀缘杆木到达"神灵"所在之处，从而复原为动物，重新返回人类的世界。

在文化艺术以及从劳动工具到神话传说方面，黑龙江流域和萨哈林岛（库页岛）的居民存在的相似之处，绝非因偶然的巧合而产生的。这些相似之处显示出远古民族文化间的联系，甚至可证实远古时代文化艺术起源时期此广阔地域内各民族存在共同的特征。[5] 北海道、萨哈林岛（库页岛）及黑龙江流域下游地区的"饲养型熊祭"仪式，与满族以家猪为牺牲动物的祭典，在思维模式及行为模式上具有诸多的相通之处。如在活动参与人群范围、对牲物的要求、祭坛的设置、牺牲动物的出场及宰杀方式等方面，两种祭祀活动存在高度的一致性。该现象的存在，说明在祭祀目的上，二者原本是相同的，即实现人与特定超自然存在间的交流。两种祭祀活动虽在侧重点上存在一定的差异，但从客观的立场来看，两者都以氏族边界的重新确认为目的。东北亚的"熊祭"操办者，其生计建立在渔猎活动之上，生活资料来源明确，因而"熊祭"仪式径直表达祭祀意愿即可。与此相对，满族的生计则基于半农半猎活动，故其祭典的目的具多重性，

---

① J. G. 弗雷泽：《金枝——巫术与宗教之研究》，汪培基、徐育新、张泽石译，商务印书馆，2012，第 807 页。

② J. G. 弗雷泽：《金枝——巫术与宗教之研究》，汪培基、徐育新、张泽石译，商务印书馆，2012，第 794 页。

③ 无名氏：《（钮祜禄氏）礼仪》，手抄本，约清代中叶，无页码。

④ 无名氏：《（钮祜禄氏）礼仪》，手抄本，约清代中叶，无页码。

⑤ П. Я. 贡特玛赫尔，Н. А. 索罗蒙诺娃：《阿穆尔河流域土著民族的种族联系》，王桂珍译，载《北方文物》1994 年第 2 期。

除风调雨顺外，还以人口繁衍等为意愿。

东北亚的"熊祭"与以家猪为牲物的满族祭典之间的关系较为复杂。其中，"猎杀型熊祭"与满族祭典中的早祭及夕祭，当为早期的祭祀形式。"饲养型熊祭"与满族祭典中牲物的原体，应为"猎杀型熊祭"中野生的熊。野生熊的变体的产生，则与动物的被饲养有关，由此野熊换成"饲养型熊祭"中家养的熊，或满族祭典中的家猪。众所周知，野生动物的驯化理念源自农耕活动而非狩猎活动，熊的饲养理念当源自猪的饲养理念。不过，满族以家猪为牲物的祭典，较多地吸收了"饲养型熊祭"的因素。

总之，东北亚各族的"饲养型熊祭"与满族的家祭活动，不仅在祭祀用物的准备方面具有共同的特征，而且在祭祀的思维模式与行为模式方面，亦具高度的统一性。受满族先民家畜饲养理念的影响，东北亚各族的"熊祭"与之相结合，形成"饲养型熊祭"。反过来，满族的祭典仪式，亦从"饲养型熊祭"中吸收较多的要素。由此看来，东北亚地区各族之间早期的交流活动曾经复杂而频繁，这种交流促使各种文化要素陈陈相因，在该地形成一个文化区域。"熊祭"与满族家祭的共同因素，即为东北亚各民族在文化的交流与相互影响中所形成的。

（注：本章内容由笔者与同事长山教授共同讨论后完成。）

第二章

满族祭祀仪式的双重展开

在满族的传统文化中，并无成系统的唱创宗教的传承，只有具巫术性质的萨满信仰以及一些有关祖灵的观念存在。[①] 其"姓氏各殊，礼皆随俗"[②]，满族各个氏族所祭祀的超自然对象原本彼此存在很大的差异，因而需要通过萨满主持的仪式，将各种有关祖灵的观念转化为祖先崇拜的观念，从而使后者成为具宗教性质的存在。宗教原本为一种无时间延续性的结构，而萨满仪式却又必须注重过程，满族人认为萨满前往"他界"的旅程，尤其要强调其时间历程的性质。[③] 于是，在满族祭天祭神仪式中，对祖先的祭拜与萨满仪式便同时展开。本章拟通过对纳音瓜尔佳氏祭祀流程细节的解读，展示祭祀仪式几个环节的性质及其相互之间的关联，阐明祭

---

　　① 依据史禄国的调查结论，有关祖灵的观念在北方满－通古斯人中并不发达，他们虽有亡灵祭祀的仪式存在，但该仪式可能是通过满族自汉族传来的（史禄国：《北方通古斯的社会组织》，吴有刚、赵复兴、孟克译，内蒙古人民出版社，1985，第309页）。

　　② 允禄：《钦定满洲祭神祭天典礼》，见刘厚生《清代宫廷萨满祭祀研究》，吉林文史出版社，1992，第14页。

　　③ 墨西哥西纳坎特卡印第安人以梦的方式，通告"伊洛尔"（一种类似萨满的人物）的圣选；墨西哥阿兹特克人通过食用毒蘑菇致幻，渐至兴奋状态，沉迷于幻境之中，从幻觉中醒来后，叙述自己在异境中的经历；哥伦比亚的图卡诺族，食用亚黑（一种致幻植物）后，返回万物之源的"子宫"里，目击诸神、宇宙、人类的创造过程，以及初创的人类社会规则等，通过这种幻觉，人们与创造万物的世界合而为一，进入死的境界，死后获得智慧，然后再生于世（吉田祯吾：《宗教人类学》，王子今、周苏平译，陕西人民教育出版社，1991，第24~31页）。

祀仪式是如何利用传统信仰的框架，将宗教性的行为导入其中，从而使具有巫术性质的祖宗祭祀转化为宗教礼仪的。

第一节　程序的推进方式

纳音瓜尔佳氏，隶属正黄旗佛满洲，系满洲著姓，今以汉字"关"为姓。雍正十三年（1735 年）正月修谱时，其氏族的"祭祀规则"同被记述、编纂在谱书当中，成《瓜尔佳纳音关氏谱书》。1937 年续修时，谱书又被印刷成册。该谱书现散藏于吉林省长春市、吉林市等地该氏族成员家中。纳音瓜尔佳氏的祭祀仪式分为以下几个部分：白日祭祖、白日祭神、夜晚祭神、晚间祭神等。

与满族其他氏族一样，纳音瓜尔佳氏的祭祀活动也自"设备"的准备开始。

祭祀前三日，即用最净谷草一把，长约五六寸，悬挂大门当中，为祭祀日免去乞丐讨要物品；由悬草把之日起，至祭祀毕止，期内严禁外人身着孝服、头戴狗皮帽者，以及身体不洁妇人等入门；主祭人前三日男女异床；祭神之日，务要诚敬；唯有小黄米，或早日备妥，抑或价买外人，宜放在正房西炕南头小桌上，以备煮拉拉①之用。②

在纳音瓜尔佳氏的习俗中，谷草一把悬挂大门，便可以此向外昭示，该家族的院落已经被临时转变为与"他界"产生联系的场所，外人不得入内。祭祀前三日即将其悬挂出去，恐因准备工作要从三日之前即开始着手的缘故。着孝服者，因其与某位逝者的"灵魂"正在发生某种关联，故不可临场；头戴狗皮帽者的禁入，当与仪式上萨满带领鸡犬前往"他界"的意义层

---

① 拉拉，满语 lala，即黄米饭。
② 无名氏：《瓜尔佳纳音关氏谱书》，铅印本，1937，无页码。本章所引用瓜尔佳氏祭祀相关文本，除特殊标记者外，均出自该书。

次有关。如尼山萨满为了寻找巴依家儿子的"灵魂"而前往"他界"时，"带着鸡和狗，背着陈酱和草纸，在众神的护送之下，到阴间寻找伊尔蒙汗去了"①。"他界"里的蒙兀尔泰嫌贡品不够，还曾向尼山萨满追加索要虎纹犬和公鸡。② 至于仪式上"身体不洁妇人"之被排除在外，并非缘于其"不洁"，而是出于与血有关的原因。如在恩登布人仪式的一项基本原则中，"猎人之血"不能与"母性之血"相接触，否则会导致猎人流血。③ 仪式举办前，主祭人即萨满要男女异床，当因其与生命的创造有关，故而需要回避这一行为。仪式举办期间"务要诚敬"，需要所有的参与人员共同保有一种即将接触"他界"事物的严肃心态。按照利奇的看法，礼仪通常由"严格的形式化"与"脱逸的狂欢"两部分组成，可分为从"严肃"进入"狂欢"或从"狂欢"进入"严肃"两种形式。④ 而在纳音瓜尔佳氏的仪式上，礼仪是自"严肃"开始的。其准备活动中，即已弥漫着一种严肃的气氛，为即将踏上前往"他界"旅程的萨满做好物质及精神上的准备。拉拉饭，是为萨满预备的路途上的干粮或盘缠。如在准备踏上旅途时，尼山萨满曾携带三块面酱、三束纸张作为盘缠。⑤ 不过，在族人所处的具体情境中，由于拉拉饭确实是供献在祖先神位跟前的，因而这些就是敬献给祖先的食物。

至祭日，祖匣若在他家，至日上午八点钟，前往焚香请来，并带一切应用物品；谨记请祖匣之时，务将炕地扫净；然后将黄布包裹展放于南炕上；先请外边祖匣，次将屋内祖匣放于底下，吽物，汉语名曰铜铃，放在顶上；路中遇亲友人等，不准行礼谈话；将祖匣请至家中，放在西炕南头桌上；早日购备大尺白布三尺，作手巾用，擦拭供桌上一切物品之需也。

---

① 荆文礼、富育光：《尼山萨满传》，吉林人民出版社，2007，第388页。
② 荆文礼、富育光：《尼山萨满传》，吉林人民出版社，2007，第394页。
③ 维克多·特纳：《象征之林——恩登布人仪式散论》，赵玉燕、欧阳敏、徐洪峰译，商务印书馆，2006，第363页。
④ E. R. Leach："Ritualization in Man in Relation to Conceptual and Social Development", *Philosophical Transactions of the Royal Society*, vol. 251, 1966.
⑤ 德克登额：《尼山萨满全传》，张华克译，映玉文化出版社，2007，第40页。

由于祭祀活动在族人中轮流举办，因而祖宗匣子就有供奉在其他族人家中的情况。迎请匣子迟至上午八点，说明该节仪式与日出没有多大的关联。焚香，可用于覆盖各种异味，可驱除周边各种无关的超自然存在，亦旨在起到祓除之作用，或者可用以促使萨满从入神状态中苏醒过来。比如相传尼山萨满从"阴间"回来后，助手用香火在其鼻子边上熏了一下后，她才苏醒过来。① 请来祖宗匣子时要扫炕扫地，这无疑同样出于扫除不相干超自然存在的目的。使用黄布，恐与佛教或皇家的象征颜色有关，也可用来阻挡不相干的超自然存在。祖匣放置顺序的不同，可显示出神序的重要性。铜铃，不论在佛教寺院里还是在基督教堂里都是经常使用的道具，或用于唤醒或召唤神灵，"摇铃，以唤醒那些阴影等"②。不准与路人行礼谈话，则出于其已进入"超自然层面"，因而不能与现实中的人产生交流的缘故。祖匣置于西炕南头桌上，是因这里为上位。白布，以其白显示洁净的特质，用其擦拭物品，旨在去除可能附着其上的各种不相干的存在。

通过以上几个步骤，祭祀仪式将要展开的场所就被临时建立起来。由仪式强调的各种行为规则看，该场所当为介于现实与非现实之间的模糊的世界。同时，若将其当作一种象征符号看，该场所又具有历史/宗教的二重意义，主祭人/萨满与族人可以根据自己所处的语境，各自"选择"其中的某一重意义去理解。满族人认为，主祭人/萨满在此场所中，可以与各种"神灵"进行巫术性质的交流，而族人可将其理解为一个能够与"祖先"交流的场所。通过这种交流，族人们可建立一种愿景，从而达到整理现实、展望未来的宗教性目的。

纳音瓜尔佳氏的正式仪式始于"白日祭祖"。按其所主张，所祭者为"祖先"。在祭祀之前仍然是先进行"设备"的准备程序。

请设祖宗以前，将黄米拉拉煮好，用两盆盛之，放在南炕西头桌上，

---

① 荆文礼、富育光：《尼山萨满传》，吉林人民出版社，2007，第400页。
② 维克多·特纳：《仪式过程：结构与反结构》，黄剑波、柳博赟译，中国人民大学出版社，2006，第54页。

记准先后，头一盆白日用之，次盆夜间用之；将供桌及祖位架子摆妥，遂取净水一大碗，放在供桌底下；桌上设七个大酒盅，内盛净水；次设七个碟子，内盛黄米拉拉；再将年香燃着。

两盆拉拉的使用时间有先后之别，意味着白日祭祀与后续的夜间祭祀是连续而统一的。黄米拉拉之所以放在南炕西头，概因这里是上位，表明其重要性。记准先后，仍然强调神序的重要性。供桌及祖位架子摆妥后，在萨满眼里，这便是人与"神"之间的界线，二者集中在界线的两侧便可发生交流。而在族人的眼中，这里就是一个"神灵"将要出现的场所，一个舞台，族人们可以在此通过象征性动作的演出，祈求"神灵"实现自己的愿望。七个大酒盅及碟子，显示所祭者为七位"祖先"①。酒盅内的净水，意在代替酒水，或发挥水的各种功能。碟子里盛放黄米拉拉，无疑是因族人要先供献给"神灵"品尝，而后再去与之分享。燃年香，如前所述，旨在驱除外来的神鬼等，或用于营造异于平日的场景。

"设备"准备的另一部分为牺牲物的准备。

二人抬猪至屋，放在南炕下；猪首向西，猪腿向北，纯用黑色；白日用猪，牝牡均可；设备齐整，一人双手敬捧祖匣，匣口向南；将三位先祖请出，设于架上；将地扫净；而主祭人诵满语祭文，所有族人按次跪听已毕，叩首平身；将猪抬于桌上杀之；供桌以前设一板凳，将血盆放于凳上，遂将猪抬至堂屋地，猪首向门，猪腿向东而放之；用槽盆将猪毛煺净，其猪大小蹄脚并猪胆，均放在供桌右边，然后将猪抬于桌上，头向外，腿向右而放之。

---

① 早祭所祀对象，在满族各氏族间存在不重叠的部分，如沈阳满堂乡彭氏，其"祖宗板"有两块，供奉香碟九个，神祇九位。所祭者有关帝、观音菩萨、长白山与蒙古诸神、远世祖宗及万历妈妈等。同乡的赵氏则供奉神祇八位，有华严大士佛、南海大士佛、嘉古佛、看家佛等诸佛，九天神、玄妙神、仙母神等诸神，以及佛托妈妈等（何晓芳、张德玉：《满族历史资料集成·民间祭祀卷》，辽宁民族出版社，2016，第589页）。可见，除去佛托妈妈之外，后者所祀均为佛、道之神灵。

"抬猪"，牲猪有被强制带到"神灵"面前的意思。南炕下，如前所述，系较为重要的位置。猪首向西且腿向北，指明行为展示的方位为西方，暗示行为的对象为位于西方的神灵。牲猪用黑色，恐因其将前往暗黑之地。不过，实际上家猪传统养殖品种通常均为黑色，间或存在杂有其他毛色者，而强调牲猪的纯黑，可能仅在表达一种纯粹的意思。这种貌似无意义的讲究，显示了对牲猪要求的严格。"牝牡均可"，显示本仪式与猪的繁殖无关。祖宗匣子的匣口朝向，仍然意在指明祭祀人行为的展示方位。所请出的三位先祖，在族人一方看来，当为最近三代祖先的象征。"将地扫净"，再次指明所处场所的超自然空间性质。

诵"祭文"及"跪听"，均为宗教性行为，而非巫术行为。强调满语祭文，则意味着与先祖之间只有用满语才能沟通。至于祭文的内容，参照吉林省吉林市龙潭区乌拉街满族镇韩屯村关氏祭祀仪式，"第一遍：诵唱者请神了，宴请上天之子。第二遍：宴请诸位神灵，宴请贤能智者，宴请超哈占爷。宴请天汗"①。而关氏的另一个本子里记录了早晨祭"饽饽神"的内容：

众姓之中的关姓举行祭祀，属兔的家萨满在祈祷。东家曾上牙碰下牙，亲口许愿，举行祭祀。今已是旧月已去新月来，择选了良辰吉日。制作了大阿木孙肉。敬献了黄米酒，宴请神灵。宴请堂子泰立神，宴请诸色贝子神。老萨满、小萨满全到齐了。奴才们不知敬神规矩，乞请神灵指教。我等定牢记神灵所教诲之话，定牢记神灵所指点之语。乞请神灵保佑，佑我奴才生活到老，百年无戒，六十年无疾。无暴劣年景，人无灾难。乞请神灵保佑，四十名骑士在上，二十名勇汉随行。抬头吉喜，抬腮欢乐。神灵佑护家家平安，庭院和顺，牛羊满院。双手供献堂子泰立神，双手供献乌色贝子神。乞请神灵仁爱，收一位大夫之手，收一位玉皇之手，乞请神灵纳享供品。乞请神灵降临入神位，属兔的萨满诚心诚意祈

---

① 参见宋和平、孟慧英：《满族萨满文本研究》，五南图书出版有限公司，1997，第176页。

祷，全族老少跪地叩头。年年送旧月，月月迎新日，照例选择良辰吉日，举行祭祀敬神。现乞请诸位神灵，回到各自的原住地去，回山吧。①

根据以上诵词看，该祭祀属于一种还愿祭。由萨满充当中介，兑现东家许下的承诺，宴请各种"神灵"。"阿木孙肉"即祭肉，加上黄米酒，便组成宴席。所请之神有"堂子泰立神"和"诸色贝子神"，按照宋和平和孟慧英的解释，前者为堂子里祭祀的"神灵"，而后者则被视为"诸申"之误。不过，根据后文中与之并列的"乌色（use，种子、子孙）贝子神"的情况看，此处并非讹误，"诸色（juse）"当以"子孙们"解。老萨满、小萨满及族人们按照"上牙碰下牙"的约定，设宴招待"神灵"，其目的在于送出美食与敬意，换得"神灵"的保佑。显然，这是一种人与神之间的互惠行为。另外，"收一位大夫之手，收一位玉皇之手，乞请神灵纳享供品"之"收"，按照宋和平和孟慧英的记录，满语为 aligi，当有误，应为 alifi，即表示举、托、接受之意之 alimbi 的中顿式，意为请掌管健康的大夫及掌管财富人寿等的玉皇伸出手来，接受供品。在三位"祖先"面前杀猪，且以猪血供献，表明此祭为血祭。在此节仪式上，血具有特别的功能，仪式仿佛仅为取血而进行。猪被迅即抬至堂屋，好像猪在留下自己的血液后暂时离开祭祀场地似的。既然已经从"神"前离开，猪首自然会朝向门口，猪腿亦会朝向东方。猪蹄脚及猪胆均为特殊器官，前者跟走路相关，后者在民间被认为与胆量有关，因而根据显见的逻辑，须将二者一并供在桌上。至于供在桌上的牲猪又被掉转方向，恐意味着其将重新踏上返回故乡的路程。

关于所请"先祖"，如前所述，祭祀正式开始之前，提供给祖宗的"设备"有七套，然而，该节"祭祖"请出的"祖宗"却仅有三位。在萨满的心目中，该三位"祖宗"原本恐怕只是辅助其完成使命的三个"神灵"而已。实际上，从"神灵"的数目到具体的名称，祭祀的对象在满族

---

① 转引自宋和平、孟慧英：《满族萨满文本研究》，五南图书出版有限公司，1997，第 113～115 页。

各氏族之间并不统一，这种不统一缘于各氏族萨满所操控的"神灵"不同。能在三位"祖宗"跟前杀猪且以猪血供献，说明其中并未包含佛、菩萨。三位"祖宗"被族人特定为天、佛、菩萨，只能是后来发生的事情。而辅佐萨满完成使命的"神灵"一旦被特定为天、佛、菩萨，在族人眼里的"祖宗"就被神化为崇拜的对象。从祭祀的时间流程看，白日祭祖主要通过族人与"祖宗"交流的方式展开，萨满除了将血盆供在凳子上以外，其余的巫术情节都被隐于后面。仪式遂转变为以崇拜、祈求"祖先"和"神灵"为主的局面，主祭人/萨满仅以纯粹主持人的角色出现。"诵祭文"而不用跳神，萨满以巫术操控超自然力量的一面就被隐去。类似的情景在吉林市赵氏祭祀仪式中亦有表现，在该祭仪上，萨满仅诵词并率领族人叩首而已。① 而从祭祀的空间构造看，萨满一层的意义展开则又通过下述牲猪的摆放位置表现出来。于是，仪式在时间上的延续就被置换为空间上的配置，族人与"祖宗"交流一层的意义便得到可视化的展现。

猪首一件（将前右腿猪蹄割下放在猪嘴里，尖向右），脖圈一件（带棱子骨），前两腿带哈拉巴②两件（按骨缝以刀断开），达哈拉③一件（即肚囊也），次将心肝肺取出（猪胆放在供桌），其肋条连大梁骨缝（两边均要断开），次将后坐（断为两节），后背腿连带窟窿骨两件（骨缝断开），后乌叉④骨带尾一件（即是大腿当中之肉），二乌叉带腰子一件（即是大梁骨下节也），大梁骨一件（系肋条当中之肉也），肋条两块（不许截断），共计十二件，连大小肠、碎油、膀胱等物，一并放于锅内煮之；外留明肠一根，候猪肉煮好，将肠拿到上屋，灌血煮之；唯煮熟之肉，一概不准尝用，锅内亦不加盐料，候供献已毕，临食再加佐料可也。

---

① 大山彦一：《萨满教与满族家族制度》，见大间知笃三等：《北方民族与萨满文化——中国东北民族的人类学调查》，中央民族大学出版社，1995，第103～125页。
② 哈拉巴，满语 halba，即肩胛骨。
③ 达哈拉，满语 dakūla，即肚囊。
④ 乌叉，满语 uca，即尾骨。

猪首、脖圈、腿等部件，需要从骨缝处断开。按照萨满一重的意义理解，解猪的规则重在自关节处解剖，而忌强行斩断，其意当在保持骨头的完整性上，以便牲猪在重新长肉后再次回到世间。依据同样的思维模式，被解剖的对象也可以是在"他界"游历的萨满。至于心、肝、肺，在蒙古语族中连同气管及下巴合称"朱勒德"（julde），为象征生命的器官。大小肠、碎油、膀胱等物通常不被看重，这里因是猪身体的一部分，按照完整保留牲猪全身的意义，一并下锅煮熟。血肠也是满族特别看重的食物，但在这里恐无其他意义。煮熟的肉在供"神灵"品尝之前，人自然是不能动用的。总之，按照瓜尔佳氏族人一方的理解，这一节的解猪及煮肉，也仅仅是一种形式刻板而异于常规的程序而已，因此只有伴随萨满的祝祷声，才能产生某种具体的意义。

"白日祭祖"虽然请出三位"祖宗"来，同时又摆上七个酒盅及七个碟子，但祭祀最终却集中在第三位"祖宗"上。

肉熟摆祭以前，将前二位神祖请入匣内，再将第三位请至当中架上；留头一碟拉拉、头盅水放于供桌南头，其余之水倒于锅内，不准外用泼弃；次将小槽盆放于供桌上，斜之；一人持刀，将肉按块片一条，置于小木碗中（名曰拿倭也）；先摆猪首，次拿围脖圈（肉皮向下），再拿大梁骨、二乌叉、后乌叉、哈拉巴、背腿（脚尖向后），接拿两扇肋条，均肉皮向下；复将心、肝、肺放于前结，猪肚放于后结，碎油等件放于当中，达哈拉（肉皮向上）盖在当中，血肠搭在猪嘴内，拧一花，搭在达哈拉上；用尖刀一把，插在猪头左边；供献齐整，燃着年香，重新扫地。

在摆设熟肉前，将前二位"神祖"请入匣内，仅留第三位，或出于前二位不能享用牲猪的缘故。由此，可判定该程序产生于前两位"祖宗"被附会为佛、菩萨之后。第三位被请至中间架上后，仪式展示的对象显然已被集中于其上。此第三位"祖宗"，若将其解释为关公的话，似更加符合逻辑。在关公面前，既可有杀戮行为，也可让其享用牲猪。此时，若从萨满前往"他界"旅行的角度看，其行程当已到达第三个"神灵"处。而在族人们看来，此时祭祀活动仅集中在第三位"神祖"上而已，并无更多的意义可以解读。一碟拉拉，如前所述，是给萨满预备的盘缠、酬金类的物品。留一盅水在供桌上，如前所述，在原初情境中，恐用于唤醒处于入神状态的萨满。"其余之水倒于锅内"，是由于萨满已从前二位"神灵"处通过，因而酒水已被对方受领，在情理上自然也就不能将之泼弃。而从族人们的角度来看，此拉拉及水则仅为敬献祖先的饮食。根据从头至尾的摆件顺序推断，此时的牲猪正在向前行进。到最后，根据"肉皮向上"的摆设姿势看，牲猪是四肢朝上躺在桌上的。此时的牲猪应被视为萨满的象征。猪肉被片了一条，象征牲猪被去掉了肉，已非此前活着的猪。因为活猪是不能这样处理的。将心、肝、肺等重要器官置于其上，意味着此时的牲猪虽然各部分已经分离，但其部件仍然齐全。"血肠搭在猪嘴内"并且"拧一花"，意在等待"神灵"将血液或生命力注入牲猪的身体之内。如猎人会将猎物的血液完全倾倒出来，相信动物的灵魂或生命就在血泊里，或者实际上那血泊就是其灵魂或生命。[1] 同时，这也是萨满获取治病能力时的体验。在雅库特人的神话中，未来萨满的骨头再次覆上新的肉体，有时候还可以得到新的血液。至于将刀插在猪头左边的情形，或为方便对方以右手使用刀子切肉，或具更深层的含义，即以模仿巫术的原理，使用猎具将猎物固定住，以保证人们的收获。这种情景在远古的岩画上频繁出现，以前仅仅被认为是一种单纯的猎获行为的再现，但后来被解释为一种"狩猎巫术"，即利用巫术去固定猎物。[2] 至此，纳音瓜尔佳氏仪式上为送还的牲猪（猎物）重新灌注生命的准备活动便告一段落。在族人们看来，这一系列程序也仅仅是为"祖先"或"神灵"提供食物的过程，他们借此表达自己的意愿。

以上摆件程序，虽是在空间上构建某种结构，但同时也是在将时间经历转化为空间结构的过程。其所构建者，则是牲猪或萨满被解体后重新注

---

① J. G. 弗雷泽：《金枝——巫术与宗教之研究》，汪培基、徐育新、张泽石译，商务印书馆，2012，第374页。

② 米尔恰·伊利亚德：《宗教思想史 第1卷 从石器时代到厄琉西斯秘仪》，吴晓群译，上海社会科学院出版社，2011，第19页。

入血液乃至生命之前的状态。牲猪的肢解与萨满的解体，二者均出于同样的思维模式。于是，通过萨满/主祭人的行为，家族的"祖先"就被转化为族人崇拜的对象。

紧接着"白日祭祖"的是"白日祭神"程序，按照仪式的主张，其所祭者为"神"。①

摆设齐整，先请主祭人，在前满语跪读祭文，其余按次序跪而听之；读完行叩首礼，毕；用皮褥子横放于地，三人就地而坐打札板；主祭人双手举香炉碗读祭文；至当中放下香炉碗，口诵倭勒密②，打札板之人亦随声附和；再将北头香炉碗举起，仍用倭勒密，照前附和；次将祭文读毕，主祭人率族中人行叩首礼，讫；先将猪首、下把车骨剔出，放在槽盆，其余肉件拿至厨房，将骨头如数剔出，送于小槽盆内；随便用饭已毕，即将炕地扫净，锅灶刷净，泔水亦用盆盛之；着人至上屋，在地立正，双手将祖匣举之，先将匣内二位请出，再将此位仍放于底下，随后将二位放在上头；从匣口将瓦丹布盖好，请匣子之人先走，跟随拿槽盆人走；前留之拉拉，并一盅水，仍置于槽盆内，用净手巾盖上，送至江边，或四野洁净之处均可；再将扫除秽物随行，而后将后刷锅水一同外边抛之，名曰送骨头。

主祭人以满语读祭文，族人跪听，表明祭祀程序是以族人与"祖先"交流的形式展开的。只有满语才是先祖能够听懂的语言。至于祭文的内容，纳音瓜尔佳氏的文本中没有记载，根据前述韩屯村关氏祭祀文本可知一二。其所祭对象为"超哈章京，芒额色夫，阿布卡朱色，各勒贝子，纳克连色夫神，双位的倭车库神"③ 等。其中，"超哈章京"（满语 cōha jang-gin）即（领）兵的章京，"芒额色夫"（满语 mangga sefu）即英雄师傅，

---

① 纳音瓜尔佳氏白日所祭之"神"无满文标志，不过依据《吉林瓜尔佳氏萨满神谕》推断，当为"恩杜力"enduri（《吉林瓜尔佳氏萨满神谕》，参见何晓芳、张德玉：《满族历史资料集成·民间祭祀卷》，辽宁民族出版社，2016，第60页）。而 enduri，若与《五体清文鉴》中所对应的蒙古文 tengri "天"或"天神"对照来看，为蒙古、突厥语族民族的至高神及各种职能神。

② 倭勒密，满语 forobumbi，即祝祷、许愿（firumbi）。

③ 宋和平、孟慧英：《满族萨满文本研究》，五南图书出版有限公司，1997，第118页。

"阿布卡朱色"（满语 abka juse）即天子们，"各勒贝子"（满语 gereni beise）即各位贝子（神），"纳克连色夫神"（满语 nekeliyen sefuenduri）即聪明的师傅神，"双位的倭车库神"中"倭车库"（满语 weceku）为家神，"双位的"即两位家神，应为该区域广泛供奉的吉雅其夫妇。显然，这些"神灵"都是神化的人物。"按次序跪而听之"，暗示尊卑长幼、血缘关系的远近都是需要留意的事情。"读完行叩首礼，毕"，意味着族人向祖先汇报仪式因由的环节结束。仪式旋即进入萨满与"神灵"交流的层次。地上铺皮褥子，表明需要较长的时间，同时说明萨满的助手不需要如族人那样跪在地上。"打札板"是为萨满前去与"神灵"交流营造氛围。如尼山萨满"有助手帮助击鼓"[①]。虽在族人看来，与"祖先"的交流仍在继续，然而按照萨满一层的展开，萨满此时已经到达"神灵"的居所，进入将动物的肉与骨头分离开来的环节。接着，"随便用饭已毕"，表明该用饭环节并非与"神灵"共食，而是要尽快进入下一个程序的过渡环节，即送还动物骨头的环节。炕地与锅灶的清洁，前者是在为邀请"祖宗"到场创造洁净的环境，后者当意在强调与"神灵"相关牺牲物的彻底送还。所请"祖宗"则增至三位——将早先纳入匣内的"祖宗"一并请出，让其参与送还动物骨头的过程。照族人看来，既然其目的是将动物骨头交给"神灵"，就需几位"祖先"一同前往。然而实际上，能够生死肉骨的"神灵"并非"祖先之灵"，而是"动物之主"（master of animals）。族人当并不了解送还动物骨头的真实意义，不过，他们并不在意这一点，仅注重于同"祖先"一起完成一件事情。

从其原初的性质看，该节仪式是在萨满引导下，旨在将猎物骨肉分离后注入新的生命力的过程，但从族人的角度看，则完全是一种以祈求"神灵"为目的的宗教行为。从白日祭祖、祭神的各组成因素看，有几层不同时代的文化因素积淀其中，即从最先根据模仿巫术原理而展开的固定猎物的"狩猎巫术"，到通过"动物之主"使猎物重生，再到祈求"祖先"达到所求目的等。"狩猎巫术"以在牲猪身上插刀的形式施行，猎物的重

---

① 荆文礼、富育光：《尼山萨满传》，吉林人民出版社，2007，第 387 页。

生则是以牲猪的再生——同时也是萨满再生的形式实现可视化的。然而，这些行为却无法满足更多的功能需求，因而需要一种宗教性的祈求方式为其树立一种愿景。于是，他们通过族人所熟悉的一种手段，即萨满前往"他界"旅行的方式，将自家的祖先圣神化以后，再借助一种宗教性质的礼仪，去建立健康、丰收、长寿及人口繁衍等理想前景。①

白日祭祖及白日祭神几个环节的重点，最终集中在将动物的骨头送还"神灵"（在族人心目中则是"祖先"）上，族人与"祖先"的交流占据主要位置。而在夜晚祭神的环节里，萨满与"神灵"交流的行为，则跟族人与"祖先"的交流行为平行展开。

请设祖宗以前，先取净水一碗，敬神之用；次挑净水一大锅，以备煺猪之用，将上屋应用物品备妥；一人双手请祖匣，匣口向南；先将达索林（满语即第一位也）请出，设于架上；次将六位亦均请设于架上，供桌南头放一方盘，将祖匣放在盘内；再将二位请出，摆设匣盖之上，共计九位，每位净水一盏，黄米拉拉一碟；供毕，燃着年香，白伏腊，将香炉碗、烛台放在桌上，南北头各一个。

夜晚祭神同样以邀请"祖宗"到场开始。然而，在这里不仅有"祖宗"的顺序之差，还有位置之别。从顺序上看，先请出一位，然后请出六位，最后再请出两位。从位置上看，前七位被请到架上，最后两位则被置于匣盖之上。顺序与位置的不同或暗示这些"神灵"居于不同的场所。对族人来说，香烛为供奉先祖而设，而在萨满看来，香烛除帮助营造异域环境之外，也是其前往"他界"时所携带的武器，因为香火（烟）可以驱逐"恶灵"。

设备已齐，主祭人口诵满语祭文，率同族人叩首；礼毕，即与主祭人束腰铃、扎裙子，手持鼓一面，其他人均持手鼓一面，并抬鼓一面，击成一音；主祭人面向第一位起，至第四位止，甩腰铃，退步而行，至上屋门槛止步。

---

① 在满族有些氏族的祭典中，本族祖先历史传奇的讲述为祭典中的重要一环。

神位的设置是为了萨满一层意义的展开，而诵祭文及叩首则又为族人与"祖先"的交流提供条件。主祭人口诵满语祭文，其内容在此文本中未加记录，同样按照上述韩屯村关氏祭文予以补充：该段祭文主要是呼唤所要宴请的"神灵"的名号，即"阿浑衣年其神""纳克连色夫神""代敏衣故您神""双位倭车库神""超哈章京神""阿布卡朱色神"以及"各勒贝子神"等①。这些"神灵"大都在白日祭神时已经出现。其中增加的有"阿浑衣年其神"（满语 ahūn i niyanci enduri），即年长的香草神，以及"代敏衣故您神"（满语 damini gūnin enduri），即有识见的雕神。可见其都是萨满自己的守护神。主祭人/萨满开启前往"他界"的旅程，或在眼前设置的异域空间里通过作法召唤"神灵"前来。其他人作为助手将鼓击成一音，则与前述尼山萨满前往"他界"时助手整齐配合的情节一致：由于本地萨满技能的缺乏，"助手的鼓点敲乱不行"，以致无法熟练配合其前往"阴间"，去索回依赖人儿子被勾走的灵魂，尼山萨满不得不另请他人。②"至第四位止"，所涉及的对象仅至第四位（代）"祖宗"，若从族人的家族谱系看，大致说来仍在同一穆昆范围之内。

其间将猪抬至上屋，放在南炕沿下（猪首向西，猪蹄向北），再向前走三步，行至南炕沿边，面向第二位索林，祝祷已毕，甩腰铃，仍向第五位，祝祷至第七位；完时，甩腰铃，打鼓退步，至门槛；其间将猪横放地当中，头南脚西；主祭人上行三步至猪前，用右足向猪脖圈踏三脚，退下，由右向左，围猪绕走三匝，踏猪脖而过；礼毕，不用叩首，即行杀猪。

该节的行为对象一直达到第七位。从族人的角度看，这些"祖宗"仅为自己的祖先。而在萨满的眼里，这些"祖宗"则为一些"神灵"。脚踏三回、绕三匝等情节，恐与牲猪的再生或将其献给"神灵"，抑或携牲猪

---

① 宋和平、孟慧英：《满族萨满文本研究》，五南图书出版有限公司，1997，第119页。
② 荆文礼、富育光：《尼山萨满传》，吉林人民出版社，2007，第414页。

攀登有关。"不用叩首"，说明并非宗教性的恳求行为，也意味着并非将牲猪献给"神灵"，而是将其作为酬金交给"神灵"。

夜晚祭的主要情节在于分祭祀对象为不同的层次。第一位为一层，第二位至第四位为一层，第五位至第七位为一层。在列位祖宗接受族人的宗教性礼拜之后，便展开主祭人/萨满与"神灵"的交流过程。其中，至第四位为一节，第五至第七位则又为一节。这些当指明列位"神灵"所处的位置不同。通常，与"神灵"交流时，萨满或将其请来，或亲自前往"神灵"居住的地方。而在这里，根据主祭人的步伐判断，结合前述情节，其前往"他界"的可能性更大。据载，阿尔泰萨满在出神状态中爬上桦木桩的最初几道刻痕，相继穿越不同的"天界"，直到"第九天"。除了上天，阿尔泰萨满还能顺着七级台阶逐级而下，或者穿越七重"障碍"而入地。夜晚祭上，主祭人与列位族人的意义世界亦被分为不同的层次，前者相对复杂，后者则更平面化，仅关注其宗教的层次。

经过夜晚祭上萨满与族人两条线索各自的展开以后，到晚间祭时，二者的展开方式再次发生变化。

祭神已毕，将猪在上屋宰讫，血盆放在供桌前方凳上，将猪抬至堂屋燂毛；唯解猪之规则仍与白日相同，而不同者，多解后右腿一个，右边窟窿骨肉一块，共计十四件；临煮肉之时，将肠、肚、肝三件提出不上供；候将祭肉煮好，致祭时，系用细肠灌血，扎三个圈套，连同肝、肚一并煮之，以备供献之用耳。肉熟供献以前，将水盅四个、黄米拉拉四碟，移在桌南，再将三盅水、三碟拉拉，移在桌北，其南头方盘上所有水盅及拉拉，两边移之。

所谓"祭神已毕"，实际上仅指族人与"祖先"交流的一层大致已经展现完毕，而对主祭人或者萨满来说，与"神灵"的交流尚未结束。猪体多解两件，系有意区别于白日祭。肠、肚、肝这几样器官，如前所述，因其与生命力的灌注有直接的关联，故而将其特别处理。晚间祭祀由于主要是冲着最后两位神灵而去的，故而先后将四个及三个祖位移到两旁，显示萨满将要继续自己的旅程,以此与前面的程序相连接。该节程序虽然重点在于萨满线索的展开,但族人与"祖先"的交流仍需顾及,或者可以说仪式的展开都以族人与"祖先"交流的方式开始。

摆设齐整,主祭人诵满语祭文,率同族人叩首毕。主祭人扎束腰铃、裙子,手持鼓,与前踏猪礼节相同;唯有至第七位祖先甩腰铃,退步至门槛,再前行三步,手打鼓边(名曰打花鼓),向右环绕三匝;已毕,行叩首礼,即将窗、门遮闭(名曰背灯)。此时不准人出入,院内着妥人看守,不准到门口;如有外人来时,亦不许进屋,设备齐全,仍行叩首;此时用一人打抬鼓;三人横坐于地,打札板;供桌前设一木凳,乃系主祭之座位。将腰铃放于地下,灯光吹灭,手拿吽物(即铜铃也),口诵祭文,至第四位,将腰铃乱振,急打抬鼓一阵,仍以三音合一;诵祭文讫,燃灯叩首;再将索林按位请放匣内,双手举置西墙祖宗板上,匣口向南,吽物横放匣盖上,铃向南;遂将窟窿骨肉,用大盘盛之,放于南炕梢柜顶上;过三日后,家人食用,不准送与外人;再将窗、门启开,方准出入人也。无论谁家祭祀,而敬谢主祭人之礼,万不能缺。本日夜间,诸事已毕。用饭之前,家主率领本家之人,手捧小蝶,内放白酒两盅,送交主祭人饮用,全家行叩首礼,以为敬谢之意也。

在宗教性的仪式后接着进行的是巫术性质的仪式,重复此前至第七位祖先的过程。这时,这七位"祖宗"实际上与萨满再次相遇,因而可以认为,在萨满一重的意义上,这七位"祖宗"与前面的七位"祖宗"并非同一对象,而是另外一些"神灵"。《吉林瓜尔佳氏萨满神谕》提示,背灯祭所呼唤的"神灵"有东斗星、西斗三星、南斗六星、北斗七星、太白星、紫微星及日月星斗等。[①] 就此看来,此时的萨满是在跟各种"星神"打交道。与此对应,主祭人即萨满的退步、前行、打鼓边(恐表示渐渐远去)、绕三匝等都暗示萨满在黑暗中于星斗之间穿越。由于是在"他界"活动,因而需要在暗

① 何晓芳、张德玉:《满族历史资料集成·民间祭祀卷》,辽宁民族出版社,2016,第64~65页。

黑中进行。该节程序虽仍以族人的宗教性礼仪开头,但其场所已非普通族人所能深入。打抬鼓及札板,表明萨满有助手协助。这些助手可能是"祖先神灵",也可能是如尼山萨满所率领的神鸟、大蟒、老虎、黑熊、金鹳鸰、秃鹰等其他"动物神灵"。[①] 从第一位到第四位"祖宗"是一个环节,余下三位则为另一环节。铜铃,如前所述,用其可唤起"神灵"的注意。"腰铃乱振""急打抬鼓",表明萨满已经到达险要之处。"三音合一",表明助手没有乱阵。经过七位"神灵"后,萨满此时已经到达第八位及第九位处。"诵祭文",即把意志传达到该二位"神灵"处(不过,有的氏族祭仪只有八位"祖先")。"叩首",表明仍然伴随宗教性行为,并以宗教性行为收尾。牺牲物三日后方可食用,恐因萨满的历程(抑或牲猪/萨满的重生)需要三日的缘故。雅库特萨满在前往"地狱"的旅程中,躺在帐篷里"毫无知觉,几乎没有生气,长达三天至九天"。"敬谢主祭人",强调要感谢历经艰苦行程的萨满。相传为感谢救命之恩,巴颜将财产的一半送给尼山萨满。[②] 由于此时萨满的线索与族人的线索几近完全隔离,因而在满族传说中,背灯祭的祭祀对象往往被附会为曾经搭救过努尔哈赤的李成梁的小妾。[③]

第二节 程序的展开及功能

伊利亚德提出,一个人固然可以辛勤劳作,但是除非得到"灵魂"的许可,否则其绝不会拥有财富,而献祭乃是争取许可的最常见方法。[④] 千百年来,满族及其先人以献祭的方式与祖先的"神灵"进行交流,以达到自己的目的。然而,在有关祖先的历史及观念当中,其目的唯有借助某种社会秩序才能实现,而对于人与动物及自然生态之间关系的形而上的解释以及对于未来的愿景,在其看来只有在宗教当中才能得到。一种象征符

---

① 荆文礼、富育光:《尼山萨满传》,吉林人民出版社,2007,第393页。
② 荆文礼、富育光:《尼山萨满传》,吉林人民出版社,2007,第400页。
③ 永吉县民间文学集成编委会:《吉林省民间文学集成·永吉县卷》,内部资料,1988,第8页。
④ 米尔恰·伊利亚德:《神圣的存在:比较宗教的范型》,晏可佳、姚蓓琴译,广西师范大学出版社,2008,第19页。

号，实际上能够同时代表许多事物，具有多重含义。仪式能把感官可以感知、人们已经了解的世界，与人们并不了解、人眼并不可见的祖先"阴影世界"联系起来。① 在仪式的展开中，满族人以营造场景、供献物品、叩头礼拜、分食祭品等象征性行为展开与"祖先"的交流，而萨满则通过游历"他界"的方式，将原本作为其保护神的各种"神灵"置换为族人的"祖先"，从而将族人眼里的世俗人物转化为崇拜的对象，将历史过程转变为宗教性的构造。从白日祭祖、祭神到夜晚、晚间祭神，随着萨满旅程的展开，"神灵"的可视度会变得越来越低，最终到背灯祭时，"神灵"仅有萨满可见，因而萨满的介入就需越加深入。于满族人而言，对于"他界"的情景，一般族人自然无从知晓，然而萨满却有相关的体验。在其指导之下，一般族人便可参与到重塑"他界"的情景当中。于是，通过仪式，家族史得到抬升，祖先就被神圣化。在达到宗教的高度以后，原先有关祖先的观念及历史就被转化为一种宗教，从而满足族人追求宗教秩序的需求，并为本族带来利益。要之，在满族祭祀仪式的展开中，一方面是萨满与其各种"守护神"之间的交流，另一方面则是族人与其"祖先"之间的交流。族人与"祖先"的交流被融入萨满前往"他界"历程的框架之中。在此过程中，"祖先"被置换为"神灵"，由此，从家族历史与祖宗观念到祖先信仰的转变得以实现。

---

① 维克多·特纳：《仪式过程：结构与反结构》，黄剑波、柳博赟译，中国人民大学出版社，2006，第15页。

第三章

満族的四季祭祀仪式

作为满族最古老的姓氏之一，"钮祜禄氏"可见于《八旗满洲氏族通谱》及《清朝通志》等古籍。该氏族人口主要分布在牡丹江流域、松花江流域及长白山区。钮祜禄氏的四季祭祀程序，由曾任清代国史馆纂修的族人索宁安于嘉庆元年（1796 年）所编撰记录，又于嘉庆六年（1801 年）被编入省非堂所出《满洲四礼集》中。① 钮祜禄氏的祭典活动曾以大约每月一次的频率举办。

有关祭祀仪式与生态环境之间的关系问题，美国著名生态人类学家罗伊·A. 拉帕波特（Roy A. Rappaport）曾经做过研究。拉帕波特考察巴布亚新几内亚土著人的祭祀礼仪，阐明其相隔 12—15 年的祭祀活动是平衡人与生态环境之间关系的重要机制，并探明环境的承载力在生态系统中得以维持的原因。② 然而，在满族所处的社会及生态环境中，并无周期鲜明的扰乱平衡状态的类似因素存在，因此本章通过分析钮祜禄氏的祭祀仪式，试图阐明满族祭祀仪式的性质及其在特定生态环境中发挥功能的机制。

① 索宁安：《满洲四礼集》。本章所引用四季祭祀仪式相关文本，除特殊标注者外，均出自该书。

② 罗伊·A. 拉帕波特：《献给祖先的猪——新几内亚人生态中的仪式》，赵玉燕译，商务印书馆，2017。

第一节　祭祀的种类

就举办的规模看，钮祜禄氏的四季祭祀仪式可大致分为两类：其一为大祭，"春秋二季跳大神，春在二三月；秋在九十月"，其二为其余月份里大致每月举办一次的小祭。

就祭祀的方式看，这些祭祀活动可被分为如下几类：

其一，伴随少量食物消费或无食物消费的小型祭祀活动。该类祭祀活动有"元旦日行礼""六月小鸡小鹅神仪""九月用野鸡背灯仪""十一月用鱼祭神仪"等几种。这些祭祀活动仅有少量的食物被消费。这些祭祀活动之所以属于小规模祭祀，是因为仪式虽然在程序上与春秋大礼不相上下，但从参与活动的人数看，除"元旦日行礼"之外，大致局限在家里的女主人、儿童及使唤人范围之内。当然，在这些仪式中，人与"神灵"的沟通方式，与满族所有类似的活动相仿，都以一种程式化的方式进行。其中，"元旦日行礼"要求"院内迎神，磕头；西炕、北炕磕头"。"六月小鸡小鹅神仪"需"令人找得洁净鸡、鹅各二只"，包括早祭与夕祭两种。早祭，以一只鹅于西炕正中供堂子，以另一只鹅于北炕供关帝；夕祭，掐死一对鸡供于北炕，再行背灯祭。

"九月用野鸡背灯仪"：

例应用新鲜野鸡。每至期，择定吉日，找得新鲜齐全野鸡一对；本日即在北炕神柜前，放矮供桌一张，将野鸡一对，盛在大盘，先供桌上；至晚间，主妇带同子妇，安供神幔架，矮供桌一张，神幔架单挂铃铛，不悬神幔；安供香碟三个，上香一趟。则令神上妇女，将野鸡拿在神前，摘去翎毛，再送库房神灶小锅内煮熟，共盛一盘，插木把小刀一柄，供在神前。主祭男妇，率众行礼一次；毕，男子出外，关门；仆妇遮蔽围幕，主妇照例行背灯礼，俱与小鸡神背灯礼同。

六月与九月里的这两次祭祀活动，从其供品来看，属于一类活动。六月以小鸡小鹅祭祀，而九月则用野鸡祭祀。想必，在满族先人那里，起初尚未从事农业生产，鸡与鹅不会大量存在，应也是以野鸡祭祀的。六月的祭祀，记录比较简单，但九月的祭祀记录较为详细。从其过程看，该月的仪式与前章展示的春秋大祭大致相同。用野鸡一对，当与生殖有关。仪式涉及的对象在北炕上。放矮桌一张，意在便于放置供品，而不像高桌那样，可用于不同性质空间的分隔。至晚间，该仪式的主题才显示出来。仪式主要由主妇操持，再加上女儿们，暗示前述有关生殖方面的祈求。安置幔架，其目的在于分割空间。架上悬挂铃铛，意在与非人格化的"神灵"产生交流。不悬神幔，恐出于简化程序的缘由。香碟三个，强调多数。野鸡亦由妇女将其"拿在神前"摘去羽毛，相当于牲猪的"圣别"仪式。煮熟的野鸡插"木把小刀一柄"，此刀为木把，强调其为餐具。家里男女主人一同行礼仪一次，表明男人只准最低限度地参与。尔后，遮蔽帷幕，分隔出一处空间，该空间当与超自然的世界连通，直接象征另一个世界。根据背灯的情形推断，此当与北方的星空有关，即该仪式所祭者为北极星或北斗七星。这些对象虽然并不能像"动物之主"那样直接满足人类丰收的需求，但可能会使家族人口兴旺。

"十一月用鱼祭神仪"：

冻河前，例应桃鱼神。每至期，择定吉日，令人找上好大鱼一对。至晚间，主妇带同子妇，在北炕安供神桌一张，安神幔架，挂铃铛，不悬神幔，供香碟三个，上香一趟。遂令神上妇女，将鱼收拾洁净，在库房行灶小锅内煮熟，盛在大盘，供于神桌正中；毕，主祭男妇，率众行一跪一叩一次礼；毕，俟香待尽，则撤下。

十一月的这次仪式，明示其祭祀对象为鱼神。该鱼神即为前出之"动物之主"。祭品选用"上好大鱼一对"，原因有二：首先，用上好的鱼，表明祭主的虔诚，同时也显示鱼神送来的鱼质量上乘；其次，鱼一对，又与生殖有关。晚间在北炕上举办仪式，说明仪式所祭当为"星神"或"动物之主"等非人格化的"神灵"。幔架，如前所述，可以用来分割空间；挂铃铛，旨在与"神灵"交流；上香，既可用来祓除，也可以之与"神灵"交流。鱼的料理，亦是妇女的事情。煮熟的鱼盛盘后供在桌子的正中，可在鱼神面前显示对其所赐之物的敬重，目的在于通过这种行为求得鱼神的欢欣，接续与之达成的互惠约定。本仪式也以妇女为主，男人只参与少部分活动。这也在暗示仪式当初是在男人们出去渔猎的时候妇女们在家举办的。

其二，伴有谷物消费的小型祭典。该类祭典仪式有"新正磕年头仪""四月供博罗或椴树叶饽饽仪""五月苏子叶饽饽神仪""七月供酸饽饽神仪""九月炸角子祭神仪"等几种。

其中，在"新正磕年头仪"上：

先期前二日，用上好细白江米一斗二升，用红江豆五升……令人起蒸糕，仆妇二人将糕用大方盘抬至神供桌前；主妇率同子妇，亲供蒸糕。供毕，则主祭男妇带同子弟男妇，向上行一跪一叩礼三次。

其所供者，即关帝与菩萨。这些神祇都是人格化的存在，故以米面为食。江米为黏米的一种，适于做糕，根据其一斗二升的用量来推断，此糕饼非为一次消费制作，而是为整个正月期间的消费准备的。该仪式的举办同样以女性为主，男主人只参与一跪一叩礼三次而已。因而此祭典当为准备正月消费食物时顺便举办的回馈谷神一类"神灵"的仪式。

"四月供博罗或椴树叶饽饽仪"：

应用博罗叶做饽饽祧神；如不得博罗叶，即用椴树叶，二样俱可。……前一日，主妇即带同仆妇，将上好江米，选洁净细白者五升，拣出磨成细面；再将红江豆三升，俱放于西炕北头……

以博罗叶或椴树叶与江米制作的类似粽子的食物，是一种季节性强的非日常性食物。家庭妇女在制作过程中顺便进行祭祀，可与"神主"分享新鲜的食物。

"五月苏子叶饽饽神仪"与"四月供博罗或椴树叶饽饽仪"大致相同，亦属一种将季节性很强的新鲜食物与"神主"分享的祭祀活动。

在"七月供酸饽饽神仪"上，则"例用糜子米做酸饽饽桃神"。糜子米与江米一样，也是一种黏米，经过发酵以后可制成容易吸收的酸饼。在东北，糜子通常在农历七月收割，因而，该仪式可算作一种丰收祭。

"九月炸角子祭神仪"中：

前三日，主妇先将做饽饽之江米选出，用洁净细白江米一大斗，再用上好红江豆五升，用苏油廿斤。……至祭日黎明，主妇带同仆妇，安供神桌，悬挂神幔，摆供香碟，上香，供炸角子，每盘九个；其一切行礼礼仪，并晚间供饽饽行礼礼仪，俱与桃苏子叶神礼同。

炸角子也是一种节日时食用的奢侈食品，只有在过年过节时才能吃到。与上述几种祭祀一样，在享用这种食物的时候不能忘记与"神灵"分享。并且，九月的这次祭祀要在夜间举行，因而其所涉及的"神灵"当在北方的星空，即"星神"。

不过，以上小型祭祀活动有时也会在提升规模后转变为大型祭祀，如在"新正磕年头"时，"若力量充足，早晚俱可添牲口、做酒，并行背灯礼，俱与祭喜神礼同"。在"四月供博罗或椴树叶饽饽仪"上，"如力量充足，添牲口，则有背灯礼；俱与桃喜神礼同"。"五月苏子叶饽饽神仪"规模提升的原则亦类似于四月的神仪。"七月供酸饽饽神仪"，"其一切礼仪，俱与苏子叶饽饽礼同；若力量可以，添牲口，即添背灯礼；与喜神礼同"。"九月炸角子祭神仪"同样"若有力量，添牲口，则有背灯礼"。当然，也可理解为，这些小型祭祀活动原本为后述大型系列祭祀活动的组成部分，只是其中需要实力支撑的"添牲口、做酒"部分被"省略"掉而已。被保留的少部分内容虽已高度象征化，但仍然可以传达祭主的心愿。

其三，伴随大量谷物及肉食消费的大型系列祭典。该类祭典有"春秋二季官俸禄祭神仪"及"春秋二季祭大神仪"。其中，"春秋二季官俸禄祭神仪""每春秋二、八月官俸，合家领受国恩，自宜首先享神为重；每按季官领俸银到家，则本日即在俸银内，将祭神之费先行拿出，在神炕上暂设小桌，用碟盛银，供在桌上"。其所祭对象也是菩萨与关帝。祭祀的性质相当于丰收祭：因将领到的俸禄视为"神灵"的赏赐，故满族人认为需要回报一二。该祭祀开始于五更天，须杀猪一口，"不予外姓人食"。与前述春秋大祭相仿，食剩的猪骨，于索莫杆处撂下一部分，其余的被抛在河里。其意同样在于期待"神灵"将其生死肉骨后，使其重新返回人间。至于不予外姓人食，不用说，是在重复确认氏族的边界。晚祭和背灯祭与早祭一样，"主祭男子带同家人，将供肉、供桌搭下，在屋门、房门之正中，按份摆出，分送亲族。……若祭天，亦同大神祭天礼同；其婚嫁、升迁，并生子女、小儿出花痘，一切祧喜神礼，俱同此；但遇小儿出花痘之喜神，俱用红绛豆"。领取俸禄者为家里的男主人，因而与前述几种不同，此主祭人为男性。将供肉按份摆出分送亲族，显然是一种财富的再分配行为。这也是氏族社会分配食物的主要方法。此处钮祜禄氏则通过各种机会将财富再分配出去。至于小儿出花痘，因其性质特殊，需要根据"模仿巫术"的原理，以红绛豆代替。而另一种祭祀活动"春秋二季祭大神仪"，如前章所述，则在三月和十月举行，其程序一如官俸禄祭祀，亦有早祭和晚祭。并且，视富余程度，两次祭典的次日有时还有"祭天还愿仪"，该仪式于院内举行，也需要使用牲猪一口。

除猪肉的消费之外，大型祭典同时伴随着大量谷物的消费。谷物的消费可大致分为两种，一种为酿成酒水的消费，另一种为做成饭食后的直接消费。涉及前者的礼仪如"做米儿酒仪"："每于祭大神之前九日，主妇率同仆妇，在大屋南炕，将做酒江米，选择洁净细白者四大升，甜曲十六两。"另有"淋酒仪"："每逢祧大神吉日定。前期九日，主妇带同仆妇，将做酒用之江米，选洁净细白者一斗五升拣出，则令人将应用祭器、酒缸，洗涤洁净，全份预备清楚。"这两次酿酒活动因都涉及锅灶，故而仪式都由家庭妇女完成。至于提前九日，大致因九日为酿酒所需的时间。而在"洒糕仪""打糕仪""十月祭大神炸穆丹打糕仪"上，谷物做成食物后被直接消费掉。如"洒糕仪"："每于祭大神之前三日，主妇率众仆妇，在大屋南炕，将洒糕用之江米，选洁净细白者一斗二升；再将白江豆，选洁净细白者八大升。"又如"三月打糕仪"："每年三月祭大神，力量足者，例应打糕，用豆面做供。每逢三月祭大神，前期三日，主妇带同仆妇，将应用江米，选洁净细白者四斗，做豆面之黄豆八升拣出……"再如"十月祭大神炸穆丹打糕仪"："力量能者，例应打糕、炸穆丹等样。……炸穆丹应用之黄米一斗，小米五升，拣选洁净。再用苏油三十斤，俱放于西炕上。……其一切挑神背灯、敬酒、磕头等礼，俱与三月大神仪节同。"在这几次大型祭祀活动中，仪式持续时间短者两三日，长者达三五日，参与者从几十人到二三百人不等，故需要消费大量的食物。因而，实际上这种消费也是一种财富的再分配行为。

从参与者的范围看，这些祭典亦可分为两种，其一为家庭内部的祭祀活动，其二为氏族（即哈拉—穆昆）范围内的祭祀活动。不过，如前所述，祭典的范围会根据主办者家境的贫富程度而定。如家庭内部的祭典，会在添加牲猪及酒水等内容后，被提升为哈拉—穆昆范围的祭祀活动。因而，这也体现了只要有能力，就倾向于扩大祭祀范围的原则。

而从祭祀者的性别看，上述多数祭典仪式似乎都以妇女为主，男性在多数情况下仅起到陪衬的作用："堂子上磕头，如无萨莫，除敬酒主妇在正中，则主祭男率众子弟，在南傍跪；其众妇女，在北傍跪……"除敬酒主妇之外，其余众妇女跪在北边，而众男人则跪在南边，前者的位置显然要比后者重要。尤其在"六月小鸡小鹅神仪""九月用野鸡背灯仪"及"十一月用鱼祭神仪"上，祭祀者主要为主妇及家里的妇人们。其余如在背灯祭上，"男子出外，关门；仆妇遮蔽围幕，主妇照例行背灯礼"。这种情形的存在，暗示这些祭典当初是在男人们外出从事渔猎活动期间，由留守家里的妇女们所举办的。如生活在额尔古纳河岸的玛涅格尔人，在男性们外出渔猎期间，"妇女们在窝棚里围坐在火堆旁边占卜。她们在占卜外出丈夫的归期。……一个个都很忧愁抑郁；……几个玛涅格尔人归来以后，这种忧愁情绪开始显著减轻"①。妇女们举行这些仪式，一来可抚慰自己心中不安的情绪，二来可通过对"神灵"的左右，使外出渔猎的男人们能有更多的收获。

另外，各种仪式所要沟通的对象，根据仪式举办人的主张，有佛、菩萨、关帝及天等。然而，在这些主张对象的背后，则隐藏着更加真实的祭祀对象，即前述的"动物之主"。在祭主们看来，不论何种猎物，全部掌握在"动物之主"的手中，猎人们是否能有所猎获，完全取决于以虎或熊等形象出现的"动物之主"心情的好坏。

至于各种祭祀活动所欲达成的目标，从主位（emic）的角度，即仪式举办人自己的主张看，当为"卑下诚意伏乞上天受领供献物品，请恩赐全家福祉"，以及"从此，众神佑我们牙齿牢固，直到皓首变黄，家道殷实，太平快乐地过日子"，即求助一些泛泛的福利、长寿及平安等。而从客位（etic）的视角看，则包括财富的再分配，在人与"神灵"之间进行交流并产生互惠，维持生态适应单位氏族（哈拉—穆昆）的边界，维护群落的抵抗力（resistance）与恢复力（resilience）等几层内容。

第二节　仪式与自然生态

按照史禄国的观点，作为一个群体，满族的氏族组织将其成员联合在一起时，既要依靠源于共同男性祖先的共同意识，也要基于对相互之间血缘关系的认同，而且，氏族组织应拥有共同的"神灵"，并遵守一系列的禁忌，其中最重要的禁忌为同氏族成员间的婚媾禁止，即族外婚原则的严格遵守。②

① P. 马克：《黑龙江旅行记》，商务印书馆，1977，第438页。
② 史禄国：《满族的社会组织——满族氏族组织研究》，高丙中译，商务印书馆，1997。

满族的哈拉（氏族）虽然是一种现实的存在，但其并非一成不变的，而是一种动态的稳定体。哈拉一方面处于渐变的过程当中，另一方面又具有相对的稳定性。史禄国认为，氏族的人口、名称、功能及限定该单元的称谓等，在很大程度上是易于变化的。然而，作为一种社会单元，氏族组织有明确的制度，作为生物学单元，其功能主要体现在对婚姻的调整上，同时有时又作为初步的民族单元发挥自己的功能。这些性质即为氏族之所以存在的理由。① 而哈拉之所以要进一步分裂为复数的穆昆，是为解决婚配对象短缺问题而形成的一种策略。因而，哈拉的边界并非祭祀仪式所要维护的，只有穆昆因其属于外婚制实行的范围，其边界才是祭祀仪式所要维护的对象。满族的哈拉原本作为社会的基本实体单元而存在，然而等到其分裂为复数的穆昆后，就会变成一种"虚拟"的存在。于是，祭祀仪式的举办范围往往就会变得模糊起来。在满族创制文字，产生文字化的家谱之后，将哈拉分割成复数穆昆的事情就变得容易操作起来。而在古老的无文字时代，哈拉的分裂势必成为一种危机事件。当外婚制实行的范围改变之后，生态适应的基本单位便会暂时陷入混乱的状态，从而导致其与环境不相适应局面的产生。于是，以祭典的形式对单元的边界予以重新确认这件事就显得十分必要了。这样，仪式上的猪肉不仅"不予外姓人食"，而且在祭祀仪式结束之后，还要将其"按份摆出，分送亲族"，再次突出单元内部的层次构造。

对于仪式与生态的关系，拉帕波特的研究兴趣在于对仪式如何调控会众与外在的各种实体之间的关系上。② 通过对巴布亚新几内亚土著僧巴珈人礼仪性杀猪行为的考察，拉帕波特发现僧巴珈人的"凯阔"（kaikuo）仪式大致每隔12—15年举办一次，并阐明当地人与其所处环境之间存在关联机制。③ 他发现，仪式的周期以及取决于仪式周期的休战协定生效的时

① 史禄国：《满族的社会组织——满族氏族组织研究》，高丙中译，商务印书馆，1997。
② 罗伊·A. 拉帕波特：《献给祖先的猪——新几内亚人生态中的仪式》，赵玉燕译，商务印书馆，2017，第13~14页。
③ 罗伊·A. 拉帕波特：《献给祖先的猪——新几内亚人生态中的仪式》，赵玉燕译，商务印书馆，2017，第162页。

长，很大程度上由存栏生猪的状况所决定。"凯阔"节庆，原本"肇始于连根拔起战争过后所种植的闰槟树，而根除闰槟树又要求人们拥有'足量'的生猪"①。在"凯阔"仪式中，大量的生猪之所以被屠杀、消费，是因为生猪的数量已经超越环境承载力的上限，须以祖先祭祀的形式将其屠杀并消费掉，从而保持生态的平衡。在此，僧巴珈部落被视为一个大的生态系统（ecosystem）里的一个小的生态群落，该生态群落同时包括该部落所辖范围之内其他生物体及无生命物质。作为该项研究的重点，"凯阔"仪式可被解读为该部族处理与生态系统中的其他组成成分及占据其辖域范围之外的当地其他人口群落关系的手段之一部分。② 拉帕波特着眼于生态系统中环境承载力的维持，将焦点集中在处于平衡点时生态系统的性质上，考察其如何偏离平衡点后再回到平衡点。在此过程中，拉帕波特检验生态系统的性质与功能，从而阐明祭祖的礼仪乃至人类文化的功能与性质。由此，"凯阔"仪式被视为规范僧巴珈人与其所处环境中各个组分之间某类关系的一种机制或一套机制。"调控"或"调节"的术语意味着一套系统；一套系统即为任意一套特定的变量，其中某一变量的改变，会引起另一变量值的变化。调控机制即为使系统中某一变量或各个变量值的变化保持在一定的幅度内，从而能够使系统持续存在的一套机制。③ 以这种方法，拉帕波特衡量系统中各个变量的变化过程。

有异于上述僧巴珈人的情形，在满族人所处的生态环境中，并不存在类似于生猪数量过多导致系统承载力发生变化的情况，而存在能够使生态适应单元本身得到持续存在的影响因素。共同的归属感和氏族外婚制，这两者是满族生态适应单位"哈拉—穆昆"的函数，前者的变化势必会影响后者的性质。前者涉及人口的变化，后者则关乎生态适应单位的恢复力与

① 罗伊·A. 拉帕波特：《献给祖先的猪——新几内亚人生态中的仪式》，赵玉燕译，商务印书馆，2017，第159页。

② 罗伊·A. 拉帕波特：《献给祖先的猪——新几内亚人生态中的仪式》，赵玉燕译，商务印书馆，2017，第16页。

③ 罗伊·A. 拉帕波特：《献给祖先的猪——新几内亚人生态中的仪式》，赵玉燕译，商务印书馆，2016，第14页。

抵抗力，即其功能维持能力以及在产生变化后恢复到原状的能力。这里重点考察的是，系统在远离平衡点之前，其所拥有的"防范"能力是如何发挥功能并阻止系统偏离平衡点的。影响僧巴珈人生态环境的因素，其变化值是呈波浪状存在的，即随着时间的变化而达到最高点后，在仪式结束时就重新回到原点。而在满族所处的环境中，"哈拉—穆昆"所要克服的环境因素，即动物分布的相对稀少及人口的变化等是一种常量因素。因而，这些因素就决定了满族的祭祀活动必须是四季常时举行的，而非僧巴珈人那样是累积式的。

如前所述，满族的氏族组织虽然处于相对稳定的状态，但是随着时间的变化，其内部结构势必产生演替。假如氏族成员对此采取"放任不管"的态度，那么最终必然会导致氏族组织的解体。一个氏族组织，可以将其视为一个生态群落，而决定群落抵抗力与恢复力的重要因素则是其复杂性。然而，这并不意味着群落越复杂就越稳定，相反，复杂性的增加会提高群落的不稳定性，并且会使其抵抗力和恢复力降低。同时，群落的稳定性也有赖于环境的状况——一个复杂多样的脆弱群落，也许可以在一个可预见的稳定的环境中存在下去，而在一个不可预见的多变的环境中，只有简单而旺盛的群落才能够持续存在。[1]

在钮祜禄氏的祭祀仪式中，人们通过与"神灵"进行交流，预知并掌握有关环境的信息，从而使相对不变的环境状态得以维持，同时，渐趋复杂化的氏族也得以兴旺发展，并且能够持续存在。人们与"神灵"产生交流的手段可大概分为两种，这两种手段被有机地结合在祭祀仪式的程序当中。其一为通过神具与供品完成的"沉默交流"，其二为动作行为与语言的交流。

"沉默交流"，如在举办"做米儿酒仪"时：

（主妇）带同仆妇，将米在神锅内煮烂成饭，搭在西炕晾凉；则在神

---

[1]　A. 麦肯齐等：《生态学》，科学出版社，1999，第 168 页。

炕前，令神上仆妇将甜曲用净水泡开过罗，手搓极细，再用水一桶，将江米饭倒入搅匀，装入坛内。共盛二坛，放于北炕西头神柜前，用盖盖好，外用红毡盖妥，上放灰盘一个；上香一趟，放木把小刀一柄，尖西，柄东，刃向外；则即不令人擅动。至祭之前一日，主妇则带同神上仆妇，去盖单，将发出蒙头去净，仍旧盖妥；至祭日五更，则将西边之酒坛，先抬至西炕沿下正中，以备供用；其东边酒坛，系背灯时，方抬至炕沿下，以备供用。

煮粥的米在西炕上晾凉，类似于将牺牲动物在西方位"神灵"前展示的行为，而最后的酿造过程则在北炕上进行，可能与顾及北方位"神灵"的存在有关，也可能单纯是由于西炕空间窄小而无法放置更多的器物。酒坛用红毡遮盖，意在以红色维护酒坛。木把小刀，虽然是一种餐具，这时亦可起到震慑的作用。西边酒坛被抬至西炕沿下正中，因其感染了西边的"神气"，而东边的酒坛则因仅与北方"神灵"有关，故被用于背灯礼仪。

"淋酒仪"与"做米儿酒仪"相似，仅在所涉及的对象上存在一些不同之处。前者与背灯祭所祀"神灵"发生交流，后者则与早祭时的"神灵"有关。"先将酒缸安设西炕正中，下垫木墩一个。则令人将江米，在神锅内蒸烂，再用上好曲方二块，捣烂；俟江米饭蒸烂，晾凉。……放于北炕上，以备祭日供用。"酿酒的过程与前述"做米儿酒仪"相同，先在西炕上晾凉，再安置到北炕上发酵。而当"打糕仪"举行之时，江米和黄豆"用筐箩装好，上盖乞单，暂放于北炕西头春凳上。至次日，则将江米，用水淘泡洁净；再将黄豆炒好，磨成极细豆面。至晚间，则令人将打糕大石座垫席块，俱搭于大屋迎门正中。石块暂立于北炕沿下，其一应水缸、水盆、木榔头等项，皆安放妥"。打糕由于没有发酵的过程，仅将原料"暂放"北炕西头即可，故不需要类似于"圣别"的程序。

语言或行为动作的交流，则如在供献肉食时口念"供肉神歌"："上天以闻，原本姓钮祜禄氏，赏赐觉罗姓。……特意敬献乌猪……上天保护，今所敬献还愿，请领下。"再如祭天还愿时所念的"祭天拿猪神歌"，亦为该种形式的交流。

满族氏族组织的复杂性，与周边其他民族间交换的增加及自身人口的增长等因素相关。在资源分布相对短缺的生态环境中，只有生长旺盛的氏族群落才能得以生存，因而氏族成员需要不断祈求神祖以使其人口增长。按照史禄国的看法，在北方通古斯人中，增加人口为其最重要的生存问题之一。他们切望自己的民族人口众多。因而氏族总是希望人口按自然增长的方式获得增加。[①] 然而，如前所述，人口的增长同时也会促进氏族群落复杂性增加，从而导致氏族群落抵抗力和恢复力下降。与"木桶理论"相似，群落整体的恢复力被认为等同于最不具恢复要素的那部分的恢复力。在氏族群落里，最不具恢复要素的部分是人口的数量。因而，氏族群落的整体恢复力也就等同于人口数量的恢复力。人口数量增长与群落抵抗力和恢复力下降之间的这种矛盾，其解决办法实际上就内包在氏族群落生活当中。群落的输入能量以及能量转化率越高，在受到干扰后再恢复到原先状态所需要的时间就越少。因而，若在仪式中大量消耗食物，就能促进氏族组织内部所积累能量的及时转化。春秋大祭时，"此二季俸神，看力量光景有无，次日祭天礼俱可"，每月小祭时，"若有力量，添牲口，则有背灯礼"，显然，举行祭祀仪式时的"添牲口"是一件比较吃力的事情。由此可知，他们是在尽力消耗多余的能量，以使氏族的活力得到增加，恢复力得到提高。

总之，为使氏族保持活力，满族钮祜禄氏的祭祀仪式大致每月举行一次。其中一些祭典规模较小，另一些则规模较大，同时，根据操办者的家境状况，祭典规模也会临时得到调整。由于要使婚配等问题得到解决，满族的氏族有必要分裂为世系，同时需要以祭典的方式使群体的边

---

① 史禄国：《北方通古斯的社会组织》，吴有刚、赵复兴、孟克译，内蒙古人民出版社，1985，第319页。

界重新得到确认。如前所述，氏族的分裂以人口的繁衍作为前提，而人口数量的增加会促进氏族复杂性的增加，从而导致氏族恢复力与抵抗力降低。而满族四季祭祀仪式即为促使氏族群体恢复力与抵抗力得以保持的行为组合。

第四章

满族的春秋大祭

从平民百姓到皇族贵胄，宗教祭祀活动是满族上下与超自然存在的"神灵"沟通的主要方式。清代于宫廷里举办的祭祀活动程式，经过清政府官方的补充与完善，于乾隆年间已经形成规范，"每日坤宁宫早祭夕祭，每月祭天，每岁春秋二季大祭，四季献神，每月于堂子亭式殿、尚锡神亭内，挂献净纸，春秋二季，堂子立杆大祭"①。而此规范所出之原始蓝本，则为满族民间既存的各种祭祀活动，"满洲各姓亦均以祭神为至重，虽各姓祭祀皆随土俗，微有差异，大端亦不甚相远。若大内及王、贝勒、贝子、公等，均于堂子内向南祭祀。至若满洲人等，均于各家院内向南以祭，又有建立神杆以祭者，此皆祭天也。凡朝祭之神，皆系恭祀佛、菩萨、关帝，惟夕祭之神，则各姓微有不同"②。清代宫廷里的该套祭祀规则，同时又成为满族民间祭祀程序的仿效对象，原先各氏族执行的祭祀程序，遂受到宫廷仪式的不同程度的影响。不过，无论何时何地，祭祀仪式这种文化现象的特征既然体现在"严格的形式化"③上，人与超自然存在

---

① 《钦定满洲祭神祭天典礼：卷一》，约清代中叶，无页码。
② 刘厚生：《清代宫廷萨满祭祀研究》，吉林文史出版社，1992，第 236 页。
③ E. R. Leach, "Ritualization in Man in Relation to Conceptual and Social Development", *Philosophical Transaction of the Royal Society*, vol. 251, 1966.

之间的交流，通过形式化的程序本身即可完成。不仅如此，各种祭祀仪式的程序通常说来都是不会轻易发生改变的。然而，祭祀仪式上所要与之产生交流的超自然存在，可能并非祭祀仪式的参与者们所主张的那些"神灵"。因为参与者们的主张会随时代的变化而发生变化。满族的祭祀活动虽种类繁多，不过春秋大祭为其最为重视的活动，并且其祭祀程序亦最为完整而繁复。于春秋季节举办的这两次祭祀活动，将原本各自独立的各个祭祀活动整合到了一个系统的祭祀程序当中。对于满族祭祀礼仪的研讨，迄今为止多以关联史料考据的方法进行，本章则从文化人类学的视角，以对祭祀程序本身的考察为切入点，就钮祜禄氏的祭祀文本①加以"深描"式的解读，以图发掘出潜藏于程序深处的一些信息。

第一节　早祭及所祀对象

早祭（满语 erdewecere），其意即"早上之祭祀"，仪式所要沟通的超自然存在，根据程序中祭祀者的行为动作判断，似乎多为业已人格化的"神灵"。祭祀活动开始时，于祭祀日之早晨，"西炕上挂黄云缎幔子，南炕上设小桌一张"。其所祭祀的对象，依据仪式上所念诵的神歌及祷词，被确认为"佛、菩萨、关帝"。其中，"黄云缎幔子"因用黄色，或可显示与佛教的代表颜色之间的某种关联。仪式上利用该幔子，便可将作为祭祀场地的室内空间分割开来，划分为两个性质不同的世界，一侧为现实世界，另一侧则为超现实世界。"取预藏净纸二张，剪钱两路，每路钱七个，剪完将上边反复折叠，挂在幔子上两边。"这里能使钱物与之产生关联的对象，按照世俗的逻辑推断，似乎仅有祖先或关帝这些人格化的"神灵"。将纸钱悬挂在幔子上，一来可将钱物直接供献给这些"神灵"，以表达献祭者的诚意，二来或可将这些纸钱作为一种手段，将"神灵"赐予的"财

---

① 无名氏：《（钮祜禄氏）礼仪》，手抄本，约清代中叶。本章所引用春秋大祭相关文本，除特殊标记者外，均出自该书。

气"收集在一处。这二者的行为方向虽然相反，但其中都包含着一种"互惠"的目的。再从设置于幪子外侧的祭祀场景看，"幪子前设炕桌两张，摆香碟四个，上香二路，点火。每香碟前，供酒一盅，共供饽饽十盘。桌南头西炕上，设大长方盘一块，内摆堂子上香碟两个，上香一路，不点火；酒二盅，饽饽二盘"。在被幪子所分割的现实世界的一侧里设置食物和酒，概因祭祀者希望主动接触"神灵"，同时通过香火与"神灵"去沟通。不过，观察这些供物的设置细节，可发现其所祭祀的对象似乎又不止于佛、菩萨及关帝：

> 每盘内摆馃子三块，即令打糕人打糕。糕石前，地正中放高桌一张。打糕人打一台糕，仆妇二人立在高桌两边做糕，大小宽窄亦如果式；每馃一块，上摆糕一块，再摆一层馃子，再上一层糕，共三层，每盘是九块糕。南炕上放炕桌一张，做豆泥塔。当中糕上摆炸面鹿，一边面塔，一边豆泥塔，面塔上插翎子雀儿。

其中，面塔及豆泥塔，侧重于对佛的世界的再现。打糕每层三块，共三层，似乎是对阴间、人间及天上三界的再现，既可视为佛教的宇宙观的再现，亦可视为典型的萨满世界观的呈现。炸面鹿，当为牺牲动物的再现。面塔上的翎子雀儿则显然与佛、菩萨及关帝并无什么瓜葛，无疑仅是作为媒介用于沟通人与"神灵"的世界。在北方民族的萨满世界观里，鸟因可在空中、地面、水中自由活动，故被视为特殊的存在。另外，作为沟通媒介的鸟，在接下来的祭杆还愿仪式中亦占据重要的位置。在此祭祀场景中，水亦被视为沟通人与"神灵"的手段，"做完饽饽取水，取水人进门立在东边，接水人捧碗立在西边，水注碗满，供于桌下正中炕沿上，余水倒猪肉大锅内；若洒糕，翻糕时取水"。能够将"神""祖"的意志聚集于其中的这种"圣水"，除作为沟通媒介外，也被用于打糕及猪的"圣别"及煮肉程序上。因而煮肉的程序也可理解为广义的"人神交流"的过程。

以上所述程序可视为人与位于西方的"祖灵"和"神灵"之间的交流

过程。除去西方，在东方也有各种"神灵"存在。而将东、西两个方位的"神灵"在当下的场景中聚拢在一起，则要通过以下程序完成：

堂子桌预先安屋内东南角上。俟桌上糕供完，方盘内糕亦摆齐，请堂子桌在仪门①东，斜向东南安设，再请摆香碟、糕、酒之方盘。将香碟、糕、酒，由方盘供于堂子桌上，加火点香，行初次礼，起；将盅内供酒向空浇洒，换注新酒，再行礼，起；又将盅内之酒向空浇洒，再换新酒，三次行礼，毕；进屋西向，行三跪九叩礼，起；请南桌二香碟连火尊藏正房西廊檐下倭扯库②内，并撤下幪子上南边挂的纸钱，收放倭扯库之匣内，俟岁暮随神纸一起焚化。

前述之"幪子前设炕桌两张，摆香碟四个，上香二路，点火。每香碟前，供酒一盅，共供饽饽十盘"，确实是献给"神祖"的，而"桌南头西炕上，设大长方盘一块，内摆堂子上香碟两个，上香一路，不点火；酒二盅，饽饽二盘"，则似乎是用来接收该方位所在"神灵"的意志的。将这些供物移动到位于东南方位的供桌上，点香、洒酒、行礼，再回到屋内西向行礼，然后将结果禀报位于西方的"神灵"，通过这一系列的行为动作，便完成了对居于东西两个方位"神灵"的聚集。在这一环节中，主持并完成该程序的是一群寻常的族人，而早先该仪式似乎均由萨满来执行。如在20世纪40年代黑龙江省黑河市大五家子的一次祭仪上，萨满及其助手"突然从祭室到外边迎神。在这里他们烧着香，不断地敲着鼓迎神，如此经过5～6分钟之后回到屋里戴神帽。接着又不断地敲神鼓，又到外面。……可能由于神灵将要附体的缘故，神鼓敲得比以前更加激烈……"③这表明当初主持该节程序的萨满是需要进入一种失神状态的。也就是说，

① 仪门，即礼仪之门，府第大门之内的门。

② 倭扯库，满语 weceku，意为神祇、神主，是家内祭祀之神。

③ 小堀严：《满族萨满祭祀观看记——黑河省瑷珲县大五家子村调查记录》，见大间知笃三等：《北方民族与萨满文化——中国东北民族的人类学调查》，中央民族大学出版社，1995，第98～99页。

其中存在一个方法上的转变过程，即从依靠萨满的个人能力到通过正确执行仪式程序来实现"同神灵沟通"的转变过程。

在完成以上程序后，祭祀仪式的准备工作便告一段落。接着要进行的便是人与"神灵"之间正式交流的程序。"将北炕桌上供的二香碟挪正，请老爷像悬挂，换酒"，此处所谓的"老爷像"，所指无疑为"关老爷"像，因而接下来的程序应与"关老爷"直接相关。然而，从祭祀的细节上考察该程序，又可发现，其所涉及的"神灵"似乎不止"关老爷"一个。"拿猪，将所有捆绳解净，散拉腿进屋，头西肚北，一人手搬下边前腿使卧。"作为牺牲动物的牲猪，或由自家畜养，或经"神祖"同意后购自集市。从解开所有的捆绑绳索且将其"散拉腿进屋"的情形看，牲猪似乎并非被强制拉进来的，因而，至少在其被执行"圣别"的程序之前，猪是相对"自由"的，即猪在此时并不必然就是牺牲动物。这就从逻辑上展示了"圣别"程序必须进行的意义：

> 萨玛太太跪于挨炕正中稍偏北，西面，用盅盛水，放碟内，举过头顶，唱祝；如不会神歌，亦将祭祀缘由默祝。四人持栅板，跪于尽东头，面向西，拍板四栅；板须令一齐同声，勿乱响；于萨玛太太举水时，齐声呵助；举水罢，即止呵；将水递与主祭男子，跪于猪南，面向西，接水，亦举祝，再浇猪耳。

类似于此的"圣别"仪式广泛存在于满－通古斯乃至北方民族当中。在"圣别"仪式中，司祭通常都会历数将要成为牺牲物的动物的各种优点，对其极力加以赞美，以求得到"神灵"的认可。在钮祜禄氏的该节仪式中，首先由萨满在其四个助手的协助下与"神灵"进行沟通。其中，"萨玛太太跪于挨炕正中稍偏北，西面"，表明萨满所处的位置靠近北方民族住所中西北方位的"神域"的地方，"西面"说明其行为的对象位于西方。"用盅盛水，放碟内"，这是正规场面给客人传送食物和酒水的做法。然后由主人将附加有"神灵"意旨的"圣水"浇入牲畜的耳中，视其反应，以此判断"神灵"是否认可，结束"圣别"程序。当然，将水或酒浇注于候补牺牲物的耳洞后，若牲畜没有反应，通常都会重复前面的程序，直到其有所反应为止。总之，由于伴有祝唱的行为，因而似可确认祭祀者行为的施加对象当为人格化的"神灵"。

"领接后，使扦扦老，抬进矮桌，放在迎门地正中。将猪抬放矮桌上，头向西，剥皮，解件。"屠宰牺猪时不用刀而用（木）扦，看似出于不在人格化"神灵"的面前拔弄刀刃的缘故，然而，从该动作性象征符号的深层结构上考虑，这更有可能意味着作为牺牲物的猪，原本并非人工饲养的动物，而是野生动物。此时，屠杀牺猪的行为也就等同于在野外狩猎，因而所使用的工具便为狩猎时通常所用的长矛或弓箭类武器，而非屠宰或解体时所用的刀具。于是，这一行动方式便意味着该动物原本即为"神灵"赏赐给人们用来享用的。此外，这一推断亦可从扦猪时的动作细节中找到佐证："将下边前腿，从上边前腿后用力扳起，上边前腿别向前去，……总之以猪不能叫，即为别住。"这种尽力不使牺猪发出叫声的做法，一来彰显猪是自动找上门来给人享用的，二来是为避免猪死后，牺猪的灵魂将其所受痛苦告知"动物之主"，引起后者的不快，从而妨碍猪的灵魂得到肉体的重生后再度来到人间。这样看来，此时通过仪式与之交流的"神灵"，实际上当为"动物之主"。

如前所述，协助完成人与"神灵"之间交流的媒介，其一为萨满，其二为水。"萨玛太太磕头起，立于北炕沿下；碗内余水，亦倒于煮肉大锅内；俟肉解完下锅后，萨玛太太始准坐于东头北炕沿边。"在这一环节的程序中，须使这两种媒介各自处于特定的位置上，在该节程序完成之前，不能使二者游离后各自存在，以保证系列程序的完整性，因而，剩下的水都要倒回锅里，而不是随便扬弃。

此外，人与"神"之间还有一个重要的沟通媒介即血液：

猪腔内取出之血，盛小槽，顺桌东西，放于挨西炕之高桌上。净纸上剪下的钱眼纸、苦胆、尿泡、蹄跗、鞭、脐，俱盛碟内，放北头桌里角；

血槽上放小木勺一把，把向西，以便灌肠。

由于与心脏等器官具有密切的关联，牲猪腔体内的血液被认为具有某种特殊的"生命力"。除了心脏之外，猪的苦胆、蹄跗、尿泡、脐、鞭等显然不能食用，但却均为动物身上具有代表性的重要器官，在仪式上将其按照某种形式整合在一起，即可以之象征动物本身。这些重要的器官被整合后，所缺少的便只剩下血液。将血液自牲猪的腔体中取出，再将其盛于小槽内，置于高桌上，这一行为的目的如前述恐在于将被杀的动物返还给"动物之主"，以使其重新获得生命。

西向摆放木勺的把子，正可以便于位于西方的"动物之主"给猪的身体里灌注血液。"灌完血肠，将血槽随血肠拿入屋内，将血渣一并入锅"，意在强调牲猪的血液不可有些许的损失。"下水在院内西南角倒洗"，下水无疑属于污秽的象征，对这些污物的处理，自然要讲究丢弃的方位及场所。在北方民族萨满信仰的宇宙观里，世界上四面八方各个方位中，似乎仅有西南方位并无重要的"神灵"存在，因而可以将下水抛向该方位。"猪头、蹄、尾，在大灶上燎刷洁净，入肉锅同煮"，在日常生活中，猪身上的这些部件通常是不会与猪肉一同下锅料理的，然而，在仪式上因必须保持猪身体的完整性，以便实现猪的再生，就需要将其一起下锅煮上。"肉熟，由锅上捞肋条一块，胸叉一块，装供肉锡里木槽内，抬出顺放高桌上。"猪身上的各个器官，虽都是不可或缺的部分，但其重要性却并不相等，如心脏便为相对重要的器官。由此对心脏有保护功能的肋条和胸叉就较其他部位显得更加重要，也经常会被单独分离出来充当供物。"将炕桌上供的饽饽，尽行撤去；尽北头一盘，移供于北边幪子后。"这些饽饽因其为上一节程序的供物，自然当被移除。不过，由于仪式尚未完成，故将饽饽中的一盘移至幪子后面，而非从祭祀场地中彻底分离出去，便可保证系列程序不至于从中断裂。"肉照生时原长处摆放"，这种摆法无疑表明该猪虽然已经解体并煮熟，但仍然是完整的。不过，这一看似完整的猪，须由"神灵"在其中注入某种东西之后，才能在人与"神"之间共享：

按件俱割三五片，装碗内，是阿姆孙肉，浇汤安箸，供肉槽正中猪头后；再将乌叉①肋条两条拿出，摆上长方盘内，放于此桌正中，插尖刀一把，刀上缠血肠一条；肉槽上猪头用膴肚油蒙上，亦缠肠一条，插刀一把；再将血渣数块，连汤装小盅内，放于苦胆碟旁。

所谓阿姆孙（满语 amsun），本义为品尝，引申为肉胙；从猪身上各个部位各取一小块肉，将其合起来后亦可象征猪全身。这时的"全猪"与此前以猪身上各重要部位来替代的"全猪"不同，前者是为诸如某种"生命力"而构建，而此时则是从食用的角度，让"神灵"遍尝猪身上的各个部位。"浇汤安箸"，"箸"即粗糙的筷子，将从各处切下来的肉片浇上汤水后，制成一份食物，将其供奉于"神祖"前，放好筷子，即可便于其品尝。至于将尖刀插在乌叉及猪头上，并以血肠缠绕的做法，似为前述请求"神祖"或"动物之主"等为猪的身体中灌注"生命力"的缘故。在被灌注"生命力"之后，族众便可领受已经获得重生的动物：

再换酒，行三跪九叩礼，毕；撤下乌叉肋条，归大槽内，拔去尖刀；将猪头搬歪，主祭人将碗内阿姆孙肉撤下，用箸翻挑三次，向西举碗，立叩行受祚礼；尝肉一二块，递给萨玛太太尝肉，此为领福祚阿姆孙肉，不但不给外人吃，即未出嫁之女，亦不给吃。

"再换酒，行三跪九叩礼"，便为受领获得重生的动物后的礼遇行为——"先祖"或"动物之主"所谋求的回报之一。搬歪猪头，当象征对所受领猎物的真正的再次杀死。不给外人食用阿姆孙，应出于氏族祖先所赐之物仅可惠及子孙的考虑。同时，如果将牲肉与外人分享，子孙与其先祖之间的关系恐因此受到扰乱。若从"动物之主"赐予猎物生命的角度

① 乌叉，满语 uca，指整个煮熟的牛、羊、鹿的臀尖和尾骨。

看，在氏族内部分享猎物，也是对氏族集团凝聚力的强调。至于未出嫁之女亦不可享用，亦当出于其将来势必会出嫁到其他氏族的缘故。出嫁的行为虽然发生在将来，但在与"神灵"交往的场景里，往往会忽略世俗世界里的时间顺序，甚至无视时间的存在。

由于"祖神"或"动物之主"的意志已经聚集在阿姆孙里，自然当由家长和萨满首先受领，因为他们两人可以代表氏族。剩下的猪肉惠及全体族人，便可达到仪式本来的目的："桌东地上，放方盘十三块。自西头起，一对盘胸叉脖子；二对两琵琶骨肘子；尽末尾一盘乌叉骨；按盘放肋条一条，杂样下水各一块，以备亲族人食用。"

此时，猪身从整体上才被真正分解开来。并且，其摆放的顺序依然是依据身体部位的重要程度自西向东一字排开。在该分享祭肉的程序告一段落之后，猪骨及苦胆等的处理方法，则更多地显示了该段祭祀的性质：

俟诸事毕，查齐骨数，撤下幪子上北边纸钱，放骨头方盘上。萨玛太太行一跪三叩礼；舀汤半瓢，将碟内苦胆、尿泡、钱眼纸、盅内血渣等物，俱倒汤瓢内，连净纸随骨头摺大门外十字路口，毕。然后尊藏圣像；请香碟；收幪子；将桌擦拭净，垛于北炕上；是早间礼毕。

"查齐骨数"，是为方便"神祖"或"动物之主"重新赋予动物骨头以肉身后，其再度回到人间，因而骨头的数目不可短缺。"撤下幪子上北边纸钱"，概因北边为超世界的空间，将其撤下来，表示纸钱已经被接受；骨头之被置于方盘上，则是为接下来的程序埋下"伏笔"。在后续的程序里，这些猪骨会被置于院内的神杆底下。萨满行一跪三叩礼，表达对"神灵"接受供物的感谢之意。至于碟中的尿泡、苦胆、血渣等被抛在大门外的十字路口处，无疑是为了送走牲猪的"灵魂"，使其得以自由回归故乡，以便连同骨头重获新生。由于无法判断牲猪的"灵魂"回归方位，十字路口可能就是丢弃这些部件的最好选择。

第二节　夕祭及所祀对象

紧接着前述早祭举行的下午的夕祭，其所祀对象可以断定异于早祭，为一些非人格化的"神灵"。

北炕摆桌二张；靠西边设幪架，拴青布幪子，中挂铃铛；铃铛杆在北边，铃铛向前，安放时万不许响。东边设宝座，幪子前摆香碟二个，宝座前摆香碟一个，上香二路点火；每香碟前供酒一盏；共供饽饽九盘。取水如早晨一样。

夕祭与早祭的差异首先体现在方位上。早祭为西向祭拜，而夕祭则为北向祭拜。其次，搭在幪架上的幪子的颜色也与早祭有显著的不同。早祭为黄色，夕祭则为青色。如前所述，黄色可以理解为与佛教有关，而青色则象征另一个世界，即"天上"或"阴间"。另外，幪子上所系小部件也有差异，早祭为临时剪成的纸钱，此处则为铃铛。铃铛杆在北边，且铃铛向前，都表明幪架关乎两种空间的界线。至于安放铃铛时不得弄出声响的要求，则与铃铛所发挥的作用有关——铃声可呼唤"神灵"到来，此时仪式并未开始，铃铛自然不能弄出声响。早祭时的纸钱与从人格化的"神祖"处祈求财富有关，而夕祭当为与非人格化的"神灵"发生交流。因为在与"神灵"进行交流的时候，除了用到手里握着的半面鼓外，萨满主要依靠挂满身上的铃铛。幪子的东边设宝座，宝座前摆放香碟等，表明这侧是在人世间。供酒、饽饽，其意也与早祭相同，在表达人们敬意的同时，也昭示此侧的空间在人间。至于饽饽九盘，无疑在表明数量之多。另外，水作为沟通媒介，也被继续使用。

接下来拿猪、灌肠及摆件等环节，除行为执行的方位有别外，与早祭大略一致。

供桌下正中炕沿上，行三跪九叩礼；拿猪不捆，顺腿绊住，抬进屋；猪头向北，肚向西，卧。萨玛太太跪正中偏西，面北，使碟托盅，举水默祝，浇猪耳，接领后，抬进矮桌，放于迎门地正中。将猪放矮桌上宰。萨玛太太磕头起，立南炕沿下；宰猪血盛小槽内；抬进高桌，放于挨北炕，顺顶两炕桌，血槽放高桌上；槽上放小木勺一把，把向北，灌血肠后，血槽随血肠拿入里屋，血渣一并入锅。萨玛太太俟剥皮、解件完，始准坐东头南炕沿边。下水亦在院内西南角倒洗；猪头、蹄、尾，在大灶燎刷，同肉下锅；煮熟摆于锡里木槽，按件安放，亦如早晨。

不过，与早祭相比，该节程序在细节上存在若干相异之处，这些小的差异显示出，在其意义深处存在大的差异。如"唯不拿阿姆孙肉。猪头上蒙油，缠血肠，插刀，毕"，此处的"不拿阿姆孙肉"，表明其交流的对象并非自家供奉的"祖灵"，而是其他并无直接关联的各种"鬼神"。仅仅依靠单纯的崇拜或祈求，这些"神鬼"是不会赐福于族人的，故需在后续的程序中，通过萨满的介入对其加以操控，使其满足族人的特定要求。"将炕桌上供的饽饽，西头两盘不动，留着背灯。余七盘撤去，换酒，行三跪九叩礼，起。猪头插尖刀不动，再换酒；将香碟内火拨去，屋内所有灯火尽行撤去。"供物撤去大部分，留下小部分，便可使前后程序连接起来。"西头两盘不动"，是指放在"神灵"面前的饽饽不撤下，这也是符合寻常待客规矩的做法。行三跪九叩礼，除有与"神灵"交流的功能外，还能发挥过场作用，余下的行为则为纯粹的准备程序。"令四仆妇拉布幔，将萨玛太太三面遮住，只留北面；诸人俱出屋外静候，不得有声；只萨玛太太一人脱去大褂，在幔内行三跪九叩礼，毕"，利用布幔从三个方向将萨满从现实世界隔离开来后，布幔里便形成一个超自然的空间，萨满即将启程，亲自踏上暗黑的旅程，去同各种"神灵"直接交流。既然是"只留北面"，其所往之处自然就是北方的星空，那里有北极星和北斗七星。北方民族多认为北极星通着天界，顺着北极星，萨满可以攀升到天上。其他人"屋外静候，不得有声"，无疑是在衬托布幔内的情境，因为里边是远离人世的另一个世界。至于萨满将大褂脱去一节，恐在表明该萨满并非现实世界中司仪的萨满，而是进入恍惚状态后，正在亲自前往"神灵"所在的世界，并与之进行交涉的萨满。这时的三跪九叩礼仍然表示仪式告一段落。"点灯撤幔，再行一跪三叩礼。将猪头搬歪，拔去尖刀，抬下肉桌，放于屋东头地正中；尊藏香碟，收幪子、宝座。是晚间礼毕。""点灯撤幔，再行一跪三叩礼"，该礼有别于三拜九叩礼，似乎只是在仪式开头部分施行的礼仪。将猪头搬歪、将肉桌撤至屋内东头地上等一系列行为中，并未包括与"神灵"饮食共享，表明在该节程序中，原本并不存在"人神会食"的情节。这恐怕是由于该处所涉及的超自然存在并不是人格化的"神灵"，因而不会像祭祀祖先那样与之一同进食。

第三节　立杆祭及其本质

钮祜禄氏族的立杆（满语 siltantukiyeme）祭，并非单纯对于"天神"（满语 abkaenduri）的祭祀，实际上主要是一种"还愿祭"[1]，即一种针对不同"神灵"对象去返还礼物的综合性祭典。

于当日五更，在杪木杆[2]北，设高桌一张，供锡碟三个，装熟稗米三碟；将杪木杆由鼓石请下，拔去杆尖陈骨，请下锡碗，擦洗洁净，供于高桌上锡碟之南；杆子亦用净布洗擦，斜立于高桌之北面，靠桌之东角。

仪式日的五更天，大致相当于凌晨三点至五点钟。在东北地区的春秋季节里，五更时天刚微微发亮，等到为祭祀仪式所做的各项预备工作完成时，约莫正值日出后不久。以此推断，本祭典所选的开始时辰，当与北方民族对初升太阳的礼拜旧俗有某种关联。因为该仪式持续时间并不长，完

---

[1]　还愿，满语 metembi，意为"送还"。
[2]　即索莫杆，满语 somo。

全不用牺牲睡眠时间起大早去做准备。

索莫杆，其所象征的意义层次多，比较复杂。依据清代"祭神祭天典礼图"来看，杆子并非如民间祭祀所用的那样，仅仅为一个整体，而是被两道铁箍分成三个部分。[1] 因而，杆子已经从单纯的一根木杆变为一种意义层次复杂的象征符号。杆子被分成三段，恐与萨满世界中宇宙分为地下、人间、天上三界的世界观有关。有关杆子的来源，在《满洲祭神祭天典礼》卷七十四中有如下记录："届期请朝祭神至堂子飨殿，豫派副内管领一人，率马甲往延庆州山内取径五寸、长二丈松树，梢留枝叶九节，制为神杆。"[2] 于是，这又会使人联想到萨满信仰中的"世界树"。广泛存在于北方民族文化中的"世界树"可分为不同的层次，在特定的层次上有特定的"神灵"存在。顺着"世界树"，萨满可攀缘至某一层上，与特定的"神灵"交流并完成既定的使命。杆子上设置的锡碗则用于盛放提供给鸟雀的食物。在萨满教的世界里，如前所述，鸟雀通常担当着人与"神灵"之间的沟通媒介。在钮祜禄氏的典礼中，该鸟则具化为喜鹊或乌鸦。当经过一番鼓舞，进入恍惚状态后，萨满的"灵魂"出窍，该"灵魂"便可借助乌鸦或喜鹊，飞到天上去操控"神灵"完成特定的任务。因而，设法将乌鸦或喜鹊招引到现场，便成为祭祀仪式中关键的一环。

令人拿猪，去捆绳，唯后腿各拴单绳一条，长不过二三尺；猪头向南，肚子向西，卧；拿猪人跪于猪东，主祭人率子弟对桌敬跪。萨玛挨高桌站立，一手举装米锡碟，一手捻米一撮，向空掷撒，诵祝祭歌；共撒米三把，诵毕神歌，萨玛退下；主祭人等行一跪九叩礼，起。

牺猪是被捆绑后带入场地的，显然有被迫的成分。后腿上各拴一条单绳，其意无法准确判断，恐仍然象征牺猪是被强行当作牺牲物的，而非如

---

① 刘厚生：《清代宫廷萨满祭祀研究》，吉林文史出版社，1992，第194页。
② 刘厚生：《清代宫廷萨满祭祀研究》，吉林文史出版社，1992，第253页。

早祭那样是出于"自愿"的。或如在前章中所揭示的那样，此处的牲猪祭祀原本与流行于东北亚民族间的"熊祭"相通。在"熊祭"仪式上，熊的两条后腿上拴着绳索，以免其伤人。这一判断从以下做法中也可得到线索：有别于早祭及夕祭，这一节仪式中并不包含"圣别"的程序，而是仅把米撒向空中而已。这跟强迫其成为牺牲物或"熊祭"上的逻辑是一致的。"猪头向南，肚子向西"，意味着牲猪要献给位于南方的"神灵"。主祭人及子弟对桌而跪，此处的桌子当为现实与超现实两种空间的界线。萨满向空撒米的行为显示其是在召唤鸟雀。三把米，意味着多把。鸟雀被萨满象征性地召唤过来之后，还需向其唱诵祭奠举办的缘由。萨满由于只充当中介的角色，完成与"神灵"的沟通后，自然会退去。而主祭人等则要表达自己的心意，行一跪九叩礼。有别于本节仪式起初的一拜三叩礼，九叩之礼恐意味着仪式较前有所深入。接下来，屠杀时仍然使用木杆而不用刀具，恐亦象征此节仪式的原始场景：

　　使杆杆猪。正对高桌北，设矮桌一张，俟猪杆老，抬放矮桌上；将高桌上供的装米锡碟，折空一个，拿至矮桌边，装盛生件。凡猪之上下唇及眼、耳、鼻、舌、奶头、尾尖、四蹄，俱割一小块，盛装碟内，供高桌上，再剥猪皮。剥皮时，脖、尾不可挑断，唯割开四肢，按半边划剥；剥完半边，即照解骨件数，按件割拿。

　　矮桌一张，有别于起分隔两种空间作用的高桌，仅用于处理牲猪。装米的锡碟不是提前备好，而是临时折空，大概由于空碟不能从一开始就置于祭祀场所的缘故。而若从屋里拿来碟子的话，又与该节仪式举办的原始场景发生冲突，因为立杆祭是在野外举行的，没有条件临时从屋里拿来道具。

　　从猪身体前端的上下嘴唇，到后端的尾尖之间的各具代表性的部位，当为动物"灵魂"的居所，同时，如前所述，从这些部位各切下一小块，合起来即可象征猪的全身。由于要投放鸟雀，猪肉自然只能割成小块。将盛有肉块的碟子供在高桌上，是为了方便鸟雀在两种空间的界线处出没。

剥皮时不使脖子及尾巴断开，当意在保留猪身的完整性。"唯割开四肢，按半边划剥"，剥完半边后再剥另一半，并且在剥完另一半之前即将该半边解开，这种解剖的方法非同寻常。此节刻意这样做，并将其专门记录在案，应有深意，有可能是为再现鸟雀啄食猎物时的情景。

接下来，猪肉的处置亦遵循方便投食鸟雀的原则，"中路以西偏北，设大炕桌二张，以备抹肉丝之用"，中路以西偏北，则在高桌的北部，属于现实空间的范围内。肉则要处理成细丝。"桌西设幪架一座，上搭红毡一条"，幪架，此处同样作为境界，用于分割两个不同性质的世界，将其置于桌子的西边，就使杆子处于境界的东侧。而红毡则可视为东方日出时的天色。"幪架后或铁灶或砌砖灶或挖锅腔俱可，上安大锅，满注净水，烧滚以便煮肉"，于院内临时搭锅灶，意在再现该程序当初于野外进行时的情境。先将水烧开再将肉投入的做法也不同寻常。在日常生活中，煮肉时通常都是将肉块先投入锅中，然后加凉水煮熟的，否则肉色会变红。此处采用这种相反的方式，一来可强调该过程的不同凡响，二来可复原原初的情境，那时肉是被悉数切成小块或小片的，这样的话，就相当于如今涮羊肉的做法，自然也就合理了。

拿肉时，须分段间空贴骨割剔，庶不致早间精肥，晚间净剩瘦肉。随拿随即入锅滚煮。此半边拿毕，再剥那半边皮，亦照样按骨件割剔；胸叉骨只解开半边，以便开膛取拿下水。此份下水，在院内西南角倒洗。

将猪身逐段贴骨割剔，仪式上给出的理由是不至于肥瘦不均匀，然而，其另一层意义当在于再现乌鸦啄食时的情景。只有鸟雀吃剩的骨头才呈这种状态。胸叉骨，如前所述，由于与心脏关联，其重要性不言而喻，故解剖时要尽量不使其破开。处理下水，亦如前所述，须在"神灵"相对空白的西南方位进行。"尿泡、胰子、鞭、脐、苦胆，俱装生件碟内"，与早祭及夕祭时相同，由于这几样器官中潜藏着动物"灵魂"，故需加以特别的处置。"开膛后，将心划开，心血擦润杆尖"，心脏里的血液有别于腔体内的血液，更适宜于去污。像杆件这种关键的器具，极有可能附有污秽。经过心血的擦润后，附着于杆尖上的污秽即可被被除。而"腔血舀于小木槽内，顺供于高桌尽西边；槽上放木勺一把，把向南"，则一如早祭或夕祭，象征从"神灵"处获取生命力。勺把向南，旨在方便于身处南方的"神灵"舀取血液。至于"所有心、肝、脾、肺、肠、肚、瞒肚油、鸡冠油、腰子、里脊肉，俱分半入锅"则似乎是在暗示人与"神"各有其半。或者仅为此前分解猪身时，分别处理各半部分时形成的范式的沿用。

其猪之全身皮骨，俯摆于供肉锡里木槽内，用原皮苫盖，仍似整猪俯卧势，头向南，供于矮桌上，以便祝诵行礼。血肠只灌小肠一条，其余血清留于午间灌肠；血块捞控入锅，煮熟抹丝。

将骨架上的猪肉去除后，再用猪皮覆盖，以此整猪的形态，便可等待肉身与生命的重新获得。而这件事情的完成，还需萨满与"神灵"进行沟通。猪头朝南，即朝向"神灵"所处的方位。供在矮桌上，说明牲猪处在现实世界里。血肠只灌小肠一条，则仅为前述各部分均要分半的惯性使然，煮熟后切成丝状，亦为统一的做法。"脖项骨解下，亦入锅煮熟剔净，备安杆尖用；剩余下水、油块、血清，各装小槽，俱放锡里木槽内猪皮下。"脖项骨是"灵魂"经由头顶出入的重要通道，因而适合于象征动物的生命。至于下水、油块等部件均为猪身体不可或缺的组成部分，自然不能丢弃。

肉熟抹丝时，亦按件割一小块。将高桌上米碟再折空一个，盛装熟件；凡油、肉、下水，抹成细丝，各归一处。俟锅内所有各样，俱抹完结，先将下水丝入锅，锅滚后再入肉丝；俟熟烂时，始将细丝入锅；细丝一下，即便盛装供碗。血肠薄片，单层摆碗内肉丝上，余者全行倒肉丝锅内；肉碗浇汤供献；脖项骨剔净放件碗内。

盛放肉丝的碟子仍然临时折空。开水锅中先下下水大概是因为下水不易煮熟。下水、肉丝及血肠等摆出一个造型，以示摆件具有章法。浇汤后，这些部件就形成一份食品。这样处理猪身，其全部意义都在于方便鸟雀啄食。脖项骨则仍需单独处理。"以桌之东头起，供头碗汤饭，次二碗汤饭，插匙安箸"，这些汤饭无疑是要献给"神灵"食用的。汤饭自东头摆起，大概是由于当"神灵"面朝北的时候，头碗汤饭须在右手边的缘故。插匙安箸，这是民俗中将食物献给"鬼神"时的惯常做法。"主祭人仍对桌敬跪，萨玛仍前挨桌站立，一手举米碟，一手撒米，诵供肉神歌，撒米三把，诵毕神歌，萨玛退下；主祭人等，行三跪九叩礼，起。"主祭人要邀请"神灵"享用食物，亦需萨满再度与之沟通。萨满撒米所请之"神"，实际上为"鸟雀之神"。虽然乌鸦与喜鹊均为杂食性鸟类，不过乌鸦因喜食腐肉，通常都以肉食性鸟类的面目出现，喜鹊虽亦同样食肉，不过其所食者大都为虫类，因而通常给人以素食性鸟类的印象。因而，萨满抛撒米谷去召唤的，确切地说当为喜鹊。将鸟雀召唤过来之后，萨满便退场。接着由主祭人与之沟通，行三跪九叩礼，这是最隆重的礼数，通常只在仪式结束的时候才行此礼。"将锡碗安杆上；脖项骨鼓肚向外，安杆尖上；所有锡碟盛装生件、熟件，并余剩稗米，俱装锡碗内，以供喜鹊、乌鸦食用。"将脖项骨的鼓肚一面朝向外边，当象征整个牺牲动物被穿透后竖立起来。因为从整体上被穿透的牺牲动物，通常四脚都是朝下的，与此相应，脖项骨的鼓肚一面自然会朝上及朝外。当杆子竖立起来以后，与鸟雀交流的程序也就完成。"锡碟俱扣放高桌上"，碟内盛放的米业已撒去，啄食食物后的鸟雀已经不在场，碟子自然就被扣放在桌上。

接下来的程序便为人与"神灵"的会食环节。"头碗汤饭送进屋内，只家主人食用，即未嫁之女亦不给吃；二碗汤饭，一半入锅，一半留与萨玛食用；锅内肉丝连汤分送屋内，备亲族人食用；锅内下饭，备家中及亲族从人食用。"

已由"神灵"品尝过的食物，仅能在族人之间分享。头碗汤饭为"神灵"所亲自品尝之物，上面被认为附着有"神灵"的意志，因而仅作为家族象征者的主人才能享用。二碗汤饭在萨满与亲族之间享用，肉饭则在家人及亲族从人之间分享。通过食物的不同分享方式，血缘关系的远近得以重新确认。不过，"自此起，屋内肉不准出院，院内大锅饭不准进屋。俟午后，将矮桌上所摆全猪，抬进屋内；解件下锅时，院内锅内如尚有余饭，方准于旁门抬进别屋，亦不准进上屋正门"。屋内和院内的食物不能混淆，无疑是在继续强调食物分享范围，也就等于此前血缘关系远近的确认结果不能被否定。剩饭不准进入上屋正门，是由于吃剩的食物极具危险性，必须谨慎处理①。再者，附着有"神意"的食物，自然不可随意丢弃或与他人分享。就此，室外或谓野外的祭祀程序便告一段落。

接着，需将该节程序与此前室内祭祀西方"神灵"的程序重新连接起来：

猪皮、猪头、蹄，在院子灶上燎刷洁净，拿进屋内，一并下锅；将幪架上红毡折叠，仍搭架上，连架移放于上屋门西廊檐下；撤高、矮桌。屋内肉熟，装槽搭放于里屋门外地正中；向西仍摆放方盘十三块，依前摆件；分装下水、煳皮，幪架连红毡，移放于大北炕上倭扯库门偏东。

于是，本节的杆祭便同前日早祭及夕祭联系起来。所剩猪皮、猪头及猪蹄等，虽然并非味美之部件，但祭祀的原则在于食物的全部分享，因此必须一并下锅煮熟。至于幪架及桌子等，则需要放回原处，或置于偏僻的位置，以便次日举办换锁等仪式时再度使用。"于午后，同众子弟，仍在大屋领惠同食，亦不可拿出。"如前所述，煮熟的肉食必须吃完，一来要完成与"祖灵"或"动物之主"之间的互惠，二来需要吃尽猪骨上的肉，以便其再生。"俟剔净骨头，查全数目，舀汤半瓢，撂骨头于杪木杆东。是祭天礼毕。"剔净皮肉的骨头被放在索莫杆下，如前所述，旨在恳求"神灵"或"动物之主"生死肉骨后，让牲猪重新来到人间。

---

① J. G. 弗雷泽：《金枝——巫术与宗教之研究》，汪培基、徐育新、张泽石译，商务印书馆，2012，第336页。

按照满族祭祀仪式祭词所主张，早祭之神为"上天之子，佛及菩萨，大君先师，三军之帅，关圣帝君，佛立佛多鄂谟锡妈妈①"。而夕祭之神则更为繁杂，有安春阿雅拉（满语 anchun ayara，完颜氏先祖神祇）、阿珲年锡（满语 ahuni niyansi，农神）、穆哩穆哩哈（满语 muri muriha，马神）、恩都哩僧固（满语 enduri senggu，刺猬神）、纳丹岱珲（满语 nadan daihun，宇宙星神）、纳丹威瑚哩（满语 nadan weihuri，星神，或东海窝稽部女真所崇拜船神"七姐妹船神"）、纳尔珲轩初（满语 narhun hiyanchu，星神）、喀屯诺延（满语 katun noyan，满族先民所供奉守护神、英雄神）、佛立佛多鄂谟锡妈妈。

背灯祭，通常于子夜时分将屋内的灯火熄灭后，在黑暗中举行，故称。其所祭祀神祇多为北斗七星和三星星神。民间传说则将其附会为祭祀"佛多妈妈"，或称"始母""子孙娘娘"，谓之恐人目睹裸体像而不恭，故须背灯祭祀。② 以上，早祭时所主张的祭祀对象佛、菩萨及关帝等，无疑是满文化与其他文化接触之后产生的结晶，而夕祭或背灯祭上的祭祀对象，则具满－通古斯民族传统信仰的特点，其所涉及的超自然存在因萨满的不同而不同，具有个人色彩，且数量亦众多。

在钮祜禄氏的祭典中，立杆祭所祀者，即祝词所召唤"神灵"只有阿布卡（满语 abka，上天）一种，且无更加详细的分别。而在蒙古语族和突厥语族中，天（满语 tengri）根据方位及性质不同被分为几十种，这说明满族的阿布卡仍然保留其原初的状态。不过，根据阎崇年先生的观点，满洲的神杆源于满族先民对神树及神鸟——乌鹊的祭祀。春秋季节于斗中设肉与米以享乌鹊，缘习成礼，尔后岁时祭祀乌鹊。③ 而张杰先生则通过对满族起源传说及堂子祭神演变历程的考察，以及对与满族存在密切关联的赫哲族之习俗的分析，认为满族祭祀所立神杆当为"祖宗杆"，即为祭祖

---

① 即"子孙娘娘"，或称"福神"，folifodoomosi mama。
② 刘厚生：《清代宫廷萨满祭祀研究》，吉林文史出版社，1992，第 210 页。
③ 阎崇年：《满学论集》，民族出版社，1999，第 64 页。

所立，而非为"祭天"或"祭乌鹊"所立。① 然而，根据前文所展示的结果，钮祜禄氏所立神杆，实际上并非仅为祭祀神树、乌鹊或祖灵，而是对于不同种类祭祀活动的一种综合。该祭祀活动得以展开的基础，是满族对于宇宙结构的认知。如早祭时设置在蒙子前的三层打糕，即显示宇宙的结构大致被分为天、地及阴间三层的观念。正如米尔恰·伊利亚德所指出的那样，这种观念广泛存在于亚洲和世界其他地区。并且，此三个层面由一条中心线串联起来，该中心线又穿过竖立起来的神杆，综合表现为体现宇宙结构与神灵关系的"世界树"，而该"世界树"也可广泛见于亚洲各地，并于萨满教中担任重要的角色。从宇宙观的角度观察，"世界树"从大地的中心，亦即世界的"肚脐"之上拔地而起，其最高处的树枝可及"白乌耳干"（乌拉尔－阿尔泰诸语均作 Bai Ülgän，至尊之神）的宫殿，并且，"世界树"的根部扎在大地的最深处，将宇宙的三个不同的区域连接在一起。②

依据互惠协议，在早祭和夕祭乃至背灯祭中，人们首先从"动物之主"处获得重新灌注"生命力"的猎物，同时，或通过萨满的恳求，或通过主人的祈福，得到来自佛、菩萨、关帝、祖宗及其他各类"神灵"的护佑。然后，通过将猪骨头置于神杆下的方法，使与"神灵"的互惠行为同"世界树"连接起来。竖立起一根神杆，就等于确立了一个中心，也就等于确定了一个世界。在此微型世界跟前，族人一来可对得自早祭、夕祭乃至背灯祭上的利益做一回馈，二来可通过该集体性行为，将氏族从整体上凝聚起来，同时通过强调饮食的顺序等将氏族内部的亲疏关系重新予以梳理。这样看来，在钮祜禄氏的春秋大祭中，其所祭祀对象，虽称囊括了佛、菩萨及关帝等外来的各种"神灵"，但是，通过对其祭祀行为及流程的考察可以发现，其祭祀仪式的深层仍然隐藏着根深蒂固的传统文化的观念。

---

① 张杰：《清代满族萨满教祭祀神杆新考》，载《社会科学辑刊》2003 年第 5 期。
② 米尔恰·伊利亚德：《神圣的存在：比较宗教的范型》，广西师范大学出版社，2008，第 93 页。

第五章

满族的树柳枝祭

  "树柳枝祭"是满族重要的祭祀活动，通常被安排在第二天的"还愿祭"以后进行。有关树柳枝祭的研究，因其内容及形式乍看简单而明了，故虽可见零星论述，却鲜见系统的考察。如定宜庄先生曾对该祭祀做过较为详细的分析，指出该祭祀源于北方民族对于神树的崇拜。[①] 定先生虽然提供了正确的研究思路，但对该祭祀涉及的更多文化内容并未进一步展开论述。实际上，树柳枝祭的内容要比单纯的神树祭拜复杂许多，其祭祀仪式中包括许多格式化的程序。这些固定的程序虽然给族人传达的意义有限而明确，但其实质上已经成为一种真空行为（vacuum behavior），即这些行为曾经具有实际内容而现在仅剩行为的形式。本章拟以满族民间祭祀礼仪及乾隆朝《钦定满洲祭天祭神典礼》为蓝本，对该祭祀礼仪的诸多行为细节做进一步的挖掘，试图探究这些细节的本质特征，了解散在于北方民族中的文化要素是如何形成一种程式化的文化事项的。

第一节　祭祀前的准备

一、索的制作

  树柳枝祭从索（锁）的制作开始："预先买红、黄、蓝、白、黑五色

---

① 定宜庄：《神树崇拜与满族的神杆祭祀》，载《北方民族》1989 年第 1 期。

布各二寸许，于蒸米之晚剪成方块，每块用新白线四五条，长二尺五寸许（长短均可），两头扣回绑一疙瘩，缝于五色布块上，即名曰锁。锁数多少不拘，谅布做之是已。"①

《满洲跳神还愿典例》（以下简称《典例》）卷四载：祈福祭祀数日前，司胙章京（amsun i jangin）、司胙夫（amsun i da）、司香妇（hiyan i hehe）等及无事故满洲，"由九家敛取捻线索棉花线、补丁，敬捻作线索二条，线索上钉塔尔哈补丁②"。线索，满语 sorokū futa，其中 sorokū 有"戒、忌讳"的意思，因而该线索即为"忌讳之绳"或"戒备之绳"。补丁满语 targa（塔尔哈），《五体清文鉴》中其蒙古语对应词 cegerlelge，都有"禁戒、戒备"的意思。想必，无论是线索还是补丁，在清人眼里，其意义都在于忌避或防备某种不受欢迎的存在。《典例》里由宫廷内专司祭祀人员及"无事故满洲"向九家（即多家）索要棉线及布条的做法，无疑是要利用"感染巫术"的原理，索取多家的福气或力量等。这种为多病的小孩制作"百家衣"的习俗在世界各地都有存在。至于各种颜色的布块，恐因时代变迁而多购自商家，故需以此显示来源的不同。至于索的制作数目，因民间通常无法准确预料分发的人数，故"锁数多少不拘"，不够的可用旧索替代。而宫廷里则因仅分发给皇帝及皇后二人，故制作两条即可。

二、神箭的准备

"取线麻一绺，亦拴箭上。""神箭"，满语 debse 或 desiku，蒙古文 dalalga 或 dalalta，二者都有"招"的意思。与此相关，还有一个满语 šuru、蒙古语称 durmosu、汉语意为"拴纸条箭杆"。这是在木棒上拴一些纸条做成的神具，萨满将要入神的时候将其拿在手里。

实际上，无论何者，都会让人联想到分布于从西伯利亚到日本一带的

① 无名氏：《佟赵全书·祭祖规矩》，手抄本，1940，无页码。本章所引树柳枝祭相关文本，除特殊标记者外，均出自该书。
② 普年：《满洲跳神还愿典例》，见刘厚生：《清代宫廷萨满祭祀研究》，吉林文史出版社，1992，第388~390页。

类似于日语"御币"（gohei、onbei）的神具。御币是将麻或纸条串联起来以后夹在一根木杆上做成的。不过上面悬挂的条状物，原本使用从柳树或接骨木等白色树皮上削出来的刨花，以后随着纸张的普及，又用纸或布代替。纸条或布条通常为白色，间或也有五色或金色的。其用途则可概括为在神像前供奉，用来除魔、祈祷及清洁等几种。① 满族祭祀礼仪上出现的"神箭"类神具，当与此"御币"有渊源关系，在萨满眼中均为可与超自然存在沟通的道具。

三、口袋及与柳枝的连接

在民间，人们"将陈锁口袋打开，把锁绳一头绑于祖龛之上，复由堂房门拉出，把这绳头绑在预先栽立之神树上（二寸粗柳枝），树根同时置净水一箇"。在宫廷，则"作甜酒前一日，司胙章京二人领胙夫二人、司胙满洲二人前往瀛台，会同奉宸院官员砍取高九尺见圆三寸柳树一棵，用黄布包袱包裹抬进，安置净处，祈福日，将安柳枝石座安放坤宁宫门外廊檐下正中"，再将索绳"拴在西山墙铁圈上，末尾拉出门外拴在柳枝上"。②

先看"口袋"。由于口袋里装有索绳（满语 siren futa），因而该口袋的满语称作 siren futa tabure solho bosoi fulhū，即"装索绳的高丽布口袋"，而并无其他专用的名称。绳索上则拴着前述的线索 sorokū futa。该口袋、绳索以及上面拴着的线索等，合起来又称"子孙娘娘"或"子孙玛玛"。"子孙娘娘"或"子孙玛玛"，满语称作 omosi mama，其中 omosi 为"子孙"omolo 的复数形式，mama 则为"祖母""老奶奶"的意思。不过，在《五体清文鉴》里，其所对应的汉语为"福神"，蒙古语称 jol jayagaci，即吉雅其。后者的 jol 意为"福气、运气"，jayaga 意为"命运、因缘"，－ci 则意为"者、……的人"，合起来可作"赐福者"解。显然，汉语的意思与

---

① 见"数字大词泉（デジタル大辞泉ブリタニカ国际大百科事典）"等有关"御币"的解说。

② 普年：《满洲跳神还愿典例》，见刘厚生：《清代宫廷萨满祭祀研究》，吉林文史出版社，1992，第388～390页。

蒙古语是相通的，而满语的意思则与之存在很大的差别。于是，这就需要从清人的角度寻找该"子孙娘娘"与"福神"或"赐福者"之间的关联。

再看"祖宗匣子"。"祖宗匣子"用来存放家谱等，在满语中并无专称。多数人家仅有一个，也有些人家有两个这样的匣子。实际上，不止满族人有这样的匣子，相邻的其他民族也有类似的神具。如赫哲人的"围猎大神"有时就被画在一张纸上。该神像平时被藏在一个长木匣内，挂在屋檐下，在家祭的时候就挂在西炕壁上，出猎的时候则将其连同匣子一起背在身上，带至山里供奉。① 达斡尔人将前述吉雅其用白布或金箔剪成一男一女两个偶像贴在蓝布上，将其放在一个木匣内，挂在南房檐下，旁边悬挂一羊皮口袋，里边盛放五谷、奶食品等。用绸帛做成吉雅其像的还有蒙古科尔沁人，他们将其挂在毡房里，再在像上悬挂一个皮口袋，里边装着五谷等供品。鄂温克人亦在一方形毡子上用不同姓氏人家的种马鬃尾，将吉雅其绣成一男一女两个形象，再缝制一个口袋，里面盛放供品。② 此外，赫哲人将瘟病娘娘、伤寒娘娘、祖宗等祭祀对象用木头做成各种偶像，藏在一个皮口袋里，出猎的时候就将口袋带在身上，祭祀时拿出来陈列供奉。③ 驯鹿鄂温克人也是将各种神偶置于一皮口袋里。④ 就此可以推断，这些民族的各种神偶起初都以木头做成，在木质神偶之后，又出现布帛、金箔的神偶，最终出现画在纸上的神像。木质的神偶可以装在口袋里在家供奉，也可以在出猎时带到野外。而布帛、金箔的神偶，虽然可以纳入口袋供在家里，但不太适合带到野外。等到出现纸质神像的时候，若要放在口袋里边，势必要将其折叠起来，因而亦不太合适。于是，木制的匣子便被投入使用。在木制的匣子里，各种神偶和画像可以得到完好保存。另一方面，游猎民族虽然不再以游猎为生，然而从前保存神偶的口袋也并没有被抛弃。人们在其中装上各种供品，让其重新派上用场，尤其是在空间狭窄

---

① 凌纯声：《松花江下游的赫哲族》，上海文艺出版社，1990，第 140 页。

② 有关蒙古、鄂温克、达斡尔等民族吉雅其画像实物的介绍，参见张敏杰：《吉雅其神画像研究》，载《北方文物》2004 年第 1 期。

③ 凌纯声：《松花江下游的赫哲族》，上海文艺出版社，1990，第 141～142 页。

④ 秋浦等：《鄂温克人的原始社会形态》，中华书局，1962，第 97 页。

的毡房当中，将五谷纳入口袋后挂在神像旁边，更显得方便。

从以上几个民族神偶的保管、携带、供奉方式上，无疑可见其间的关联。

再看其中有关子孙或儿童的因素。赫哲人的神偶中有"瘟病娘娘"及"伤寒娘娘"等与儿童常见疾病有关的神灵；达斡尔人的吉雅其是保佑人畜两旺的神灵；蒙古科尔沁人的吉雅其是牧马人的形象，其妻子在其死后不到三年里亦去世，她生前是个酷爱孩子的妇人，人们将二人画在一起，让他们保佑儿童。另外，在满族的索绳上，有些氏族（哈拉）除悬挂线索外，还挂有马木偶，如富察氏的"子孙绳"便是如此。[①] 究其意义，似与吉雅其的来源有关。按照达斡尔民间故事的说法，吉雅其是在赶马归家的途中，遭雷劈而死的。在他死后，其灵魂便顺着马蹄印返回家里。[②] 赫哲人将九个马木偶穿在绳子上挂起来，鄂温克人则如前所述，用不同姓氏人家的种马鬃和马尾绣成一男一女两个形象。这些跟马有关的因素，无疑都跟马作为交通工具的性质有密切的联系。

再看索绳的连接。在同超自然存在发生关联的场所内，将场内两个物件以绳索连接起来的习俗，在北方民族间多数存在。如在敖包上，往往用数根绳索将敖包中心竖立的木杆与周围的木杆连接，或者用一根绳索将敖包两端的木杆联系起来，并且在绳索上面挂上五颜六色的旗帜。因而，满族祭祀仪式上用索绳将祖宗板子与柳枝连接起来，实际上与北方民族类似的做法出自同一思维模式。

再看柳树。柳，满语 fodoho，而用作祭祀的柳枝则为 fodo。结合二者在蒙古语中均对应 uda 的情况看，fodo 无疑源自于 fodoho，是其专称化的结果。柳枝上则挂有纸条（满语 ilgari），"再以白纸四条，长尺许、宽寸许，一头绑白线套，并将昨晚末石打糕留下之小团糕与纸条，一并夹挂门外神树上"。"将柳枝插立石座上，柳枝上挂净纸钱一张，三样塔尔哈补丁三条。"[③] fodo 除了指称祭祀用柳枝以外，也指"佛花"，即一种在一根细

---

① 何晓芳、张德玉：《满族历史资料集成·民间祭祀卷》，辽宁民族出版社，2016。
② 张敏杰：《吉雅其神画像研究》，载《北方文物》2004 年第 1 期。
③ 普年：《满洲跳神还愿典例》，见刘厚生：《清代宫廷萨满祭祀研究》，吉林文史出版社，1992，第 388 页。

长的木棍上拴有各种颜色纸条的神具，这种神具在清明节时通常被竖立在坟茔跟前。显然，该神具与前述"拴纸条箭杆"乃至"御币"都有相通之处。另一方面，柳树在满族神话故事里常作为重要情节要素出现。如在《尼山萨满传》里，尼山萨满前往阴间拯救巴依家儿子灵魂的时候，曾经顺路拜访"使枝叶繁茂、根须繁殖，给万物以生命"的卧莫西妈妈（满语omosi mama），尼山萨满对卧莫西妈妈说："我们全是从您的叶子上发芽，从根上生长出来的子孙。"[1] 在其府上，尼山萨满看见卧莫西妈妈"两旁站着十多个女人，有的背着小孩，有的抱着小孩，还有用针线缝制小孩的，有的把小孩排成一排排，有的把小孩装进口袋里，她们都忙个不停"[2]，阳间的小孩是在这里被缝制出来后装在口袋里的。卧莫西妈妈的形象是"一个头发雪白的老妈妈，她长着长形脸，眼睛突出，大嘴，撅着下巴，牙齿血红，样子真可怕"[3]，应当就是一棵形状怪异的柳树形象。儿童虽在这里被缝制出来，但其生命过程却与其家人的行为密切相关：

> 尼山萨满一出门就看见一处林子，长得很是浓密茂盛，上面笼罩着红云彩霞。又有一处林子，长得参差枯萎，上面盖着乌云寒气。就好奇地问老妇人道："这是什么林子，为何一处长得这样浓郁，一处长得这样凋敝不堪？"老夫人道："那一处是人间的人在送痘神时，以洁净完好的柳条相送，所以长得浓郁，小孩儿痘花出得也好，少吃苦头，那一处是因为用马啃过的柳条相送，所以参差不齐，小孩出痘花时，吃了不少苦头。"[4]

可以看出，满族人知道天花的致死率极高，并且懂得儿童的痘花一生只出一次的事实，因而就去祈求痘神娘娘为小孩出痘花，认为儿童是否能够存活完全是由痘神娘娘决定的，并且与人们事神的态度密切相关。这就给"树柳枝祭"的存在及祭祀时的行为准则提供了理论基础及逻辑前提。

---

① 荆文礼、富育光：《尼山萨满传》，吉林人民出版社，2007，第546页。
② 荆文礼、富育光：《尼山萨满传》，吉林人民出版社，2007，第677页。
③ 荆文礼、富育光：《尼山萨满传》，吉林人民出版社，2007，第591页。
④ 荆文礼、富育光：《尼山萨满传》，吉林人民出版社，2007，第678页。

最后，看净水的准备。需要"树根同时置净水一筲"，即要将一桶净水置于柳枝底下。该桶水在整个仪式当中都不曾被动用。然而，在这种与"神灵"发生关联的重要场所，是不会允许没有任何意义的物件存在的。实际上，该桶水在萨满前往"他界"与"神灵"发生交涉的场景营造中，发挥着画龙点睛的作用。例如，相传尼山萨满去"阴间"时，助手纳里·非扬古一直不断地往她脸上、鼻子上洒水。"当他在萨满鼻子上洒了二十担水，往她脸上浇了四十桶水时，他看见萨满回来了。"[①] 由此看来，在树柳枝祭上，该桶水虽然不曾被动用，但可以认为，在原始真实的场景中，唤醒萨满时需要用到水。

四、"祖宗"前的供奉

用食品供奉"祖宗"时采用九九摆供的规格，意味着最高的待遇。民间交罗哈拉"用小黄米暴淘磕面，做水团子九摆，每摆九个，外擀荞面饼一张，切三尖块，夹于每摆第一个水团之下。若做撒糕时，则照方盘大许，切一块用之，就不做单摆；唯打糕时，仍行做九摆，亦是每摆九个"。而宫廷祭祀，"祖宗仍照早晨祭祀例挂幔子，全供毕，大矮桌上供香碟三个，甜酒三盅，豆泥饽饽九碟，炸饽饽九碟，打糕九大盘，炕沿下供甜酒一瓶，西炕南边放朱油祈福高桌一张，桌上甜酒九盅，白煮鲤鱼两大尾，稗子米饭两碗，水团饽饽两碗，将炸饽饽、豆泥饽饽、打糕在桌上，按九个路摆高桌后"[②]。除去九九摆供的规格需要数字"九"以外，从鲤鱼两尾、米饭及饽饽各两碗的情形看，其供奉的对象似乎是两位，与前述吉雅其被描述为男女二人的情形相合。从香碟及甜酒各三的摆设看，虽似"祖先"有三位，不过也可能仅仅是由于"仍照早晨祭祀例"的缘故，因为早祭的对象通常为佛、菩萨与关公。

---

① 荆文礼、富育光：《尼山萨满传》，吉林人民出版社，2007，第679页。
② 普年：《满洲跳神还愿典例》，见刘厚生：《清代宫廷萨满祭祀研究》，吉林文史出版社，1992，第388页。

第二节　仪式的推进

一、预备跳神

由萨满率领族人南向礼拜，"将换锁及一切均陈设荐享完毕，老萨玛向南炕汤子神跪念佛博密①，族人脱帽静跪，念一遍，同叩首一次。唯萨玛立起，将二盅烧酒重新折换于烧酒壶内，仍跪念如初，立跪折酒三次方休"。两盅烧酒，意味着神灵有两位；折酒三次，恐暗示敬酒三杯或多杯。

其次，是向西墙上的"祖宗"礼拜：

萨玛向祖前跪念佛博密，念完叩首，立起，双手托神刀，手腕摆动恰器，打三点，抬鼓击代边三点，托刀立起，复向祖前行礼，状如旗人请安，由起处往后退三步，一步一行礼。旁人要作啊啊声，似报告祖爷请安之意；礼毕，便高声念，神刀鼓响器一致的合奏；念完神，仍行礼如初。唯前行三步，也是一步一行礼。

前行及后退，一步一行礼，似在暗示萨满在广阔的"他界"空间里照会各方"神灵"。这里出现重要道具萨满的神刀（满语 halmari）。所谓神刀，确切地说是由一块薄铁片打成的刀状的道具，刀上穿有十几个小铁环。实际上该道具的满语名称 halmari 指的就是铁环，其中并无"刀"的意思，因而可将其理解为一种刀形的响器。当然，既然有刀的形状，自然与刀的功能发生关联，因此用它可以斩断、吓退某些邪恶的存在。萨满托起神刀，在恰器及鼓点的配合下，从"祖宗"处退下，似乎意味着从"祖宗"处得到一些许可、指示或某种力量。这一程序在宫廷的祭祀中同样如此，"皇帝、皇后进坤宁宫，立于南边。司祝首领太监、司祝太监等照早晨祭祀摆坐于地，弹弦

---

① 疑为 bomi，即祖先。

子、琵琶，打札板，萨玛进拿神刀举三次念诵祝赞"[1]，只是，宫廷里的响器相对"文雅"一些而已，这种配备恐与明朝的皇家祭祀传统有关。

二、换锁

交罗哈拉萨满"礼毕，随即左手执神刀，右手拿蓊锁，转向北炕边，以蓊锁向二小童头部转绕三次，则转身往外神树处去跳换锁神"。这时，前述带麻的神箭出现。该"蓊锁"是在一根箭上拴着前述仪式前制作的线索及麻线做成的。萨满将其在两个小童头上转绕三次，当为发挥神箭及线索的功能，为儿童被除污秽。"后备一人，左手执方盘内空碗，右手拿碗内羹匙，将方盘内鱼糜粥各盛一点，随萨玛后送至神树底下，将碗拿回仍置方盘内。临萨玛转屋时，屋里人亦作啊啊声，名哈哈密，似接神之意。"显然，仅仅以绳索连接祖宗板及柳枝还不够，还需由萨满在二者之间加以沟通。

而在宫廷仪式中，无民间萨满往几个方位行礼的程序，萨满直接前往柳树下：

司香长将线索神箭麻递与萨玛，司香长、司香妇将西边放的祈福高桌抬出门外供在柳枝前，萨玛左手举神刀，右手举神箭出至桌前立，……萨玛在桌子右边，向柳枝摇神箭，将麻向柳枝上摔，初次念诵毕，萨玛向东控背举神箭，将麻递与皇帝，皇帝三揣向怀揣之。打扎板太监换麻，萨玛二次念诵，毕，将麻仍递与皇帝，皇帝仍二揣向怀揣之。太监换麻，萨玛三次念诵毕，将麻递与皇后，皇后亦三揣向怀揣之。太监换麻，皇帝、皇后叩头一次，起，坐在西炕坐褥上，将桌上所供酒向柳枝上祭酒，将桌上所供饽饽夹在柳枝叉丫各处。[2]

---

① 普年：《满洲跳神还愿典例》，见刘厚生：《清代宫廷萨满祭祀研究》，吉林文史出版社，1992 年，第 388 页。

② 普年：《满洲跳神还愿典例》，见刘厚生：《清代宫廷萨满祭祀研究》，吉林文史出版社，1992，第 388~389 页。

神箭上为何要拴麻线，其意虽尚未断定①，但依据"感染巫术"的原理，此举要将索绳或神刀上的某种存在物传达到人物身上，应是确定的。民间树柳枝祭的对象是儿童，而皇宫里的则是皇帝及皇后。至于皇帝、皇后将麻线捋三次而不是由萨满在其头上将神箭转三次，恐由于皇帝、皇后不比平民，将神箭在其头上绕三圈显得不够妥当。"将桌上所供酒向柳枝上祭酒"以及"将桌上所供饽饽夹在柳枝叉丫各处"，与蒙古人祭祀敖包时的程序相仿。蒙古人在围绕敖包转圈的时候，将起先供奉在敖包前石台上的酒洒向敖包，将各种食物抛向敖包或者夹在石头、柳枝间。同时，在敖包祭祀的时候，糕饼类的食物也被用作招来"神灵"或福气的道具。跪在敖包前的族人，在司祭的引导下，一边手举食物在空中转圈，一边口念"呼瑞、呼瑞"。

接着，柳枝下的程序在"祖宗"面前又重新展示一遍，"将祈福高桌抬进放在原所，萨玛入进祖宗前，摇神箭。念诵毕，将麻递与皇帝，皇帝照前三捋向怀揣之"。"萨玛……摘去神箭上所拴线索二条，……将线索一条给皇帝挂项上，……将线索一条给皇后挂项上"。② 交罗哈拉则似乎将"祖宗"与神树之间的交流视为仪式的重点，重复该程序："萨玛回到北炕边站下，仍以锁三绕于小童头部，复往神树处念神。俟人仍拿碗匙行之如前，似此往复三次为毕。萨玛将翦锁仍行搭立神架北头，再回祖前使神刀跳神。跳完神行礼如初，一切如前。礼毕，跪念佛博密，叩首。"而吉林赵氏的萨满，则将该程序在神板与柳树之间重复四次，最后将索分发给每个族人，领到索的人将其戴在脖子上挂在胸前。③ 如前所述，此索本意为"戒、忌讳"，因而不论是给儿童、族人还是皇帝、皇后戴上，无疑都有一种护身的作用。

三、供物的分享

祭祀的最后一个程序是食物的共食。如岫岩瓜尔佳氏祭祀"将祭品置

① 按《索绰罗氏谱书统宗》，"缌麻，缌治其缕细如丝也，古丝麻二字通用。以极细熟布如丝者为衣，乃五服内之极轻者服，以三月为季之终也"。此处的麻，恐与汉文化的五服标志有关。

② 普年：《满洲跳神还愿典例》，见刘厚生：《清代宫廷萨满祭祀研究》，吉林文史出版社，1992，第389页。

③ 大山彦一：《萨满教与满族家族制度》，见大间知笃三等：《北方民族与萨满文化——中国东北民族的人类学调查》，中央民族大学出版社，1995。

于换锁者围坐处，大伙争食，即为受福"。皇宫里亦不例外，"萨玛、司香长捡所供克什祭肉于碟，给皇帝、皇后尝。……其余克什祭肉不准出门，皆分给胙夫、宫内太监吃，将鱼刺、鳞司胙章京拿出掷于净河，将柳枝上所夹饽饽亦不留余，皆给众人吃"①。所谓克什祭肉，满语称为 kesi yali，意即恩赐之肉，与蒙古语 kesik miha 及维吾尔语 ilti patGoSi 一致，可能源于后两者。这些供品原本是献给"神灵"的，经过萨满的沟通，在"神灵"享用后，重新被当作恩赐赏给族人，等于族人跟"神灵"共享了食物。"不准出门"，意在强调族人与"祖宗"或直接发生关联的"神灵"之间的共食。当然，宫廷内部没有更多的族人去分食大量的供品，便以"不准出门"这一规范去强调食物共享的范围限制。

最后，对于祭祀仪式中所使用的主要道具的处理如下：

其一为线索："皇帝、皇后所戴线索过三日摘下，皇后亲拿至坤宁宫交与萨玛，萨玛接了盛口袋内……"；瓜尔佳氏除每年换新索时将其摘下外，男子一直戴到结婚，女子一直戴到出嫁②；吉林赵氏在仪式结束后，将线索（满语 sorokū futa）从脖子上取下来，连同索绳（满语 siren futa）收进箱子里保留到明年换索时。③ 由此看来，线索本来是一直戴在脖子上的，仪式结束或三日后便摘去都是新近的做法。另外，从吉林有的满族人家多年的线索不断积攒，可达数箱，有的人家则会将旧索烧掉的情形④看，这种做法似乎否定了绳索即为传统满族无文字家谱的观点。

其二为柳枝：海城瓜尔佳氏"将洗碗水、扫地土、柳枝等，一并送出院外洁净之处"。宫内则"将柳枝司胙章京领胙夫、司胙满洲送至堂子，除夕同杆子纸焚化"⑤。不论是丢弃还是焚烧，完成使命的柳枝最终都要被

---

① 普年：《满洲跳神还愿典例》，见刘厚生：《清代宫廷萨满祭祀研究》，吉林文史出版社，1992，第 389 页。

② 何晓芳、张德玉：《满族历史资料集成·民间祭祀卷》，辽宁民族出版社，2016，第 558 页。

③ 大山彦一：《萨满教与满族家族制度》，见大间知笃三等：《北方民族与萨满文化——中国东北民族的人类学调查》，中央民族大学出版社，1995。

④ 大山彦一：《萨满教与满族家族制度》，见大间知笃三等：《北方民族与萨满文化——中国东北民族的人类学调查》，中央民族大学出版社，1995。

⑤ 普年：《满洲跳神还愿典例》，见刘厚生：《清代宫廷萨满祭祀研究》，吉林文史出版社，1992，第 390 页。

当作废物或有害的物品与现实生活隔离。这似乎与查玛舞有一定的关联。在查玛舞会结束以后，人们通常会将一个竖立在场地边上叫作"吆日"（irva）的草把烧掉。因为在跳舞过程中"邪恶"已经被驱赶到草把中，故最后需要将其处置掉。

不论是在民间还是在宫廷中，被安排于头一天的早祭、夕祭、背灯祭及第二天还愿祭之后的"树柳枝祭"，都是满族祭祀活动中的重要环节。其所涉及的道具，从线索、索绳、口袋到神刀、神箭等，实际上都是周边民族乃至整个北方民族既有的生产生活要素。新的要素只有一些随着时代的变迁而产生的替代物，如替代木质神偶的纸质画像、与皮口袋并用的木质匣子等。

对装在口袋里的"神灵"的祭拜，向来都是以个人为单位进行的，不需要复杂的程序即可完成。要使其成为系列祭祀活动中的一环，则需要萨满的介入。而一旦萨满介入，就需要为其构建一个能与超自然存在沟通的场所。对于神树的崇拜，正如定宜庄先生所指出的，在北方民族当中原本具有深厚的根基。不过对神树的祭祀，一般围绕其本身展开，相对简短而缺乏延续性，于是神板及口袋等与柳树便通过索绳被连接起来，产生空间距离，然后通过萨满的一系列活动，简短的仪式被赋予时间上的延续性，动与静两方面的因素得以统一起来。萨满的活动底本则是遍布于满族民间的神话故事，通过对自身前往"他界"旅行过程的再现，萨满赋予静止的道具及族人孤立的祭拜行为以鲜活的内容，将原本零星存在的各种文化要素重新予以整合，构建出一整套具有仪式感的祭祀程序，并将其纳入族人的文化生活当中。

第六章

满族的星祭

一种仪式，其内部大都包含横组合链与纵组合链两种成分，前者为仪式的继发过程，后者为象征符号的层次。探求象征符号在文化领域中的意义，以及符号集合在特定仪式中其意义发生变化的机制，是理解仪式本质的关键所在。符号所显示的意义，在此场合下之所以区别于其他场合，是因为信息得到了增加或发生改变。其原有的信息虽然仍然存在，但需要专门的挖掘才能显现出来，因为有些信息在当下可能并不具任何功能。在星祭中，有些行为是演给星斗看的，有些是演给象征物如柳枝看的，后者也是信息的注入过程。然而，各种符号虽然其信息量得到增加，但在仪式过程中，又以一种被简化的方式出现，因而其信息就会发生一定程度的改变。不过，仪式外观的简洁性也因此得以保持。无萨满引导的仪式都是继发性的，即一个信号引发一个行动。这些行动的目的都在于建立支配性象征符号组合。仪式中所有的符号，尽管包括若干个意义层次，却都被简化为信号、记号或代号。而符号只有经当事人或者分析者的挖掘，才能"产生"意义。

　　利奇将信息的传导过程分为两端，其中包括发送者（即表达行动的产生者）及接受者（即表达行动的理解者）。这两者可能在同一时间和同一地点出现，或者并不如此。同时，表达行动本身也有两个方面，一方面为行动本身或行动的产物（比如点头或书写信件），另一方面为由发送者发出并由接受者理解的信息。在交流的过程中，信息的载体包括信号和标志，信号是能动的，标志是静止的。而标志这一信息载体，只标明某一信息的过去、现在或将来，但不包含因果关系。[①] 不过，利奇所说的因果关系似乎仅仅是指时间上的前后关系。实际上，在标志里有各种因果关系的积淀。在仪式中，这种标志就是各种象征。标志又可分为代号和符号：代号关系是接近的关系，因而显示的主要是转喻关系；符号关系显示的则是相似的关系，因而主要是需要做进一步解释的隐喻关系。技术行为也同样是"时间的前后因果关系"，巫术行为是假装成代号的标志，因为这类行为的目的是引发因果关系机制。人们极容易把假装成信号表达的巫术行为，误认为是有意的技术行为，如格尔茨说的那种"眨眼睛"行为，这也是信息交流产生"混乱"的原因所在。环境中各种物件如房屋、道路、森林等都是举行宗教仪式时占据空间的物质地形，这些物件组成一个标志系列，代表一些抽象的相对概念如"今生－来世""世俗－神圣"等。形式多样的交流机制在某种层次上必须是相同的，每种形式都是另一种形式的变换，这与书面文字变成口语的意义是相同的。[②] 因而，为了能够交流，也为了防止变形，在传达的过程中，自然就需要共同语境的存在，即同一个传达机制的存在，这也是仪式上能够产生交流的前提。

然而，如果像在满族仪式上那样，萨满与普通族人处在不同的意义层次上，那么在面对各种符号的时候，二者势必产生理解上的差异。正因为符号有不同层次的意义，所以在每个人的心中就会产生不同的"版本"。而意义层次的存在可能源于两方面的因素，其一为个人的原因，其二为族体的原因。按照利奇的总结，参与仪式的每个人同时经由许多不同的感觉渠道来分享、交流经验，他们在一个本身已经安排好、为交流行为提供隐喻关系的领域空间，编制出一个有序的隐喻事件系列；人们在参加这样的

---

① 埃德蒙·利奇：《文化与交流》，郭凡、邹和译，上海人民出版社，2000，第24页。

② 埃德蒙·利奇：《文化与交流》，郭凡、邹和译，上海人民出版社，2000，第14页。

仪式时获取所有的信息，并将其聚合成整体的体验。[①] 在仪式上，每个人以自身不同的经验为背景，"截取"其中不同的"方面"，聚合成整体的经验，形成不同的体验，并且由于这种体验往往使用语言来表达，遂出现信息增减的情况。这些经验包括个人对这些方面的理解，以及这些方面本身所具有的不同层次的意义。而使意义层次产生不同的另一面，即族体的一面，则显示这些象征符号的来源，即这些符号通常要从本族的文化领域里吸收而来。在实际的社会场合，有联系的一组事物实际上并不仅仅有直接的和唯一的解释。存在于头脑之中的初期抽象概念，通过再现过程获得明显的物质形式，并以转喻和隐喻的方式，与物质对象相连接。如在满族文化里，至上神的抽象概念与星相联系，而斗与北斗星形似，再将星与斗相联系，最后完成将斗符号化为斗的过程。

作为仪式组成部分的各种象征符号，虽有多种意义以各种关系的凝固物的方式积淀于其中，但是这些象征符号又仅以一种隐喻标志的形式出现在仪式中。由于其源于广阔的文化领域，因而可以通过挖掘而得到更多的意义，虽然可能无法穷尽——一头大象站在另一头大象的身上，另一头大象则站在更下面一头大象的身上，往下以至无穷。然而，重要的是，除了进行各种不同的解读之外，这些符号还可以被人们依据具体的场景添加新的意义。

西林觉罗氏的祭祀活动似乎完整展示了符号意义的承载、传递及创造过程。本章拟在详细解读该祭祀文本有关星祭记录的基础上，阐明在该仪式中各种符号是如何被引入仪式后重新建立并创造出新的意义的。《满洲西林觉罗氏祭祀书》[②] 是由该族人奉宽本着"执笔追忆，逐条记注"的原则，于嘉庆十三年（1808 年）抄录成书的。该书线装，页无边框，共 106页，现藏于国家图书馆。

---

① 埃德蒙·利奇：《文化与交流》，郭凡、邹和译，上海人民出版社，2000，第 42 页。
② 本章如无特别注明，有关祭祀程序的引文均出自《满洲西林觉罗氏祭祀书》。

第一节　星祭的构成

从经验的意义上说，象征符号指的是仪式语境中的物体、行动、关系、事件、体态和空间单位。[①] 作为一个整体，仪式包括以上这样一些符号单元和符号组合。通观其整个过程——仪式的过程亦即通观该整体的构成单元的准备、构建及解体的过程。在此过程中，行动的目的可能有两个以上的层次，其一为象征单元或象征组合的构建，其二为仪式整体的推进。满族的星祭仪式中包含下列几种象征符号及场景的设置。

一、星祭对象及祭日的选择

星祭的对象，按照祭祀人所主张，为北斗七星，"祭星者，祭七星北斗也"。北斗七星，满语称作 nadan usiha（即七颗星），蒙古语称作 dologan ebugen（即"七个老翁"），或 dologan burhan（即"七神"）。显见满语与汉语之间的差异即增加了一个"斗"字——此斗并非该文化领域内的固有物。满汉之间在称谓上虽存在差异，但星祭时又以升斗作为象征物，仍然有"斗"的因素在里边。作为插柳的容器，斗虽为单一的工具性符号，但又是支配性符号组合的组成部分。就像言语表达的因素一样，非言语交流系统中的标志单独存在不具意义，只有作为整体的一部分时才有意义。代号或符号只有与其他相对应的代号或符号对照时才具有意义——亦即单独的标志必须与其他相关因素联合起来才能表达意义。由于该斗只有在特定的情境之中才能表达"星斗"的意义，因而需要通过仪式去构建一种符号组合，以实现其表达"星斗"乃至"星神"的作用。

仪式的起始触发信号，即为祭祀活动举办的时日。"每岁于十月初一

---

① 维克多·特纳：《象征之林——恩登布人仪式散论》，赵玉燕、欧阳敏、徐洪峰译，商务印书馆，2006，第19页。

日晚间祭祀，此一定不可易之日，无容选择。"根据举办的目的来看，仪式大凡可分为应对临时产生的危机的仪式，以及于季节变换时节所举办的常规的仪式两种。星祭为一种季节性的仪式，其目的是固定的，因而就有固定不变的祭祀日。至于祭日原初之所以定在农历十月初一日，想必与地域的气候条件及天文状况有关。十月的北方正值秋末冬初季节，天气晴朗，少雨少雪，初一日则正值朔日，星宿最为明亮，故而被选为祭日。符合该条件的日期虽然在其他季节里也有，"或又云：四月初一日，亦是祭期，无从稽考，不敢举行"，不过由于农历四月初北方已值春耕时期，农户仅余隔年陈粮，故而不如设在秋收后的农闲季节更为妥当。

二、祭祀场地——宇宙情境的模拟

仪式场地的营造行动，由仪式举办日这一固定化的符号触发。至于场地设立的复杂程度则通常有如下规律可循：以地理空间为模式制作社会空间图表，在这类习惯行为中，实际的地理空间场所越是毫无特色，模式就越加严格与体现人为特点。[①] 星祭的环境整备与满族其他各种祭祀活动的要求大致相通，其中有行为符号，如"敬谨斋宿、更换洁净衣物"等，此程序的作用是帮助设立祭祀场地。其中涉及象征符号如"不洁妇女"及"鸡犬"（猫）等，仪式以将这些从祭祀场地排除的方式，使其成为象征符号。"当此祭辰，必于三日前，敬谨斋宿，更换洁净衣物。其不洁妇女及鸡犬俱宜远避。"一来，需要有一系列的行为将祭祀日突显为象征符号，二来，将三日之前即划入祭祀的禁忌时间范围，盖因祭祀活动的部分内容如酿酒、买猪等，需提前数日进行。再者，恐有汉文化中于祭祀典礼之前须斋戒三日习俗的成分在内。"更换洁净衣物"虽可即刻完成，然而族人从日常心理状态转换到一种与超自然存在即将发生交流的肃穆心理状态，亦需充分的时间，故需"敬谨斋宿"。或者也暗含禁欲的意思，禁欲是达

---

① 埃德蒙·利奇：《文化与交流》，郭凡、邹和译，上海人民出版社，2000，第53页。

到个人圣洁的手段。同时，族人所处的空间也要转换为"人神共处"之地，心理上需要时间间隔。而该空间属于一种边界不确定的模糊空间，具某种不确定的危险性，故需谨言慎行。而"不洁妇女"当指身体不便的妇女，此处恐涉及有关血的禁忌——传统文化以为血具有某些强力的特征①，抑或由于此"不洁"的状态与生殖活动无关。至于"鸡犬俱宜远避"，或者仅欲隔离寻常养殖的家畜，以免其扰乱秩序，或者其背后隐藏着族人所意识不到的意义。后者的意义只能联系其他类似的场景或行动才能得以阐释，而并不能从象征物本身的符号性质中推知。

类似的场景或行动可在通古斯语族各民族的神话故事"尼山萨满"中看到：尼山萨满带着鸡和狗去阴间寻找依赖人儿子的灵魂②，鸡和狗在这里即带有酬谢物的性质。这在满族祭典上却发生改变。其浅层意义在于营造肃穆气氛，深层意义似在显示当下的场景并非尼山萨满前往的"阴间"。在此语境中，鸡和狗这两个符号以一种特殊而曲折的方式获得新的意义。总之，在鸡和狗等因素是转喻还是隐喻的问题上，在场的各人会有不同的理解。

三、几种象征符号单元

祭祀中各种用品的准备都要突出其"新"的象征意义，从原来的场景中被选取后，有一个获得新的意义的过程。有些符号兼具转喻与隐喻两层意义，如斗，但族人想必并不都能予以识别。而原本具有隐喻意义的符号则突出其新一层的意义，如柳枝。这样原本几无象征意义的因素和仅具转喻意义的因素，便转变为具隐喻意义的符号。这也是下一节中牺牲物圣神化过程的意义和功能，且这一过程是一个明显而有目的的行为过程。不

① James G. Frazer, *The Golden Bough: A Study in Magic and Religion*. London: Macmillan Company, 1925: 607.

② James G. Frazer, *The Golden Bough: A Study in Magic and Religion*. London: Macmillan Company, 1925: 670.

过，在利奇看来，这二者似乎并没有产生这样的转变，把二者"放"在一起后便产生新的意义，因此应注重于"放"在一起的过程。过程即"旋律"，符号单元及组合则为"和声"。

"是日清晨，先取净水一碗、鲜柳一枝高供，以备临时应用。""又，预备新水一担，临时应用。"先有"清晨"这一象征性时间符号产生，再有由此激发的一系列符号组合的组建行动。

（一）净水

净水一碗（相当于分解和弦的组成部分），将在后续程序中用于对牲猪的"圣别"。水，在通古斯文化领域里时有出现，如在满 - 通古斯神话"天宫大战"里："世上最先有的是什么？最古最古的时候是什么样？世上最古最古的时候是不分天、不分地的水泡泡，天像水，水像天，天水相连，像水一样流溢不定。"① 但在此处，水用于圣别，则体现了新的用途。新水，强调其"新"，强调与日常使用的"旧水"的区别，从而与神圣的环境相符，在新的语境里突出其隐喻的意义。该层意义可能原本就存在，但在这里重点在于"复活"其该方面的意义。

（二）鲜柳

作为仪式的标志性象征物，鲜柳是一种"纯粹"的隐喻符号。它自身带有各种意义，然而其不同层次的象征意义，却无法从该象征物本身的特征中简单推演出来。作为一种符号，它在族人心里可能引发三方面感觉。当然，这是从熟知本文化领域的"理想"状态假设出来的。但不论是以下哪方面的感觉，对具体的人来说，都是一种创新，都可引起宇宙的改变。

首先，该象征物恐源于北方民族有关树木崇拜的观念。从树上摘取一个枝条，根据"感染巫术"的原理，该枝条便可代表大树本身。这时柳枝为柳树的代号，但其意义仅可自历史观念中获取。

---

① 富育光、荆文礼：《天宫大战 西林安班玛发》，吉林人民出版社，2009，第9页。

其次，可从其他历史场景中获得有关柳树的意义线索。如在通古斯语族的神话故事"尼山萨满"中，在阴间掌管人间转世的子孙娘娘（满语omsi mama）那里，两处柳树林好坏不同的长势与人间所供奉柳枝的好坏直接相关。[①] 在这里，能够获得的信息有如下两点：其一，为柳树——不是别的树种；其二，柳树的状态与人间的事项具有某种因果联系。

最后，在本仪式的语境里，除了"柳树"的隐喻意义之外，族人还可能接受其"新鲜"一层的意义。当然，照仪式举办的季节看，此时已近隆冬，并无柳树发芽，所谓"鲜柳"仅仅是区别于枯柳而已。但仪式既然要求用"鲜柳"，自然就在强调其"活着"一层的转喻意义。在这枝柳树上，"新鲜"这一性质自然"附着"着，但刻意突出该特征，则又是人为的"操作"。因为在柳枝上还有"绿色"或"叶子细长"等各种特征，然而这些特征并没有被看重。因而，作为象征物的柳枝的"新鲜"一层含义，在该仪式的语境中即为新增的意义。

（三）小猪

"买定肥小猪一口，至重不过十五六斤，八九斤俱可，毛皮黑光而雄者，不用黄白而杂者。"牲猪购买也是需要在祭祀之前三日内完成的事项。对该支配性象征符号的要求，其中所蕴含的意义线索亦需从其他类似情景中才能得到。祭祀用牲猪，传统上强调自家饲养，"买定"即从集市上购置，恐为社会环境发生变化后的权宜之计。或者与成年猪不同，由于需要预算猪的长势，因而小猪的自家饲养不容易实现。而所要求的"小猪"释放的信号，重点似乎在其"小"上，强调的是小猪旺盛的生命力。"小"与"生命力"之间的转喻关系基本上是自明的，同时，这与前述"鲜柳"在象征体系的结构特征上一致。猪的毛色被要求为黑色而摒弃杂色，亦在强调其外观的纯正。在选择的时候，设置一定的"门槛"，使牲猪不能轻易入手，无疑是其中的一层含义。通过附加特殊的要求，便可在不具象征

---

① 富育光、荆文礼：《天宫大战 西林安班玛发》，吉林人民出版社，2009，第678页。

意义的日常事物上添加意义，使其转变为一种符号。事实上，周边其他民族所要求的牺牲动物的毛色，也都是纯色。当然，这种对黑色的要求，也可能与再现萨满前往"他界"的情景相关：不论是阴间还是星空，都有暗黑的特征，因而需要以牲猪的黑色象征该类空间。于是，黑猪便成为一种隐喻符号。至于牲猪的雄性，可能也是要保持作为象征体系的整个仪式"有力量"的特征。总之，牲猪的各种特征都彰显其与整个象征体系特征一致的一面。如同"鲜柳"所隐喻的，这些特征只有在经强调之后，其意义才能产生或显现。

（四）符号单元的组合

将上述各部分单元集合在一起，形成符号组合的这一行动，亦由天候激发。"必候至日色已暝，满天星斗之时，用矮桌一张，桌上供奉一斗，盛米平斗。""日色已暝，满天星斗"为一时间性符号，祭典由此触发营造符号组合的行为，形成一种顺序出现的"旋律"。

首先，象征性组合的构建行动从放置一张矮桌开始。这里之所以使用矮桌而非高桌，概因后续的行动中有需要祭主跪在地上操作的环节，因而桌子不宜太高——从行动中理解符号，使其转变为信号。

其次，为象征单元"斗"。盛米时会用到该量具，但按理说其他器皿亦可。这里之所以使用斗，恐因斗与北斗七星的形状有关，以斗象征七星。而"盛米平斗"，亦即所盛之米不能冒尖，一来要取其"平"的意思，二来也可能与要在其中插柳有关，若冒尖的话，米粒恐会撒到外边。抑或与丰收一层的意义相关，祭祀时在容器里盛满粮食，以回报天水的恩赐。同时，斗也与满族祭天还愿仪式时所设"索莫杆"上的斗有关。在该祭祀仪式上斗里会撒一些粮食，以供乌鸦或喜鹊食用。因而，该斗蕴含不同层次的意义，星祭仪式上以其某一层次的意义为重点，其他层次的意义则在某种程度上辐射出去。

再次，为纸条。"剪净白纸三条一绺，共三绺，用线分缚于柳枝。将柳枝插米斗中间。"将白纸剪成条状后绑在柳枝上，便形成神具（满语称为 ilgari，有分开、区别的意思），经过这样的圣神化过程后，单纯的柳枝便形成标志性象征组合的一个组分。而其深层的意义，则与广泛见诸北方民族的类似神具相通。典型的如阿伊努及大和族的"御币"，它是一种将折叠成"之"字形的纸条或布条悬挂在木杆上做成的神具。视其意义层次，或可以之供奉神像，或可用之祈祷、除魔等。而这里是在突出柳枝"新鲜"特征基础上的圣神化，其所强调的是仪式从整体上所追求的"鲜""小"的特征。它的另一层意义则在于，纸条并未与柳枝形成一个整体，而是作为饰物悬挂在神树上，因而其构成的是一个"句子"，而非一个"词组"。于是该符号在当下的语境里同样产生新的功能。再将其插入斗米里后，便形成较为复杂的组合。

在以上组合的基础上，更多的象征单元被增加以后，便形成更为复杂的组合，成为微缩的宇宙环境，以与宇宙间的星宿相对应。"桌上放点香瓷碟一个，取到净水一碗，供于桌上。又，安放净盘一个，内放净盅二个。将桌抬至屋外院东北角，酌量可望斗星高升之所，桌向东北角安设。"净水、净盘与净盅的功能如前所述，均用于后续对牲猪的"圣别"。供桌被设置于院落东北角，此处即为院落这个微缩宇宙的坐标。至于所谓东北，当与传统的方位观有关。北方民族普遍将东南方视为南方，因而在此方位系统中，所谓东北方向应视为北方。

以上，由天色激发的一系列旨在营造符号组合的行为一经完成以后，该符号组合便成为一种信号，激发环境巡视的行为。"是时，令家人抱灯遍照，俱极洁净，并无鸡犬藏匿、妇女触犯。"之所以留意有无"鸡犬藏匿、妇女触犯"，恐因前述防止扰乱寂静氛围及与血液相关的缘故。也可能是因为从一种状态进入另一种状态，中间处于一种模糊的状态，需要以象征性的行为标明时间上的空格，有一个象征性的过场。

第二节　星祭的过程

通过行动将象征物体、象征姿势等联系在一起，形成动作性符号组合的单元，其起始触发因素为特定的日期。在激发行动时需要人的意志参与其中，该行动促使单一象征符号或符号组合的产生。这些符号或符号组合又激发进一步的行动。被激发的行为其目的有两种或两个层次：其一为动作自身的目的，以完成符号的组合为目标；其二为仪式整体的目标，即达到仪式所预设的目标。

一、牲猪的处置

寻常的生猪，是日常消费的对象，需经神圣化过程后，才能转变为象征单元，因而牲猪的"圣别"是祭祀仪式中不可或缺的程序。"将牲捧至桌西北角地上安放，头向东北，嘴、腿向南。"牲猪被头朝"东北"安放在供桌的西北角，当出于对猪、星宿及供桌三者位置关系的要求。只有被安放在供桌的西北角处，才能够使牲猪既望到北斗星，又与供桌形成一个符号组合，这时既可顾及天上的星斗，也可顾及桌上的微缩景观。该组合一经完成以后，环境巡视行动便又被激发："遂令家人出二门，将二门掩上。又，令将屋门掩上。院内所见灯光，尽令熄灭。"将二门掩上，可使院落内形成单独的空间，使其转化为"人神交流"的特殊场所。同时，从仪式进行的节奏看，将待宰的牲猪安放在相应的位置到族众在承祭人的率领下进入"圣别"的程序，这期间需要一个过渡，以使流程有张有弛，而将屋门掩上，一来可与屋里所供"神灵"隔离，二来可遮掩屋里的火光，以营造出一个暗黑的场景，即一个微型的"天界"——既然"圣别"程序刻意选在暗黑中举行，暗黑自身无疑具有某种特殊的意义。另外，考古学和比较民族学同样清楚地表明，纵观全部历史和整个世界，各民族在形式上都特别注重门槛和入口。对入口处加以警戒只是问题的次要方面，入口处的精心安排实则反映了社会心理因素。人越过门槛而出入门户，但是，我们的精神对安全感的基本需求内外有别，绝不会混淆。屋内清洁，户外肮脏，其中必须有明显的界限。①

"圣别"的流程由灯光熄灭这一信号激发：

承祭者，秉诚跪于桌前，将桌上香碟火熄，口中默祷，叩头有声。仍跪摸取桌上托盅盘，轻轻摸取水碗，取盘内盅搉水二盅，放于盘内举默祷，将盘放下，又连触地叩头。

该系列行为以承祭者下跪这一象征性行为为信号——同时也为前导。"香碟火熄"，营造出彻底的暗黑环境。取水之前"口中默祷，叩头有声"，向"神灵"告知供献牺牲物的缘由及目的等。取水后的默祷及触地叩头，恐意在向"神灵"夸耀牲物。值得一提的是，对于牺牲动物的赞美，在北方民族的各种祭祀仪式中，通常都是以韵文的形式大声朗诵出来，此处之"默祷"，恐因仪式整体气氛静默，故而发生了"变异"。原先的文化要素被置于新的场景中，于是就有了新的功能的增加。以上行为过程可视为"圣别"的"序曲"，接下来则为正式的"乐章"：

跪取水一盅，详视明确，手执此一盅水，灌入牲耳孔，牲即应乎摇头抖摔耳扇鬃领，方为神灵领接，一家庆幸非常。若疏忽浇灌，将水浇于牲之耳前、后，水未流入其耳，或牲有病无觉，或祭者不诚，或供献有秽，以致频频浇灌，牲始摔抖鬃耳，是神不喜悦，不肯接领，即为不祥，敬谨敬谨。神既喜悦接领，承祭者连连叩头敬谢，方呼灯至，令家人持牲入屋。

对牲物赞美之后，"跪取水一盅"，且将水盅"详视明确"，当因在暗黑中操作，需要确认取水是否成功的缘故。接下来将水灌入牲耳内的程序，可广泛见诸北方民族祭仪上，不过有些场合使用的是酒水。在牺牲动

---

① 埃德蒙·利奇：《文化与交流》，郭凡、邹和译，上海人民出版社，2000，第62页。

物摇头之前，通常都要重复颂扬及灌耳的程序，而等到牺牲动物摇头之后，参加人员则会爆发出欢声笑语，以表达喜悦之情。然而该处仅以叩头致谢了之，其原因似乎亦如前述，是为了营造静默的氛围。同时，仪式还对"圣别"有可能失败做出警告——这也是需要预备两盅水的原因。作为动物圣神化过程已经完成的信号，承祭者的叩头动作引发"持牲入屋"的行动，由此开始牲猪的处理程序。牲猪的宰杀是在屋里进行的，一来，在供桌前灯火不够明亮，二来，屠宰时牲猪的喊叫势必破坏宁静的气氛。

自"持牲入屋"开始，仪式进入牲猪屠杀及血液供奉的流程。"于屋内地中安设宰牲案，牲首向南，嘴腿向西，宰牲接血。"作为符号单元的牲猪，"牲首向南，嘴腿向西"，恰与先前于供桌前圣神化时的方向相反，显然是有意区别于前者，以相反的方位设置来突出前者。"将血盆送往供桌上斗旁下首供设，此供桌旁预安设灯笼一二个对照"，将猪血于桌上斗前供奉，如前所述，当涉及有关血的观念；于"下首供设"，则意在为后来的供品预留中间的位置，预设了符号组合的内部结构。"安设灯笼一二个对照"，当出于明示供品内容的考虑——想来，供物的受领者既为超自然的存在，本无照明的必要，而所供之物之所以要被照明，实际上更符合人的逻辑，表明该符号组合尚处于构建过程当中。当该象征符号构建完成以后，便如此前的情景，再次激发对祭祀环境的照看或巡视行为。"派出童子二三人，轮班看守，谨防猫、犬，不洁妇女，近此触犯"，以此表示符号组合基本构建完成。至于以童子看守，一来出于注重儿童强劲生命力的考虑，与以小猪做牺牲物的观念相通，二来恐由于成年人正忙于牲猪的处理，腾不出手来，这些处处表现出现实的合理性与超自然的合理性。

牲猪绝命后，处理猪身的流程便被激发。"此牲或刮毛，或剥皮，务令洁净，各按骨缝开卸。"按照合理的顺序，首先是对猪毛的处理。在祭祖祭神用牲时，满族通常会将牲猪做刮毛处理，而在"祭天还愿仪"时则予剥皮处理。此处对猪毛的处理方式未提出特别的要求，表明上述两种行为方式在此都不具有特别的意义，唯以"务令洁净"为目标。实际上，不论采用何种处理方式，即便不做格外的叮嘱，屠夫自然也会注意屠宰物的洁净。此处添加一句"废话"予以特别提醒，恐意在平衡"或刮毛，或剥皮"要求的松散。去毛后，接下来即为对牲猪肉骨的处理。"按骨缝开卸"，区别于日常消费时对猪身的处理。在寻常的屠宰中，猪身有些部件会从骨缝处卸开，有些部件则会将骨头砍断。从骨缝处开卸的要求，旁观的族人们自然不去特别理会。然而，这种要求所包含的深层意义，需联系北方民族有关猎物来源的观念才能理解。如前所述，北方民族普遍认为，猎物都是由"动物之主"所掌管的，人类只有善待猎物，给予所得猎物以隆重的仪式，并将其骨头与灵魂一起完整送还原主，使其重新长肉，才能再次得到"动物之主"的赏赐。因而，为使骨头保持完整，就需自关节处卸开，而不能将其从中斩断。事实上，游牧民族在日常宰杀家畜时，通常都是从关节处卸开的。因而祭祀时的这种肢解方式，也仅为其日常生活的惯用方式而已。或者相反，满族星祭时所要求的这种方式，具有特殊的意义——因为骨头有可能照日常消费那样被斩断。接着，"开膛后，先取牲胆，挂于斗上柳枝"，继续完善该象征组合。胆囊是个特殊的身体器官，北方民族通常认为有灵魂或生命寄宿其中，将其挂在柳枝上，便形成一个复合的象征组合。在此组合中，生命力与柳枝发生关联，如前所述，后者与生命的创造息息相关，因而，小猪当可通过胆囊获得更多的生命力。或者其思路与祭天还愿时将猪胆置于"索莫杆"上的斗内是一致的。

　　牲猪开膛处理后，激发牲肉烹饪的流程。"锅中酌贮新水，牲肉逐块割卸下锅。次取血盆灌肠，同煮，务令透熟。"仪式准备阶段挑来的"新水"此时派上用场。与日常烹调方法相反，这里是先将水注入锅里，再把肉块放进去。将肉跟肠浸在水中，似乎是在重复神话中频繁出现的以水净化某物的情景。作为一种符号，熟肉引发牲肉摆放的流程，"屋中安设高桌一张，上放盛肉槽盆，将肉捞出，逐件送至木槽。……如活牲式样，脏腑亦然，俱摆放于肉槽内"。牲肉被"逐件送至木槽"，每一个行为都被顺次引发。将牲肉以活牲的样式摆放在槽内，其目的在于表明该牲猪的肉体仍然保持完整这一层意思。当木槽中牲猪的象征组合形成以后，便引发构造更大规模组合的流程："家人桌边站立，逐骨割肉一块，脏腑亦然。"家人"站立"这一行为性象征符号对应于"下跪"，是在表明无须下跪；逐骨割肉，同样为顺次激发的行为过程。而此处理方法，其所隐喻的意义亦需结合"部分代表整体"的思路去理解。"将割取之肉，切成肉丁，血肠亦切成小块，分作头碗、二碗盛肉。"切成的碎肉，依据现实的合理性处理，自然会被盛放在某种器皿里，然而将其分成"头碗"及"二碗"，便是构造组合的有目的的行为，即要建立一种隐喻符号。至于"切成肉丁"的这种做法，则与满族祭天还愿时的情景相通。在该仪式上，除谷物之外，还需将牲猪肉切成碎末后放进索莫杆上的斗中，以便乌鸦或喜鹊啄食。因为在萨满信仰中，鸟雀通常充当人神之间的沟通媒介。想必，乌鸦因为通常被视为肉食动物，喜鹊则被视为草食动物，故而需要准备荤素两种食物。不过，如果要对碎肉所含的意义做深层次的挖掘的话，恐怕需要联系北方民族敬献"头一口"的习俗：每食的头一口往往要奉献给周围的超自然存在。因而，该行为也可视为一种优先关照超自然存在并将其转换为世俗秩序的行为。在将碎肉安置完毕之后，象征组合的构造流程继续推进，"割取牲之后右腿爪，令衔牲之口内。又用瞒肚油蒙于牲首。又用血肠绕于牲首"。这种迥异于日常饮食习惯的造型，其内在意义显然无法根据该象征物自身的特征去推演，而只能将其置于更为广阔的场景中才能得到大致的了解。就其状态看，此时的牲猪虽已被"大卸八块"，然而又被摆成活着时的模样，就此可推知其正处于"重生"之前的状态。如在雅库特（萨哈）神话中，萨满为了获得治病的能力，需要经过一系列的历练，骨头会被再次覆上新的肉体，有时候还能得到新的血液。此处的牲猪，恐同样是在再现生命得到"重生"时的情景。其中，将瞒肚油蒙于牲首的做法，似与蒙古人祭火时的做法相类，蒙古人将这种内脏上的油脂用作助燃物。当然，这也仅为其现实合理性的一面。而将血肠绕于牲首的做法，似乎正与萨满意在得到新鲜血液的观念相一致。

接下来，象征组合的构造流程进一步展开：

将头碗肉上插一铜匙，加盐添汤，安放于肉槽内牲首之左；又将二碗肉，上插一铜匙，加盐添汤，安放于肉槽内牲首之右。令人抬出肉槽，并搭出矮桌一张，安放于供桌前面。桌上安放肉槽，点香供献。

经此一系列行为，祭品象征组合便被建造完成。究其意义，其中，两碗肉无疑是要献给"神灵"品尝的。祭肉之所以分为两碗，恐与本文化领域对于"吉雅其"的信仰有关。如前所述，达斡尔人将吉雅其用白布或金箔剪成一男一女两个偶像后贴在蓝布上，而后再将其放在一个木匣之内，挂在南房檐下；蒙古科尔沁人的吉雅其是用绸帛做成的牧马人的形象，传说吉雅其的妻子生前酷爱孩子，人们便将二人画在一起，以之保佑儿童；鄂温克人亦在一块方形毡子上用不同姓氏人家的种马鬃尾，将吉雅其绣成一男一女两个形象。另外，将头一碗置于左侧，第二碗置于右侧的做法，当与"男左女右"的民间说法也有关。

二、祭星的流程

象征符号组合建造完成之后，与星祭对象交流的流程遂被激发。

最先被引发的仍为祭祀场地的环境整备活动："令人执灯笼遍照。复令家人出二门，掩闭二门。又令掩闭屋门。凡院内看见灯光，尽令熄灭。"显然，在经过牲猪处理等一系列活动后，与超自然"神灵"展开交流的该场所，其变得模糊的边界需要通过该行为再一次予以确认。"承祭者，秉诚上前跪，将香碟内剔熄，敬谨竭诚，连连触地叩头默祝毕，然后缓起，立呼灯群至。"该流程虽然仍是在重复之前"圣别"时的步骤，但其所隐喻的意义似乎又与之不同。因为在此被激发的流程中，之前的符号组合此时要被拆解后重新加以组合，并且，拆解行动本身也大致依据与之相反的顺序进行。

首先被拆除的是柳枝，"先将斗内柳枝请起，两手高举至院内东北角原悬柳枝处。将旧柳枝解下，高掷于房上。然后，将新柳枝拴缚牢妥"。更换柳枝一节，其所透露出来的意义与满族"树柳枝祭"仪式相通。

"树柳枝祭"用来祈福的柳枝在仪式完成后，或被烧掉或被抛入河中。此星祭之所以将更换下来的旧柳枝掷在房顶上，恐由于柳枝中仍然保留部分信息而不能毁弃的缘故。而将新柳枝绑缚在东北角原悬挂柳枝的地方予以长期安置，显然是要使其作为象征符号持续发挥功能。在上述符号组合被拆解后，其次被拆除的是肉槽等设施，"家人抬起肉槽，承祭者，左手高举水碗，右手高举香碟，一面令撤去供桌米斗等项。抬肉家人等，俱一齐口颂：猪猪、猪猪，声不断绝。行至屋内妈妈神①前，高举口颂告妈妈瞧瞧。然后，抬至屋内地中向西桌上安放"。该流程以"抬起肉槽"开启，接下来的系列行动连贯完成。水碗及香碟被"高举"，供奉牲肉则伴以"口诵"的行为符号，都有其各自的隐喻义。如是，被拆散的固态符号单元，通过过渡性行为符号——一种顺序出现的"旋律"流程，进入下一个与"神"共食的行为符号组合。在此过程中，将牲肉给"妈妈神""瞧瞧"的行为，原本为日常生活中的习俗：从外边带进来的食物，无论生熟，都须首先示于该"妈妈神"。其更深层次的意义，当与前述北方民族将"第一口"食物献给"神灵"的观念相连。在"妈妈神"前示肉的行为完成以后，仪式被引入分享祭肉的流程。"即将头二碗肉，俱安放炕中油单上。此二碗肉，只许本家序长幼分食，不许与外姓食。"两碗肉此前已经供在桌上给"神灵"品尝，此时在本家族人员间分食，虽有时间上的延迟，但仍可达到与"神灵"共享同一食物的目的。而限定其分享的范围，其意无疑在于重复确认可能已经变得模糊的亲族边界。"供献水碗，捧进屋时，善睹者，细看水内有牲毛，主发财；有人发，主进人口，款项甚多，不能记忆。"这种占卜的行为，原本即为萨满的本职所在，将其添加到这里，一方面可增加仪式的情趣，另一方面，外观上没有特征的该日用水碗，此前仅被当作寻常盛水的工具，此时经圣神化以后，就变成能够传达"神意"的工具性象征符号。至于将牲毛及人发分别和财富及人口相联系，显然是将前者视为后者的一部分，以部分代表全体，使其发挥

---

① 即瓦立妈妈 wali mama，该象征物由一块布条拴在线上制成，常被挂在屋里的门头上。

转喻的功能。

亦即令一家新丁，序长幼，挨次尝饭，增益福寿。然后，上炕同食碗肉。槽内肉骨，亦按等次放盘，可与肉丁同食。遇亲朋，只与槽内肉食，不与碗内肉食。祭肉俱不许出屋，切记，切记，不可疏忽。

该行为组合亦注重时间上的次序。由年长者引发一个行为组合后，其他行为依据年龄大小顺次展开，此举亦旨在于通过强调仪式中的先后顺序，将该次序转换为家族内部的人伦关系。至于只予亲朋槽内而非碗内肉食，如前所述，无疑是要本族人独占与"神灵"交流的权利，并将此象征性行为转换为对于亲族边界的确认。作为"抽象形态变化"的直接表现，次序能从几方面组成信息，其中之一是次序能转换成等级制度。①

仪式的最后，是对祭祀活动中所产生杂物的处理。这亦可视为符号组合的解体过程。"盆贮刮洗祭牲，及打洗牲脏腑汤水、秽物，俱按祭祀事竣，方许出屋，毋得草率。"想必，临时营造的与"神灵"交流的这一场所，是一个异于日常次元的空间，只有等到"祭祀事竣"，其变回日常空间的时候，才能处理世俗的事物。在引发神圣感的仪式结束之后，这些物品依然存在。在利奇看来，这些物品所具有的神圣感在非宗教仪式的场合中是否能继续保持，这可能成为神学界的一个争议点。很多教徒共有同一的文化主张，即宗教仪式需要一个永久的、特殊设计的神圣环境②。而在满族的祭祀仪式上，有关宗教的设施则可分为两部分，一部分是永久性的设施，另一部分则是用后便被拆除的部分。永久性的设施包含需要从"神灵"处获得某种精神整合的符号，其内容复杂，而临时性的设施则仅用于搭建一个舞台，以便在其中从事有具体情节内容的演出，其目的比较单一。所有的抽象理论体系起初都是大脑中的原始概念，如果要推

---

① 埃德蒙·利奇：《文化与交流》，郭凡、邹和译，上海人民出版社，2000，第50～51页。
② 埃德蒙·利奇：《文化与交流》，郭凡、邹和译，上海人民出版社，2000，第38页。

究用词语表现的概念（如上帝、精神），我们就必须使它们具体化、形象化。我们通常从两方面着手，其一为讲述故事（神话），故事中的抽象观念表现为神灵、超人和神化的动物的各种行为活动；其二为创造特殊的物体、建筑和空间，以表现抽象观念及其精神气氛。显然，这两点是互为依靠的，它们彼此相互隐喻。参与者在接收信号以后，在个人的大脑里将其具体化、形象化。于是，该过程就与个人的经验产生关联，为创新的实践提供可能。仪式过后，满族人之所以仍然不会拆除设施，其用意恐在于保留一些线索，以便在下次的仪式上据此将抽象的观念具体化、形象化。

第三节　星祭的符号意义

作为春秋大祭之一环的星祭，在满族许多氏族中都是祭祀必有的环节，其所关联的祭祀对象与北方民族的"祭天"仪式相通。满族的最高神阿巴卡赫赫（满语 abka hehe），一如阿尔泰语系其他民族的最高神天神 tengri 一样，在完成创造世界万物的壮举后，由于其超越性和消极性的普遍表现无法满足人类数不尽的宗教的、经济的以及生命的需求而退隐到后台，变成"退位神"[①]。"这些神广受尊奉，人们为食物向他们祈祷，即便没有具体的偶像，他们却有实在的祭祀仪式。"[②] 不过，在举办各种祭祀活动的时候，人们通常只去关注掌管具体事物的各种职能神，而对阿巴卡赫赫等最高神则仅予顺便的关照。在满族的系列祭祀活动中，虽然有所谓"祭天"活动，似乎关乎"天"，但实际上它仅为一种"还愿祭"，所祭祀的对象也并不明确为"天神"。与泛泛的"天"有关的祭祀事实上仅有此星祭一项。

---

① 米尔恰·伊利亚德：《神圣的存在：比较宗教的范型》，晏可佳、姚蓓琴译，广西师范大学出版社，2008，第42页。

② 米尔恰·伊利亚德：《神圣的存在：比较宗教的范型》，晏可佳、姚蓓琴译，广西师范大学出版社，2008，第57页。

"有夜祭七星者谓之禳祭"，星祭的目的虽为"禳"，即驱除灾祸，但能看出其中只是寄托一种漠然的愿望而已。不过，在《钦定满洲祭神祭天典礼》历数满洲祭祀时，还有"昏夜于室西山墙外，以小猪祭天者谓之去祟"① 的记录。据此可以推测，在西林觉罗氏的祭祀中，祭星与"小猪祭天"被合二为一，小猪祭天被用于祭祀北斗七星。因为所谓"祭星"与"祭天"，二者的目的原本都在禳灾或去祟上，所以西林觉罗氏的星祭也可看作祭天，都是对于"退位神"的一种漠然的祈求。对于"退位神"的祭奠，从西林觉罗氏的仪式来看，始终沉浸在一种宁静而祥和的气氛中。结合杜尔伯特蒙古族类似的祭奠②看，北方民族在祭奠这类漠然的对象时，都持一种庄重而静默的态度。似乎只有在这样的氛围中，才可触摸到永恒的存在，才能将自身与终极实在融合到一起，从而在混乱的日常中求得一种有关现实与将来的秩序。在进行这样一种沉思的时候，人们会依据各自的传统，将存在于北方民族间的各种象征性文化符号重新组合起来，构建成各种不同的祭祀仪式。

象征符号是一种隐喻符号，其中包括多层意义，如前所述，这些意义实际上又是各种关系的凝固物，可以显现为象征物、象征性行动或象征性姿势等，这些象征符号可以视为一首交响音乐中的和声部分。而仪式则为一个流动的过程，一种构建象征组合的过程，其流程是仪式向前推进的内部动力所在，可以将之视为交响音乐中的旋律部分。动力的释放由象征符号——一种信号所引发，而符号所表现的基本特征，则由其在文化领域中原有的特征所决定。文化领域提供的符号，在新的仪式环境中被赋予新的意义。

---

① 刘厚生：《清代宫廷萨满祭祀研究》，吉林文史出版社，1992，第238页。
② 黑龙江省杜尔伯特蒙古族自治县境内的蒙古族人有在多克多尔山举办祭祀活动的习俗。该祭奠仪式在夜间举行，祭奠仪式庄重严肃，除萨满念神词和部落长念祝祷词外，其他一切祭祀活动均在无声中进行，不准笑语喧哗，亦不准唱歌跳舞，即使祈祷也不应说出声来，只能在心中默思。祭品必须是黑色牲畜（波·少布：《多克多尔山祭奠仪式研究》，载《黑龙江民族丛刊》1987年第2期）。从祭奠对象看，作者虽主张为阻挡河流的山丘，但实际上其祭拜的是西北方位，即日落的方位，故同样是一种漠然的存在。

仪式是三种逻辑的交会，其内部包括：（1）现实的、外在的合理性——类似于韦伯所说的"有目的的行动"[①]；（2）内部的、宗教的合理性——内包于传统逻辑里；（3）传统文化的历史性——相当于韦伯所说的第四种行动，即习俗、习惯等几乎无意识地从事的行为。与此相对应，便至少存在三个层次的意义，并且每个层次可能还包括更多的层次。然而，问题的核心在于，仪式参与者与这些文化符号在仪式上产生怎样一种关联。很显然，历史性、习惯性的行动是不能被自身所察觉的，而有目的的行动（包括工具性符号）及价值行动（包括标志性符号），则能够被理解。在仪式上，由于存在不同的理解，各种符号就会产生不同的意义，而需要被关注的，则是德罗伊森或狄尔泰所注重的创造性，即相关具有创新意义的事件。

这样一些事件也可见于格尔茨所关注或截取的文本："由于那一场景暗示出，表现不是直接的描写，也不是凭空的想像，因而在此处焦虑不安……就显现出来。斗鸡场中的杀戮并不是人间事物的准确描绘，而是更进一步，从一个特殊的角度，描绘事物在人们的想像中是怎样的。"[②] 这种非语言的文本，要想表现"获得"意义，就必须以可证的事实构建，而非想象。而这些事实一经结合起来以后，就构成一个理性的经验性整体，并且其内部具有一定层次。同时，这种层次必须置于一定的语境中，其意义才能被理解。从其材料的来源看，格尔茨所称的"巴厘岛"就是以现实的事物组织起来的一个结构，它表现人们的各种情感，宛如在现实中真实上演的一台戏。与此相对，满族的星祭仪式，则从历史中或"文化领域"中选取各种要素，重新组织成一个结构。从材料的性质看，格尔茨用以构建"戏剧"的是同一个层次的符号材料，等到建成以后，在场的观众便可对其做整体的完整的解读。而满族的星祭仪式，则由不同层次的材料所构成，并且存在隐喻的材料和转喻的材料之分。从参与者与符号之间的关系

---

① Max Weber, *The Theory of Social and Economic Organization*, New York：Free Press, 1947。

② 克利福德·格尔茨：《文化的解释》，韩莉译，译林出版社，1999，第526页。

看，"巴厘岛"上的人们处于同一个意义层次里，而满族祭祀者则处于不同的意义层次中。同时，星祭仪式的基本框架又是历史的，其逻辑（或旋律）是由萨满在有意识无意识当中建构的。因而，主位的审视角度起码有两个，一个是萨满（承祭人）的——萨满有可能知道其内在逻辑，另一个是普通族人的，他们可能不知道仪式的内在逻辑。

符号被构建起来以后，就会产生意义。格尔茨采用了经验主义的方法，虽然他摒弃列维－斯特劳斯式的结构主义（理性主义），但并未舍去其将各种要素结合起来的一面，尽管他否认存在永恒的智慧（理性、语法）。于是，在一个文本中，文化要素以列维－斯特劳斯的方式集合在一起后，产生出格尔茨的"意义"来。然而，不论是列维－斯特劳斯还是格尔茨，都没有对文化要素在被构建成一种新的符号组合以后的意义变化过程予以足够的重视。或者说，由于格尔茨的符号意义在传达时，参与者共处同一个层次里，于是符号不会增加新的意义，而仅如舞台上的戏剧一般产生集中效应。而在星祭里，整个流程全部涉及各种符号的建立、毁弃与理解，因而符号的交流不在同一个逻辑层次里，不光是"观众"所处的层次不同，而且符号本身所显现的意义层次也不同。而正是因不同层次的人各自试图理解不同层次的意义，于是就产生"混乱"，这时就有新的意义产生。

星祭的符号源自历史而非现实，因而符号的意义首先与原先的历史积淀亦即"文化领域"里符号所具有的意义有关。这些符号之所以要取自"文化领域"，而不是像神话那样虚构新的要素或事实，也不以现实生活中的材料去构筑，是因为文化领域里的这些材料是在历史的关键时刻发挥过重要作用的各种事件的"浓缩物"。只有这样，所取的这些材料才能更具权威性，才能显得更加真切、有力，更能为人们所理解、接受。狄尔泰在理解文本时提醒要留意其中有关意志活动与创造性的因素[①]，这也就意味

---

① Wilhelm Dilthey, "The Types of World – View and their Development in the Metaphysical Systems", in *Selected Writings*, translated and edited by H. P. Rickman, Cambridge: Cambridge University Press, 1976.

着他们所看重的"生命"，在其演绎的过程中有新的意义增加，并且如萨林斯所说的那样，要注重于能够改变基本结构的那些有意义的事件。① 由于这些新的意义出自于意志，或者说出自于"有目的的行动"，因而可以说，创新也就是自由意志的产品。

其次，在符号被当作信号而接受时，每个人的头脑中都会对这种信号做出反应，形成一种感觉意象，进而产生一种抽象观念，然后通过某种方式把这种抽象观念理解为外界事物的性质。这些外界事物就相当于维特根斯坦所说的词和句子。按照维特根斯坦的说法，词和句子具有各种不同的功能，并且，同样的词在不同的语境下具有不同的意义。一个词具有什么意义这样的问题，只有参考具体使用该词的方式才能做出回答。因而，孤立地看，词和句子仅仅具有某种潜在的意义，只有放在特定的语境中时，这些词和句子才能拥有现实的意义。因此，意义实际上是由用法界定的。② 因而，用法也就成为一种创新的手段。于是，主导每个语境的独特的语言用法，就需要在各种不同的语境中去一一发现。进而，如同现象学所追求的，去发现具有构成意义的那些因素（即纵聚合联系，亦即和声），而不仅仅是对情境（旋律）进行描述。经自由意志指导的行动——在仪式上即为一种想象——超越了既定的情形，"否定"了既定的情形，于是创新便产生。同时，意义处在不同的逻辑层次上。这种不同层次之间的意义的隔阂，不但构成理解上的阻力，也能转变为一种理解上的动力。仪式的每个参与者各自陷入不知接受符号的哪一层意义的境地，而正是这种理解层次间的阻力，使得符号意义及对仪式本身的理解变得复杂起来，进而使仪式得以向前推行。然而，这种前行的动力，也不会一直持续存在下去，而是在仪式结束的时候戛然而止。

满族的星祭仪式，其符号组合在建成以后仅仅持续很短的时间即被拆解，其所注重的是建立与拆解的过程，包括顺序——就像乐章的分解和

---

① Marshall Sahlins, *Historical Metaphors and Mythical Realities*: *Structure in the Early History of the Sandwich Islands Kingdom*. Ann Arbor: University of Michigan Press, 1981.

② 维特根斯坦：《哲学研究》，李步楼译，商务印书馆，2009，第22页。

弦。也可以说仪式在结构上环环相扣，在时间上没有持续的余地，行动符号也没有静止的可能。因为在构建一种象征符号的过程中，可以说，各种符号就已经创造了新的意义。

第七章

满族的立杆祭祀

"还愿祭"或"立杆祭"为满族春秋大型系列祭祀活动中的重要一环，有关该祭祀的缘起及其所祀之神，满学研究者观点各异。

最先有定宜庄先生认为，祭杆的习俗源于神树崇拜，是在大清建立之后始被收入该民族共同体的，而其所含各要素则大都源自乌苏里江以东及黑龙江下游一带"伊撤满洲"（即新满洲）的祭仪，从中可发现自神树崇拜至杆祭之间的某些过渡性质的表现形式。这种祭祀与满族从森林渔猎到定居农业的民族变迁过程相适应，同时，伴随满族的社会变化以及适应于社会变化的萨满文化的发展，祭祖逐渐演变成祭天，成为萨满与天沟通的媒介和桥梁，进而又成为满族初兴时期统治者的思想武器。[①]

其后，张杰先生又将相关各种观点归纳成两种。一种为"祭天"说。如前所述，张佳生的《满族文化史》认为，满族在祭天仪式中所立杆子代表神位，称为神杆。在一些地区仍有以树祭天的记忆留存。[②] 另一种为"祭乌鹊"说。如前所述，阎崇年先生的《满洲神杆及祀神考源》认为，满洲的神杆及所祀神灵，源于满族先民对神树及神鸟——乌鹊的祭祀，春

---

① 定宜庄：《神树崇拜与满族的神杆祭祀》，载《北方民族》1989 年第 1 期。
② 张佳生：《满族文化史》，辽宁民族出版社，1999，第 575 页。

秋季节于斗中设肉与米以享乌鹊，缘习成礼，尔后岁时祭祀乌鹊。[①] 而张杰先生本人则通过对满族起源传说及堂子祭神的演变的考察，以及对与满族有密切关联的赫哲族习俗的分析，认为满族祭祀所立神杆当为"祖宗杆"，即为祭祖所立，而非为上述"祭天"或"祭乌鹊"设立。[②]

实际上，在定宜庄先生之后出现的几种观点，似乎仅为对定宜庄观点的若干侧面的强调，并未予以实质性的展开。而定先生有关仪式由祭祖演变为祭天并上升为满族统治者思想武器的看法，却更具有启发意义，有必要予以进一步的展开。本章拟通过对纳音瓜尔佳氏祭天活动的详细解读，阐明祭祀是如何通过仪式化的行为，将祭天还愿的观念展现出来，并将其转化为可视可操作的程序，进而将巫术性的观念转化为宗教性的信仰，从而满足氏族成员树立愿景的需求的。

第一节　立杆仪式的展开

纳音瓜尔佳氏为满洲著姓，隶属于正黄旗佛满洲，后以"关"为姓。雍正十三年（1735 年）正月修谱时，其氏族的"祭祀规则"同被记述、编纂于谱书当中。1937 年续修家谱时，关氏又将其印刷成册。该谱书现收藏于吉林省吉林市、长春市等地的关姓氏族成员家中。该氏族的家祭可分为如下几个环节：前日举办的"白日祭祖""白日祭神""夜晚祭神""晚间祭神"，以及于次日举办的"院心祭神"等。

纳音瓜尔佳氏的"院心祭神"仪，事先需要准备如下几种器具及食物："昔年满族人家，院心均有影壁，设立祖宗杆子（满语名曰索拨力棍），上有锡拉碗。目下无影壁者居多。祭祀时，先砍一杨木杆，长约七尺，粗二寸余。木杆头用刀砍如锥形，用谷草一束，绑于杆梢上。新碾小

① 阎崇年：《满学论集》，民族出版社，1999，第 64 页。

② 张杰：《清代满族萨满教祭祀神杆新考》，载《社会科学辑刊》2003 年第 5 期。

米半斗，净水一大碗，在风门里横放高桌一张，上摆三盅净水，一碟小米。"[1]

其中，"影壁"[2] 为固定设施，无临时准备的必要。祖宗杆子即所谓"索拨力棍"，满语称作 subarhan，蒙古语称 suburga，实则指"塔"[3]。看来，在瓜尔佳氏族人的眼中，该"祖宗杆子"并非一根简单的"杆子"，而是一个内容较为复杂的设施。因而，从瓜尔佳氏成员的角度去看，祭祀活动是围绕着这个"塔"展开的。有了该"塔"，萨满才能攀缘到不同层次的"天"上。"锡拉"（满语 siltan）即杆子，"锡拉碗"亦即设置在杆上的碗，不过该"碗"实际上并非一只碗，而是一个斗（满语 hiyase）。祭祀时砍伐回来的杨木杆，其尺寸并无定则，《钦定满洲祭神祭天典礼》里称，堂子祭祀时临时着人前往山里砍伐，取围径五寸、长二丈的松树一株，树梢留九节枝叶，并将其余部分削去后制成神杆。[4] 木杆头之所以砍成锥形，恐因如此更能显示"塔"的形状。将一束谷草绑在杆梢，其直接目的当为可往其中撒米。半斗新碾的小米，强调其"新"字，当与农作物收获祭相关。[5] 一大碗净水，涉及的是水。根据米尔恰·伊利亚德的观点，与水产生的每一种联系都有再生的意味。动物被解体之后，接着便会"再生"，由于被没入水中即意味着丰产，因而水可用来增加生命力及创造的潜能。[6] 高桌一张摆在风门里，当表明所隔离出来的祭祀空间，其边界位于大门处，亦即表明，此时的祭祀空间其范围涵盖院落整体。净水三盅的

---

① 无名氏：《瓜尔佳纳音关氏谱书》，铅印本，1937，无页码。本章所引关氏祭仪相关文本，除特殊标记者外，均引自该书。

② 影壁，《五体清文鉴》满文称作 daldangga，蒙古文称作 daldabci，其中 dalda 意为隐藏。

③ 见《五体清文鉴》，第 2641 条。

④ 允禄：《钦定满洲祭神祭天典礼》，见刘厚生：《清代宫廷萨满祭祀研究》，吉林文史出版社，1992。

⑤ 世界各地均有关"谷精"的信仰存在。当谷物被全部收割完以后，人们会在农田的正中间留下一把谷子，认为在这把谷子里隐藏着谷精，或直接认为这把谷子便为谷精，并视其为"五谷妈妈"。有的民族习俗中，谷精还可化作鸡、鸭、狗、猪等各种动物形象。满族举办杆祭时，高悬一把谷草，以及对"新谷"的强调，恐与该信仰存在某种内在的联系（见 J. G. 弗雷泽：《金枝——巫术与宗教之研究》，汪培基、徐育新、张泽石译，商务印书馆，2012）。

⑥ Mircea Eliade, "Patterns in Comparative Religion", *The American Catholic Sociological Review*, vol. 19, no. 2, 1958.

"三"，似在表明多，小米一碟，当为种子的符号，或象征收获的新谷。

设齐，主祭人率同族人在桌里向外行叩首礼，起身将碟内小米撮三撮扬于外；次将东头盅内之水亦扬于外，将盅扣放，二人抬桌至院心。随行大锅一口，方盘内放尖刀两把、笊篱一把、铁勺子一把、刷帚一把、水瓢、肉墩等物至房门外西边；地放寸板，上放方盘相连，用板凳一个，上放木杆一根，架起，用毯子一条，搭于杆上（满语名曰蒙古波，即今之帐房也）。

所谓"主祭人"，传统上多为氏族的"家萨满"。萨满率领族众，通过准确履行礼仪程序的方式，实现与"超自然力量"的交流。该程序并不要求萨满进入恍惚的状态，仅通过程序的正确履行实现与"神灵"的交流。由于经过专门的培训，因而只有氏族萨满才熟知烦琐的礼仪程序，才能展示其权威的力量。主祭人率族众在桌里朝外行叩首礼，意味着该高桌此时处于祭祀空间的境界中，向外行礼及将碟内小米撮三撮向外扬出去，表明"神灵"处在境界之外，而撮三撮，当在显示多次。在满族宫廷的祭典里，该礼节则被分成两次进行，"司俎满洲进向前立，捧米碟洒米一次，祷祝祭天毕，又洒米二次退"[①]。将位于东头盅里的水向外扬去，证明桌上的三盅水各有代表意义。将盅子扣放在桌上，似意在表明水已经洒出去，或者亦可认为是为避免异物进入盅里。"二人抬桌至院心"，此行为表明祭祀空间的范围发生改变，同时也表明与"神灵"交流的通道被暂时关闭。只有这样，大锅、方盘、尖刀、笊篱、铁勺及刷帚等与宰牲有关的器物才能被带进场内。各种器物被摆放在房门外的西边后，祭祀的空间即被扩展到涵盖院落整体的范围之内。寸板摆在地上而非桌上，上置方盘，恐在复原于野外祭祀时的原始场景。以板凳、木杆及毯子构建而成的设施，被称作"蒙古波"（蒙古包），这与宫廷祭祀相仿，"离神杆石稍远西北方设红漆

---

① 刘厚生：《清代宫廷萨满祭祀研究》，吉林文史出版社，1992，第 309 页。

架一，架上覆以红毡"。于是，经过这样的设置，游牧民族的野外祭祀场景就被复原出来。

主祭人率族中人，二次行礼已毕，仍旧将碟内之米、盅内之水扬之，水盅扣放；次将高桌抬到院心影壁地方，遂将祖宗杆子搭在桌上，木尖向南，将锅放在三块石上，用木柈燃着，烧水，以备煮肉需用也。

主祭人率领族众再次行礼，以及洒米洒水的程序，看上去仍在原地进行，然而由于祭祀场景已被重新设置，因而仪式在空间上与头一次并不相同。将高桌移至影壁的所在地，并将祖宗杆子靠在影壁上以后，仪式的重心便转移到杆子上。杆子的尖端朝南，表明祭祀对象位于南方。该方位当为本节程序的主要方位。以三块石头临时垒成的锅灶，恐在暗示该处为游牧民族"蒙古波"外的空间。

摆设齐整，将猪抬至桌上，其猪牝牡均可。猪首向南，蹄向西，而杀猪之人跪一单腿。杀完，将猪血盆放在高桌上，候血凝结，取血三勺，倒于锅内，遂将猪之四蹄割下，四梢挑开，将皮剥下，其猪首解下，不剥皮，用火烧烤。猪皮剥完，上祭毕，亦火烤之。先取肋肌肉两条，次解前两腿里面肉两条，放于锅内。再解后两腿里面肉两条及哈拉巴，放于盘内。如牡猪，将猪鞭子取下，放在供桌上，接解达哈拉。

接着进入牲猪的宰杀程序。牲猪"牝牡均可"，表明该节程序的目的与动物的繁殖没有关联。猪头朝向南方，猪蹄朝向西方，与宫廷祭典的做法相同，"司俎太监等转猪首向西，置于包锡大桌上省之。司俎太监二举银里木槽盆接血，列于高案上，猪气息后，转猪首向南顺放"[1]。二者均指明祭祀对象所在的方位，与前一节洒米洒水及族人礼拜的方向一致。杀死

---

① 刘厚生：《清代宫廷萨满祭祀研究》，吉林文史出版社，1992，第309页。

牲猪时须"跪一单腿"，从单纯操作的视角看，牲猪原本是被"抬至桌上"的，该动作姿势便显得不太自然，因而表明，此时对于该动作姿势的执着，其中另有他意。由上述祭祀场景的设置情景推断，该牲物起初当非家猪，而极有可能为羊或山羊。在宰羊的时候，羊通常都是被放倒在地面而非桌上的，因而宰羊的人只有单腿跪地才方便操作。而宰猪时由于有放血的需要，猪是无法放在地面宰杀的。牲猪被宰杀后，血盆被置于高桌上，虽似在等候血液的凝结，但更可理解为是在祭献。猪血取三勺，意味着取血多。将牲猪的四个蹄子割下、四梢挑开、猪皮剥离等方法，一如清宫内之"司俎等即于院内去猪皮"，都是异于日常的杀猪方法。在瓜尔佳氏族头一天举办的祭祖祭神及背灯祭等环节中，牲猪均被燂毛处理。而该节所用的方法显然为处理羊只的方法。在游牧民的祭祀活动中，剥下来的羊皮一概被留作他用，与祭祀仪并不产生联系。而猪皮则无论是在平日的饮食生活中，还是在头一天的几个祭祀环节中，都是在燂毛以后与猪肉一同食用的。猪皮既已从猪肉上剥离，从饮食的角度看，须经燂毛处理才可食用，而最简单的燂毛方法莫过于用火烧烤。不过，问题的关键在于，在该节程序中，猪并未被当作单纯的食料去看待，剥皮行为本身即被视为祭典的重要一环，其中蕴含着特殊的意义。结合前述祭祀空间的设立，以及主祭人与族众的行为方式，当可得出结论，即在此刻，该牲物正于特定的场景中接受某种历练。在此历练过程中，接受火烤为其重要内容。此景容易让人联想到发生在候补萨满身上的历练。为正式成为萨满，相传候补萨满须在"他界"历经各种磨难以后，才可得到萨满的本领，其中包括被"大卸八块"及"上刀山下火海"等。在雅库特人的神话中，一群精灵将候补萨满带到地狱，将其关入屋里达三年之久，让他在那里接受入会礼。虽然不能将瓜尔佳氏祭典上的牲猪直接视为候补萨满，但只有历经某种特殊的程序后，特定对象才能进入新的状态，这样一种思维模式在两者之间无疑是相通的。

至心肝处，见有膛血，一人手拿祖宗杆子，而解猪之人将心血掏出，抹在杆子尖上，约有尺余即可。唯达哈拉解下，再由当中取五寸长、三寸宽肉一条，放于方盘，其余置于锅内，次将肠、肚、心、肝、肺取出，猪胆放在高桌上，煮肝肺各一叶，猪心半块，留大肠半截，小肠一根，猪肚半截，其余碎油、小肠等放于锅内，再将猪首脖圈内之梭子骨别出煮之；大梁骨由前数之，取三根断一块，取两根断一块，左边腰子一个，左边肋条骨，由前头取三根，右肋取两根，一并放于锅内，其余之肉，以备摆件子之需也。

　　将心肝处的血液涂抹在杆子尖上的做法，可能使人觉得烦琐。因为此前杀猪的时候，已有一盆猪血流出，且已置于高桌之上，完全可用其抹在杆尖上。然而，此处却着意等待开膛时，才以胸腔里的血液去涂抹。该烦琐程序的存在，可从牲物种类的差异角度去解释。如前所述，该牲物当视为原初的羊。在宰羊的时候，游牧民通常都以一种特殊的方法把羊杀死：在羊的腹部割开一道小口子，将手伸进去，在胸腔里将大动脉掐断后将其杀死。羊血因而会全部留在腔体内，在开膛破肚之前，羊身上不会有些许血液流出。依照这种情景，在杀猪时，也要等到开膛之后，才用胸腔里的血液抹在杆尖上。当然，胸腔里的血因其与心脏及肝脏等具有密切的联系，故而也不排除此举出于从中获得生命力的考虑。接着，祭祀礼仪着意于解剖祭肉的顺序，以及生熟祭肉的分别处理。达哈拉即肚囊肉，将其置于方盘之内；心、肝、肠、肚及胆囊为一组，除胆囊无法食用外，其余的各留一小部分后，均投入锅里。梭子骨[①]似可象征动物的紧要之处。骨头亦留其一小部分，其余则投入锅里。留下来的部分部件，包括猪头、猪皮、部分内脏，以及带骨肉和肚囊肉，被用来重新构造出一个造型。

　　先将猪皮放妥，次将猪首摆于猪皮底下，再摆脖圈，刀口向上。其大梁骨、二乌叉、后乌叉，均以头骨向上，所留大小肠、心、肝等均放于当

---

① 梭子骨，满语称作 ildufun giranggi，即杆上所插颈骨。

中，左右两块肋条肉、前后四只腿，均骨头向下摆之，将猪尾尖割一小截，放于供桌上，余剩猪尾连于猪皮之上也。

祭祀仪式进入摆件的环节。该环节虽以预留部件摆出新的造型，但同时强调摆件的先后顺序。将猪皮放置妥当以后，首先摆放猪头，其后为脖子、大梁骨及前后腿等部件。很显然，这是从头部开始，顺次往猪身的尾部摆设的。虽因部件残缺，摆出来的造型不够完整，但其基本框架仍可象征全猪。

这种做法与宫廷内的处理方法基本一致："先以颈骨连精肉取下，并择取余肉煮于红铜锅内，余俱按节解开，摆列于银里木槽盆内，置首于前，以皮蒙盖其上，南向顺放于包锡大案上。肠脏修整后，亦贮于木槽盆内，以盛血木槽盆横放于盛肉木槽盆之前。"① 从"刀口向上"且"头骨向上"摆之的情景看，此时的牲猪是被仰面置于桌上的。这使人联想到满族传说中，候补萨满前往"他界"期间，其肉身躺在帐篷里昏睡数日的情景。如前述雅库特萨满躺在帐篷里毫无知觉，几无生气，达三日至九日之久。从猪尾上割下一小段置于供桌上，恐象征该猪并不完整，或在表明猪身的大部分已经到达该场地，但尚余部分身体还未来到此处。这一做法显示该猪依然身在途中，或可理解为该猪尚不完整，仍需超自然力量将其补齐。将猪身上一小部分组织置于供桌上，即在等候神灵的最后添补。于是，这里便表现出一种矛盾行为：明知已将猪身的部分组织放进锅里，但仍将猪尾的一部分切下后置于供桌上，以此象征猪身的不完全。

将肉煮熟时，成块肉用刀片之，肠、肚、碎油等物放于菜墩上剁碎，放于锅内煮一小时。二人抬一方盘，上放瓷盆两个，用笊篱先捞三下，置于东头盆内，次捞三下，置于西头盆内，将锅内剁碎之肉捞尽，两盆分盛

---

① 刘厚生：《清代宫廷萨满祭祀研究》，吉林文史出版社，1992，第 309 页。

之。各盆放筷子一双，再将大梁骨、三根肋条，放于东头盆内，骨梢均向北。将梭子骨肉剔净，放于供桌上。其屋内煮饭之时，有先有后，先捞一大碗，放于东头，次捞一大碗，放于西头，各碗放小木匙一个。末后，将达哈拉扣于西头盆上，各肉盆浇三勺汤，均供献于桌上。

煮熟的猪肉被加工成片状，肠肚及碎油等部件被剁碎后在锅里熬烂，这与宫廷里的做法一致："司俎等向东列坐于木盘后，以熟肉细切为丝，先取精肉颈骨，供于高案西边所放银碟内，胆贮于东边所设银碟内，细丝小肉成后盛小肉丝二碗，各置箸一双、稗米饭二碗，各置匙一枚，从东向西，饭肉相间以供。"① 二者都强调肉食的"碎"。在眼前所构建的超自然空间里，牺牲动物被"碎尸万段"。如前提及，在"他界"里，只有经过这样的处置，牺牲动物才能得到新生，候补萨满才能成为正式的萨满，或得到治病救人的能力。两个瓷盆放在方盘上，似在彰显前来领牲的"神灵"由东、西两个方位降临。在阿尔泰语系各民族的萨满信仰中，除最高的神灵"长生天"（蒙古语 mongke tengri）之外，还有由此派生出的种种次级的"天"共计99个。其中，位居东方的天为黑色的天，亦即恶天，计44个，与此相对，位居西方的天则为白色的天，亦为善天，计55个。② 用笊篱先捞三下，并将其置于东头的盆内，此"三下"无疑在显示多次。置于东头的盆内，恐在表明位居东方的"神灵"被优先犒劳，位居西方的"神灵"则在其次。接下来的程序亦遵照同样的原则进行，先东而后西，且在两个方位供品的数量上亦显出厚薄来：东方以三根肋条及大梁骨，西方则仅以达哈拉祭献。显然，在祭祀人的心目中，居于东方的"神灵"为上。当然，除去东方及西方的"神灵"之外，另有位于南方的"神灵"。实际上这在前面的程序中已有展示，并且位于南方的"神灵"当为最高

---

① 刘厚生：《清代宫廷萨满祭祀研究》，吉林文史出版社，1992，第309页。

② 道尔吉·班札罗夫：《黑教或称蒙古人的萨满教》，乌云毕力格编译，内蒙古文化出版社，2013。

神，而居于东方和西方的"神灵"则仅为各种次级的职能神。[①] 于是，从其性质上看，本环节的程序所关注者主要为"最高神"以外的其他各方"神灵"，因而该节仪式亦可算为一个过渡性的程序。

祭品摆齐，主祭人率领行叩首礼，毕，仍将小碟米撮三撮扬之，将第三盅水扬出，毕，再将杨木杆拿来。此等方法，情因昔年各族院心均有影壁，前设一松木杆，上有锡拉碗，敬盛诸物之用，今砍一杨木杆，系从权办理，以做致祭之用品。遂将猪尾梢，扫小碟米于草把上。一切零物，撮三撮肉，三匙饭，亦放于草把上绑好；次将梭子骨，宽面向下，套于杨木杆上，将此杆暂绑于高桌腿上而立之，等候送骨头之时，一并送之也。

祭品被摆齐之后，意味着主要程序将正式展开。仪式仍以主祭人率领族众行叩首礼、扬洒米及水开始。[②] 此仪式亦可视为对各种"神灵"禽兽的犒劳，如在传说"尼山萨满"里，尼山萨满前往阴间索回富人家儿子的灵魂时，携带大酱作为赏物。[③] 该礼节此时之所以要重复进行，同样是因为祭祀场景及祭祀对象已经发生改变。祭祀场地乍看虽未变换，但从杨木杆被拿来的情景看，此时的空间范围实际上已经产生变化。至于杆子的木质，从前虽为松木杆，而当前为杨木杆，但作为杆子，其性质并未发生改变。将猪尾梢扫小碟米于草把上，此前的备品便派上用场——一件象征性器具或牺牲动物身上的一个部件，总会发挥出不止一种的功能，或者说会尽量发挥出更多的功能。除猪尾梢外，其他碎肉及饭食均被放在草把中。

---

① 该至上神无所不能，且常以唯一神的身份出现，为宇宙的主人。然而，其神显天空的性质为清晰而古老的。即如"原始人"的"天神"，该至上神与其他较低神灵及灵魂一道，支配北方民族的宗教生活。在祈祷灵魂无效的时候，人们有时便去祈祷至上神，并且在祭献的时候，常以动物的头和长骨向其供奉（Mircea Eliade，"Patterns in Comparative Religion"，*The American Catholic Sociological Review*，vol. 19，no. 2，1958）。

② 在宫廷祭典中，司俎满洲捧米碟洒米一次，祷祝祭天后，又洒米二次。

③ 荆文礼、富育光：《尼山萨满传》，吉林人民出版社，2007，第388页。

三撮肉与三匙饭之"三"，无疑意味着多。将梭子骨套在杨木杆上[①]，其宽面朝向下方，显示牺牲动物的头朝外且向上。这一做法使人联想到阿尔泰人在祭祀时将牲物穿在杆子上的情景。不过，此处的该杨木杆要在仪式结束后连同猪骨头一起送出去，显示了从杆木的临时性特征中产生的文化变迁。

祭毕，先将锅内汤取出，下留两瓢，将东盆肉、东盆饭放于锅内，加上佐料，众人食用；如若剩饭，送与外人吃，不准拿入屋内。端西头肉盆先行，拿饭碗人随后行之；用二人抬汤盆到屋，放在正房西炕西北角。西炕放一方盘片肉，其猪首、猪皮及蹄在外烤好，随肉拿至屋中煮熟，将骨头剔净，候众人吃毕，名曰送骨头。先将炕、地扫净，猪肉锅刷净，一人拿杨木杆，并门上草把，送于江河边或野外均可。唯有骨头，抛在影壁后，刷锅水及所有尘秽，弃于门外可也。

祭典的程序进入收尾的环节。所谓"祭毕"，是指祭拜行为结束，与"神灵"间的交流实际上并未结束。东头盆里的肉和饭须在众人之间分食。如前所述，这些肉和饭当为供献给位居东方的"神灵"（天）的，可以以此与族人共享。而西头盆里的肉和饭则另作他用，将供奉给位于西方的"神灵"。可以此推知，在族人的心目里，西方的"神灵"当为其"祖灵"，这些"祖灵"居于西方日落的地方。当然，首先供奉西方，亦可理解为在用未曾动用过的食物供献祖宗。猪首、猪皮及猪蹄等，则经燎毛后置于屋里的锅中煮熟。[②] 在游牧民的祭祀中，这些部件也以同样的方法处理，这进一步证明，瓜尔佳氏祭典中的牲猪其原型即为游牧民祭祀仪式中的羊或山羊。将骨头上的肉剔除干净，一方面与其日常饮食习惯中的禁忌

---

　　① 在宫廷祭典中，司俎、司俎官等将颈骨穿在神杆之端，将胆及精肉并所洒米置于神杆之斗内。神杆立起后，将净纸夹在倚柱与神杆之间，再将东首所供之小肉饭撤入坤宁宫内。
　　② 一如宫廷祭神之仪，所余生肉及木槽盆、高案、高丽纸等器具全部搬入坤宁宫内。头、蹄燎毛后连同血肠在大锅内煮熟。煮熟的猪肉盛在盘内，置于原处，亦不准出户，大臣及侍卫等人入内进食。

相关，另一方面也涉及游牧民及狩猎民在祭祀活动中的禁忌。从日常饮食的角度看，浪费食物自然是一种禁忌，而从信仰的角度看，则与人同"动物之主"之间良好关系的建立有关。依据渔猎民或游牧民与"动物之主"之间所建立的互惠关系，人们只有谨小慎微地对待动物，才能使其在被食用后，于"主人"处重新长肉后回到人间。因此，无论是渔猎民还是游牧民，都会刻意保持动物骨头的完整与干净。而骨头之所以被搁置在影壁处，当缘于该处空间与"动物之主"最为接近，因为通往"他界"的通道正位于该处的杆木上。接下来扫炕、扫地及刷锅的行为，均在强调对牺牲动物的敬重，以图牺牲动物的"灵魂"能够在其"主人"处转达人类的善意。杨木杆子，如前提及，原本为永久性竖立的松木杆子，然而由于环境变迁导致祭祀方式改变，故祭祀活动结束后有将其毁弃的必要。大门上的草把，原本为祭祀举办前用以昭示他人的标志，此时自然被认为已经有来历不明的超自然存在附着于其中，因而在活动结束时同样需要予以废弃。在查玛舞会上，人们事先亦会准备一个意为"象征、征兆"的草把"吡日"。在查玛跳神的过程中，该草把一直竖立在会场的边上，等到跳神结束的时候，就会被一把火烧掉，以被除集聚于其中的晦气。瓜尔佳氏祭典及该查玛舞会的草把处理方式当出于相同的思维模式。

第二节　立杆祭的由来

如前所述，定宜庄先生指出，满族的立杆祭祀是在满族作为一个新的民族体形成以后的产物，而其源头则是乌苏里江以东和黑龙江下游一带的"伊撒满洲"的树祭。实际上，树祭这种仪式广泛存在于北方民族的生活传统中，都是对于某种标志物倾注特别感情的行为，而这种标志物打破了均质的空间。从对纳音瓜尔佳氏立杆祭的详细解读来看，该祭祀活动当源于游牧民类似的祭祀活动。其中可能包括对于大树、天神的悬杆祭祀，以及对于敖包等堆石的祭典。类似的祭祀活动在中国的古籍里多有提及，其祭祀模式当在北方民族间相通。依据这种祭祀模式，各民族从其所处生态环境条件及生计活动方式出发，各自选择不同种类的物质材料，构建各具特色的祭祀仪式。纳音瓜尔佳氏的立杆祭"院心祭神"，即是在萨满遍历"他界"的框架内添加适应于该氏族生计活动内容的基础上形成的。通过祭祀场景的设立及牲猪的宰杀摆设等一系列程序，立杆祭祀使原本不可视的萨满旅程，变成具可视性及可操作性的仪式，以满足族人构建愿景的需求。

总之，立杆祭祀仪式，是满族春秋大祭系列活动中重要的一环。就其所祭神灵及缘起等问题，目前有几种不同的观点存在，并且这些观点均未得到充分的展开。通过对纳音瓜尔佳氏杆祭仪式的详细解读，笔者断定其与北方游牧民族的类似祭祀相关。立杆祭将游牧民族祭天的内容纳入其中，并以牲猪祭祀的方式将其可视化及可操作化，从而使这一原本带有巫术性质的祖宗观念转变为一种宗教性质的信仰。

第八章

四季屯满族的"安巴窝陈"及"掘室祭"

所有高层次的问题都能化归为更低层次的问题，对整体的解释通常都要依赖于对其各部分的考察。无论涉及的现象多么复杂，都可以根据更基本的规则来建模，从而确立关于自然界的精确模式，发现简单而根本的规律。

　　萨满的宇宙观虽然是以整体性为基础的，然而萨满并非一直停留在整体论上，而是会通过各组分的性质及其相互关系，推导出高层次的性质与发生机制。不仅如此，萨满还可以根据组分的特征，对在高层次上"涌现"出来的性质加以预测。当然，由于事物的系统存在非线性的复杂性，因而这种预测的结果往往是不确定的，从而导致假象的产生。这种假象于是就被萨满归结为某种隐喻式的力量的操控结果。萨满当然知晓从香火中迸出的火星就是火星，也知道事物的每一层次都有其自身的作用规律，然而萨满要解读的并不是各个层次出现的这些问题，而是要通过眼前的火星，预测事物的这一层次与更高层次之间的联系。在萨满看来，这种联系是由神秘的力量所制约的，而此神秘的力量就是"宇宙正义"，是在变化着的宇宙万物的背后，发挥支配作用的第一原因；宇宙万物由此产生，亦复归于此，它具有必然性，并且按照时间的程序，人们为其不正义而受到审判与惩罚。萨满祭祀仪式就是这种"宇宙正义"的预测模式。

然而，在这种"宇宙正义"面前，人们又不是完全束手无策的。由于这种神秘力量的运行存在一种内部的逻辑，比如只要行善，人们即可改变自身的命运，因而从某种程度上改变这种规律是可能的，于是，萨满便可以在这里发挥自己的功能，这也就是萨满实践的意义。本章即试图通过分析 1942 年 6 月黑龙江省孙吴县四季屯的一次萨满祛病仪式，对萨满及普通族人是如何认识外界事物进而对其加以操控的进行解读。本次跳神活动于 1957 年由富希陆口述，由富育光整理完成，后以"黑龙江四季屯满洲张姓萨满祭祀纪实"为题，收入《满族萨满文化遗存调查》①中。富希陆曾经受过学校教育，在村中担任教员，1942 年张家举办仪式的时候，因而被指定为仪式的记录人，参与了该次祭祀活动的整个过程，对各个细节铭记在心，故此，该记录的信凭度很高。

第一节　张姓家族及其"安巴窝陈"

这一年，该屯的张保长请来本族的三个大萨满跳神（加上本村的，一共四个萨满），为其老母亲治病。为此治病跳神活动，张家准备了一头牛、三只羊、三头猪，有全氏族人参加，遂成为该屯的"大喜事"。本次大型活动由连元先生做总祭司，负责操办活动的一切杂务。按照该地满族人的习俗，这类家祭由家主、萨满、祭司共同操办，家主为当事人，出资出物，萨满负责祭礼要务，祭司则掌管祭礼祭程，安排迎来送往等事项。

四季屯，满语为"托阿朝胡鲁"（tuwa cohoro，意为火红的马），其居民大都为康熙二十一年（1682 年）时由清廷从宁古塔、吉林、盛京等地满洲八旗抽调驻防瑷珲（现黑龙江省黑河市爱辉区）兵丁的后裔，原属于官屯。这些兵丁及其眷属沿江筑土屋而居。这里土质肥沃，宜于农耕，江中鱼虾丰富，适合渔捞，周边的小兴安岭中各种野生动物生息，又可从事狩

---

① 富育光、赵志忠：《满族萨满文化遗存调查》，民族出版社，2010，第 133～152 页。本章所引用四季屯萨满祭祀资料，除特殊标注者外，均出自该处。

猎，是个适合各种生计活动的地方。1942 年，四季屯全村有二百余户人家，绝大多数为满族。满族大户以关、富、吴、张、何、闫姓为主。除满族以外，也杂有为数不多的汉族，据称多为民国以后自关内，特别是山东省陆续迁移而来的。因以满族为主，故该屯素称"满族屯"，又因满族老少均操满语，故满族习俗保留尤显突出。

此外，清光绪庚子年（1900 年）之前，屯中不少老户曾经生活在黑龙江以东地区，即历史上的"江东六十四屯"。实际上，他们也都是清康熙年间戍边来到瑷珲时住在江东的。据传，江东的土地更为广阔，建有不少"地窨子"，即半地下的土屋，那里渔猎丰盈，有大片农田，即使"不上粪，粮产都超过万石"。这些传闻表现出族人对于旧地的怀恋之情。1900年，沙皇俄国对江东六十四屯的居民进行疯狂屠杀，制造了惊世惨案，致使百姓死伤过半，幸存者在黑龙江西岸、南岸重新建屋生产生活，遂形成后来沿江诸村屯的人口格局。

由于本地满族远离中原，且有部分江东人的加入，旧有的传统就多有保留，再加上自然资源丰富，因而"家家生活殷实，尚礼让，注重弘扬祖风古制，年年逢年遇节互相来往，亲若弟兄，杀牲竞歌赛舞，常常欢声不绝，直到几日通宵不休"。并且各姓望族皆有族谱，按天干龙虎年阖族隆重祭谱、续谱、修谱，各姓氏皆有传承萨满，于是跳神祭祀之风便长久不衰。

张姓家族，满语为扎库塔哈拉（jakūta hala），属满族镶蓝旗洪固尔牛录，世居黑龙江北岸，清初归附努尔哈赤。有关归附过程，其家谱中有如下记载：

天命年的初冬，努尔哈赤身边的大将扈尔汉率兵进抵萨哈连。正值初冬，江还未完全冻住，可是女真建州兵到达江边，扈尔汉正着急怎么可以过江，谁知江上突然流下无数冰排，互相发出隆隆的响声，瞬间冰排就连成白茫茫的一片，大军在新结成的冰面上，披着天降的鹅毛大雪，迅猛地在冰上跳着，从一块冰又窜到另一块冰，全军飞快地渡过了黑龙江，攻占了对岸的部落。在对岸的众部落中，有张佳氏萨克达部族人①，认为是神兵到了，就都归随了老罕王爷的扈尔汉大军。

从张氏家族的这一段传奇历史中，可以看出其顺从天意的特性。他们认为归顺努尔哈赤是顺从宇宙正义的行动，同时，他们以这种具传奇色彩的历史，将本氏族的过去构建起来。在他们的心目中，历史事件可以以这种神秘力量作为后盾，用这种特殊的逻辑关系串联起来。据该族长辈回忆，该氏族曾参加过清初统一黑龙江各部的战斗，顺治、康熙年间亦参加过抗击俄国的大小战斗，曾隶属黑龙江将军萨布素统领，其中几村还曾随萨布素西征，立下战功，并且，族中众多长辈在瑷珲副都统衙门和墨尔根（现嫩江市）、齐齐哈尔等地充任武职，最高职位为统军参领、佐领，得过黄马褂、功牌，因"阖族忠勇，诚敬勤敏"，曾多次受朝廷褒奖。而全族祭祀活动之所以百年不断，成为一大惯例和盛事，想必就与该族时常举办庆贺性祭奠活动有关。

本次祭祀活动的举办，起因于张氏家族威望笃重的家主之母生病。其病情致人人系念，上下人等因而都期盼举办祭祀，以便全族同心协力，祭祖上荫德，祈神灵保佑，使老太太早日得以康复。族众人等愿有人出人，有钱出钱，不惮苦累，唯听总穆昆达与萨满调遣。② 可以看出，举办这类大型祭奠时，可能事先都会征求总穆昆达及萨满（即世俗及宗教领袖）的意见。因而，张家老人的病情实质上已经成为整个氏族的危机事件。

---

① 萨克达世居萨克达地方即辽宁抚顺，估计因驻防等原因移居江东。此处将张佳氏归为萨克达部族，似有些混乱。史禄国：《满族的社会组织——满族氏族组织研究》，高丙中译，商务印书馆，1997，第36～37页；辽宁省图书馆古籍部：《八旗满洲氏族通谱（影印本）》卷35，辽沈书社，1989，第433页。

② 张姓家族分布于上江上马场，下江哈达彦、吴家堡、曾家堡一带，此外如奇克、乌云等地皆有其家族成员，北安一带也有零散族人。据称，每逢祭期，这些族众闻讯必到。

一、四季屯的神灵结构及祭祀概况

四季屯满族诸姓，其萨满祭礼据称各有特点。其中张姓家族在本村较为特殊，除有满族一般人家所有的家祭外，还有所谓大神祭礼，其所祭祀的神灵名称繁多，有虎神、熊神、水獭神、金钱豹神、鹰神、雕神、狼神，以及祖先神、瞒爷神（满语 manni，即英雄神）等神祇。可以看出，以上神灵所比附的各种动物，均为居于食物链顶端的动物。而这些动物大致又在黑龙江流域才能重叠，因而也可看出这些动物与张家世代生活区域之间的联系。而如富察氏、瓜尔佳氏等家族，主要举行常例的家祭，崇奉祖先神和佛多妈妈等，并有祭星和祭天的活动，而没有繁杂的大神与野神祭礼。可见前者着重于最高层次，即第一二层级神灵的祭祀，而对基层的神灵却不太关注。四季屯所祭祀神灵之所以各家有别，似乎正是因为其祖先来源不同——有些家族是从江东而来，故受到北方通古斯的影响。这些基层的神灵构成黑河地区满族神灵体系的各个基本组分，而对高层次的神灵后者似乎不太看重，这恐怕是江东原初部族神灵体系的显著特征。动植物各界都由具代表性的动物作为其神灵的特征。神灵的整体性特征被还原为这些动物的具体的特征，人们再由这些基础的特征去求索整体的特征，并预知整体的变化趋势。

四季屯绝大多数祭祀活动是各姓氏举办的各类萨满祭祀活动，其最为显著的特征表现在举办前对具体日期的确定上。这些祭祀仪式的举办日期大都不是固定的，而是临时通过占卜确定的。萨满祭祀虽有在庄稼上场、五谷丰收之后举办的，但多数集中在岁末年初举行。冬至之后，在操办过年之时，通常先要举行祭祀活动。而具体日子的选定，则须先看个"良辰吉日"，选"上等谷子"碾米——如前所述，只有"上等谷子"才能集中体现粮食的特征。此外，还要挑选上好的阉过的黑毛猪数口，以及黑色肥牛、白色肥羊等。彼时生计活动中需要使用耕牛，牛被大量饲养，因而有选择牛的毛色的余地。至于仪式上的牺牲，除去牛肉的消费以外，似乎主要用于以牛肠设置场景上。"白色肥羊"则与蒙古族祭祀通常所要求的黑头羊略有不同，实际上这种要求等于无特殊要求，因为绵羊大都为白色的。这种无要求，当出于在本仪式上羊主要用来酬谢萨满的缘故。或者也可挖掘其中的意义，理解为取其纯色，以此代表该种家畜的普遍特征。除谷物及牲物之外，家主还需"检查和修补一应祭用器皿及鼓、扎板等等"。这些活动并无特殊的意义。

　　与自家常设祭台以祭奠各种精灵、神灵不同，萨满祭祀活动自然都由萨满主持。因而据称，各姓萨满在祭祀时节都最为忙碌，除主持仪式之外，很多准备事项亦须由萨满亲自安排和确定。由于各屯间同姓都要举行祭祀，同姓萨满就更忙碌，需要事先排定祭祀日期。看来，祭祀日期虽以看"良辰吉日"来确定，但人为商定的余地很大，因而这种有关与超自然存在进行交流进而操纵"神灵"改变宇宙秩序的事情，给人们留有相当大的操作空间。至于报酬，据称为本姓族祭时，本姓萨满完全没有酬劳，仅在祭礼结束后得到祭祀的猪头而已。不过严格说来，猪头也算是一种酬劳。因为猪头似乎带有一种象征性酬劳的意味。如在狩猎民中间，猎物的头部往往会被分给击中猎物的猎手，以示奖励。再者，据说本地也有富户送几石粮食给萨满以表示感谢的，因而从整体上说，也不能说是完全无偿的，只是这种酬劳没有定规而已。在举办祭祀活动期间，据称屯与屯之间来往都十分频繁，每日萨满祭祀的锣鼓声此起彼伏，夜传数十里，相互呼应，堪称一个不夜的季节。从财富再分配的角度看，这些活动是对冬季食物的大量集中消费；而从增加族群凝聚力的角度看，这些活动又可联络族内、族外，乃至村屯之间的感情。总之，该地祭祀日期虽然是通过占卜来确定的，但显然存在人为安排的余地。因而，这种具或然性的占卜可以与某种既定的目的相适应，既可遵从"神灵"的意志，又在某种程度上以人的意志为转移。于是，一年里积累的系统的混乱，便可由这种常规的祭祀活动去消除。这似乎是其显著的特色。

　　据称，平时张氏家族始终不曾改变在江东时的老规矩，凡事必请萨满跳神断事。并且，凡由萨满断定的事，必定会一一付诸实施，他们认为不如此，祖神会怪罪下来，家中必生祸端。占卜在张氏家族之所以占据十分重要的地位，构成其日常生活的主要部分，想必是因为他们需要依靠占卜来构建当下和未来。而其过去，则似乎由回顾祖先历史的方式完成构建。当然，在他们看来，占卜也是历史轨迹的延续，因而可以说，他们的占卜并非完全建立在臆想的基础之上。以此方式，他们一方面从整体上把握世界，另一方面，又通过各种基础征兆，判断整体的特征，预示整体的走势，从而避免违背"宇宙正义"的演进方向。

二、张家老人本次病因认定的经纬

驱邪的萨满祭礼，据说民国初年张姓家族曾经举行过一次，从那以后已经有三十多年不曾举办。本次张氏家族之所以举办大型祭祀仪式，是因为家主年过七旬的母亲突染重病，已卧床五个多月，日渐沉重。据说她原先还能认人说话，状况虽然时好时坏，却还能下地走动，然而最近一段时间，不仅不能走动，还天天昏迷不醒，茶饭不进，有时夜半忽然大喊大叫，听不清说些什么，且怒目横眉，指责痛骂，即使是作为儿子的家主，亦无法理解其所表达的意思。家主焦急，天天跪在母亲身边哀求，亦不见母亲病情好转，如是已经连续三月有余。

从现代医学的角度判断，张家老人所患之病当为阿尔茨海默病。该病通常无明显病痛症状，即使现代医学亦无有效治疗手段，在当时的族人看来只能由萨满去治疗。史禄国认为，神经不正常和心理不正常在满－通古斯人部落中是司空见惯的现象，这种现象时涨时消，在其蔓延的时候，氏族的正常生活就会被打断。[1] 张家出现的这种现象，应当与满－通古斯人部落的情形相仿，在族人看来，该病由张家老人引发后，极有可能蔓延到整个村屯乃至整个氏族，必须予以制止。

---

① 史禄国：《满族的社会组织——满族氏族组织研究》，高丙中译，商务印书馆，1997，第189 页。

当然，当疾病尚处在萌芽阶段时，他们也会请医生去救治，"家主不是没请过医生，但都没治好"。他们之所以选择医学治疗，可能因为他们认为疾病仅在浅层次上导致人体的混乱，可以用拔罐、喝药等手段予以解决。然而，当在人体基础层次上无法使其发生转变的时候，他们就会怀疑疾病的成因在更高层次上，进而"多次摆供上香、杀鸡请萨满给看病因"。杀鸡为占卜的手段之一。仅以杀鸡占卜，概因其以为由此即可预测该层次的规律。接下来虽选择让萨满治疗，但仍采取一对一的方式进行，将治病时扰动的范围尽量局限在家庭内部。因而可认为，该治疗仍然属于普通的治病过程，只是施加治疗者为萨满而已。然而，张家本次却在施行这样的治疗后仍然没能见效，于是，"上月选了一个吉日"，将张姓家族现有的四个萨满（一个在本屯，三个都在外屯，最远的两位在上马场）悉数请来，准备举办大型的治疗活动。

　　首先，在他们看来，治病的效果与日期存在某种对应关系，即"宇宙正义"的实现与时日存在某种关联，并且其效果就存在某种起伏。其次，由于经过小规模的治疗不见好转，没能扭转混乱局面，于是需要在社会系统中输入更大的能量，从高层次上对其整体的走向加以改变，因而需要举办大型活动。同时，从另一个角度也可看出，他们预感到自己的社会系统已经产生比较大的混乱，所以需要从根本上加以平息。在此大型活动举办之前的试探性确认过程中，他们首先杀猪四口，跳神问卜，一共持续三天，由萨满请来本家族最有名望的古老祖神"西里玛沃"① 问事。最终，西里玛沃降神后传谕说："有'庙西罕苏克顿'② 在作祟，邪气很重，必要办'安巴窝陈'③（大祭）才可以驱邪为安，母病方可治愈。"跳神问卜持续三天，说明事关重大，须再三斟酌；由于持续数日，活动范围会扩大至整个氏族及周围村落，必须有充分的时间准备各种物品。"邪气很重"，当

────────────

　　① 西里玛沃（sirin maokala）指铜的倒献雕。倒献雕是一种猛禽，似鹰而比雕大，身略细，生活在深林中。
　　② 庙西罕苏克顿（miosi honsukdun），指邪气。
　　③ 安巴窝陈（amba wecen），指大祭。

事人已经确认，族人所处的社会在高层次结构上发生混乱。请家族有名望的祖神西里玛沃出面，是因为整体的更大组分是由高级"神灵"所掌握的，必须要在适当的高度上才能识别其混乱所在。从认识论的角度看，他们认为事物更大部分组分或更高层次的性质，是由能够代表该层次的象征符号体现出来的。

本次的"安巴窝陈"是由下述几位张姓萨满主持的：

张福，75岁，男，七岁时因病许而成为萨满，多次为本姓家族跳神出马，在本姓中颇有声望。

张庆刚，69岁，男，也是小时许的萨满，多次为本族治病跳神。

张玉祥，68岁，男，小时抓的萨满，嗓音好。不单在本家族常被请去跳神，也常和伙计们为外姓跳神看病。

张振玉，55岁，男，家主本家伯兄系亲戚，小时许的萨满，常与张福等人在一起合作跳神出马。

从以上四位萨满的经历看，他们都是在幼时被"抓萨满"后成为萨满的，即得病时许愿痊愈后当萨满。同时由此可以看出，该地区大都将儿童的疾病归因于超自然存在的作祟。从本次为张老太太治病的阵容看，张福担当主祭大萨满，驱邪跳神，张庆刚为二大萨满，当张福疲倦时由张庆刚出马，因而张庆刚也算是主祭萨满；张玉祥、张振玉二人则为"帮兵萨满"，所谓"二大神"，亦即助手萨满。除此之外还有数位"栽力"（满语jari，众助神人），均为初学小萨满。由此可以看出来，萨满的排序主要以年龄为依据，年长者被认为与超自然存在交流的经验更丰富。

三、"安巴窝陈"的准备

"安巴窝陈"正式开始之前需要以占卜的方式试探"神灵"的意旨。在主祭大萨满张福及家主的率领下，族人一众先到张家祖坟茔地察看风水，又往江边端详江水波浪，占卜凶吉，于江边设祭坛焚香跪叩。由于对岸张姓家族古老的祖坟地已为苏联领土，因而族人只能遥拜祝祷，祭告

"神灵"。能够看出来，在萨满眼里，任何线索都可能成为征兆，这些征兆均可与事物本身的性质发生关联。不过，各种征兆只能与事物特定的层次存在联系，如祖坟就仅与本族的事情有关，因而"祖灵"就只能左右一族的祸福吉凶。祖坟占卜后，夜半回舍，众人又详察张家住宅，房舍，仓房，菜地，后园山庙及猪、羊、鸡舍，焚香祈祷，贴萨满祭符四张，以示镇邪秽。显然，该组行为所针对的仅为宇宙最低层次的组分，镇符恐怕仅为防止"恶灵"藏身其中。

以上程序办妥之后，众人回舍设神堂，举行"报祭"，即告祭祖先"神灵"，张姓一族要举行驱邪跳神祭祀。首先杀野鸡三只，再杀家鸡三只，供上神案，请"神灵"降临，谕示需用牺牲名目。这里所谓的报祭，即与前述张家古老祖神西里玛沃进行交流，请其告知治病仪式所用的牲物。至于杀野鸡及家鸡各三只，究其原因，除酬劳神灵之外，恐主要在于其认为鸡特别是野鸡能够飞到"神灵"处所。此过程所涉及的各种"神灵"，是从低层次开始逐渐提高的，这与世俗的逻辑相同，即在与"神灵"交流的过程中，同样要遵守能量节俭的原则，知道付出的少，得到的就少，尽量追求在简单的互惠中宇宙正义即可得到伸张的效果。

据称，由于张家已经很久没有举办过"安巴窝陈"这种大型的祭祀活动，于是家主便请萨满在祭告祖神西里玛沃时，答应一切均按神意行事，虔诚做好一应准备，"要什么尽管提出，上等供品使神祇满意"，能看出来，其中带有补偿"欠债"的意思，同时欲将呈现为片断状态的家族的过去、现在与将来重新整合起来。然后，张福大萨满求神降体后传谕，需要准备以下各项物品：黑猪五头，黑牛一头，鳇鱼一条，北山獠牙野猪一头，黑水鳇鱼脊背上的长刺一根，及"塔斯哈达""琴扎""达严"（其意不明）。遵照萨满传下的神谕，张氏家族便分出三个小组，由管家率领张姓佣工，一伙去北山套野猪，一伙出江捕鱼，一伙挑选黑牛和黑猪。被选定祭用的猪，在猪耳或猪尾巴上会拴上一条红布，以示祭神之用，喂猪的人须朝夕看管，不能慢怠，更不能使其丢失，甚至连皮毛都不可损伤。这样，在张家全族的努力之下，各种用品很快便被备齐。

可以看出，以上这些祭祀所需牲物，分属家畜、野兽与鱼类，说明一族的生计活动主要围绕江岸展开，兼及渔猎及农业。黑猪、黑牛都是家畜，对其毛色就有提出特殊要求的余地。这种要求可能与他们对部分与整体之间的关联方式的认知存在联系，即只有这种黑色而非杂色的猪或牛，才能代表猪或牛的全体，也才能体现这些家畜的"本质"，或者如弗雷泽所说的，精心饲养一部分家畜，以之代表家畜全体①。其中的逻辑在于，只有典型的、理想的个体，才可以代表全体。同时，这也跟他们有关事物的外形与其本质之间的联系的观念有关，即只有纯粹的颜色，才能代表某种关联事物，否则仅能作为个例看待。②

张家正房西上屋原是家主夫妇住的房间，不过与传统格局稍有不同的是，只有西拐弯炕和南炕，而无北炕。该西上屋即充当本次萨满祭祀的祭堂。为能容纳更多前来祭祀的族人，西上屋已与中间灶房和中屋完全打通，变得十分宽敞。两屋中间原本是用一条条刷红漆的长条木板隔离开来的，凡有祭礼或重大活动，即可把隔板撤下来，使两屋相通，扩大面积。这种建筑结构，是满族人家房舍普遍采用的，称为"排插"。东侧还有一个屋，称东屋，供晚辈人居住。满族人家正房基本都是这种三间结构的模式，西屋、中屋、东屋三大间连成正房。③ 这种房屋构造便于灵活改变面积，尤其是举办祭祀仪式时利于扩展空间。这一点也从侧面说明，祭祀活动是当地人建造房屋时需要考虑在内的一个重要因素。

---

① J. G. 弗雷泽:《金枝——巫术与宗教之研究》，汪培基、徐育新、张泽石译，商务印书馆，2012，第831页。

② 满族祭祀用猪通常都要求黑色，当无黑色猪时一种变通的方法即用一根红布条拴在猪身上以代替，此法恐源于这里所述的做法，即用红布条将祭祀用猪与非祭祀用猪区别开来。

③ 在这种基本房舍格局下，为能更多容纳家人，如家主中有上一辈老夫妇，家主晚辈又有了儿子和儿媳及孙儿孙女们，有时也不都另住院中的东西厢房，而将更亲近的家人安置在正房之间，另辟设西暖阁、中暖阁、东暖阁三房间。凡如此结构的建筑，房舍要比一般房舍更加宽大，这样的房舍，也是满族人家自古以来最普通的房屋格式。这种房屋素称"前廊后厦"，更加气派有制。张氏家族的房舍，西上屋就与西暖阁连体的格式，房屋更加宽大、西上屋设立神堂，西暖阁里正卧着重病在身已有年余的家主之老母，有家主主妇和几个老妇在守护着。西上屋与西暖阁，实际上炕都连在一起，西暖阁有西拐弯炕与东面的东炕，上由雕着花窗的红漆隔板相隔，地下安有雕花鸟的木门，非常美观别致，门上还有彩穗门帘相隔。这里一般都是最高长辈居住之所。

祭堂按"安巴窝陈"的要求重新布置，凸显其庄严肃穆的气氛。西上屋里，西炕上用两根榆木雕成的立杆以红丝线拴在一起，它象征圣俗之间的界线。上面苫着黄色绸缎，在黄绸缎上搭着七条上面折叠好的象征祖先神的长条形红、蓝、黄三色祖神影像。从其颜色看，最先当与彩虹有关，彩虹被视为前往"祖先"处的桥梁，然后成为"祖灵"的象征。这些"祖灵"显示在宇宙整体中由祖先"灵魂"掌控氏族社会的组分。影像前面摆着三张地桌，即为此岸的象征，中间地桌上摆着棕色的神匣三枚，当代表土地的颜色，哈玛刀一枚，大蜡台两座，燃烧着安其香的木刻香炉五个，前面摆着斟满白酒的小酒盅九枚，两侧放着大锡酒壶、装酒的皮酒葫芦。西炕上摆放鹿皮抓鼓九面和带皮穗的皮鞭九根。

由张福大萨满亲手编织了谷草把子（满语 targa），外面缠有红布，下边有红布条彩穗。家主将其悬挂在院外大门横梁的中央。该谷草把子无疑是在农业生计中才会有的象征物，在渔猎生计中会为其他材质的象征物；红布及红布条彩穗则兼具醒目与"镇压"的功能。此谷草把子可用来昭示村里众人，从即日起张氏家族举行萨满祭礼。据记录，凡有祭事，满族各户通常会悬挂此物，昭示族众。想必，族众间举办如此大典，族人都有参加的义务，自当事先一一登门通知，不会用这种不确定的方法告知族人。因而，悬挂谷草把子当主要用来昭示外族人等，家主以此方式委婉请其前来参与，顺便明示该当主动遵守禁忌——凡族人参祭，外姓人士前来致贺者，进院时必不可戴狗皮帽子，孕妇、丧家则不可入院。据记录，外姓满族人家知道本屯有人家举行祭祀时，通常都要前去送礼祝贺。一般关系者送几子香即可，血缘关系稍近一些的，也有送三元、五元乃至十元以上的。凡来送礼的人，主人都要挽留，以饭菜款待，以表答谢。因而看来，这实际上与举办红白酒筵时的做法相近，而从不仅要求本族人悉数参祭，且外姓人在道义上亦有前往致贺的义务看，祭祀活动实际上已经超出家族的范畴，变成全村乃至包括周边村屯的一地的事情。

"安巴窝陈"开始前，所有参祭的族众按辈分分配占据的空间。长辈男女坐在西上屋的西炕上，晚辈均站在已经打开的中间屋地上，面向神堂躬身而立。这种坐在西炕上参祭的做法在其他氏族祭仪上极少见到，或为满族先人原初的做法，或相反，也有可能为新近的做法。不过，从该氏族来自江东，且声称严格遵守传统的情况看，这种做法极有可能原本即存在。无论如何，这种座次的分配方法无疑显示，他们要将亲属的层次构造与宇宙的层次结构统一起来。站立的族众中间要留出一条通往正房中门的通道，便于萨满频繁进出迎送"神灵"、祭拜星宿、叩拜院中已经装有大子香的升斗。这里所涉及的星宿与升斗，都是最高级别神灵及其象征，代表宇宙结构的整体；所迎送的"神灵"，恐多为萨满可以操控的"神灵"，属于整体的各个组分。升斗前要求有家人守护，随时点香，使香火不断，一直点到祭礼全部结束为止——以此保证祭祀活动中时间与空间的连续性。当然，从现实的逻辑出发，这也是为了防止有牛、马、鸡、猪来碰翻升斗，以及为了防范火灾。

祭堂的地上在左右两边摆着两张座椅，椅前有两面大抬鼓，吊在鼓架子上。有两位助神人做鼓师，他们与主祭大萨满张福非常熟悉，是张福的两位本家弟兄，一个叫张银财，一个叫张金财，都有六十八九岁，二人也是"栽力"，通晓全部祭礼，参加过多次张姓祭祀活动，因此他们两人敲抬鼓非常拿手。抬鼓，满语称"通肯"（tungken，双面蒙皮的大鼓），被视为"祭祀的总号令，最有权威，最有气势，最有震撼肺腑之力"。与萨满可骑着上天入地的单面鼓不同，其作用应当主要在发出声响上。据称，负责敲抬鼓的鼓师对每天的每段祭礼乃至每个细节都要事先与张福合议后，完全铭记在心，以使仪式有条不紊，不能有半点马虎、遗忘。这是因为主祭萨满要主持祭礼，既忙又乱，也太累，常容易弄错程式或遗忘细节，所以兄弟二人就以"调词人"的身份，负责给主祭萨满提醒祭事细节。而其所用的信号即是鼓声，并以此引导仪式的进程，"主祭萨满们只要仔细聆听好抬鼓的鼓点，声音轻重缓急，便可以井然有序地依次进行，从不紊乱，有张有弛，热烈如炽"——仿佛在交响乐队中，用鼓声统括全局，配合指挥（萨满）将呈现为片段的乐章（仪式）连接起来，使其成为一个整体。与乐队不同的是，在仪式上，萨满同时也是"演员"，甚至有时还会进入出神状态，所以需要"清醒"的人充当指挥。

除神鼓之外，在西屋神堂正面西侧的地上，还并排放着萨满随车带来的神器箱子。箱中装满萨满世代传袭下来的神服、神帽、神鼓、神鞭、神靴、神杖、鼻烟壶和神谕等——依靠这些道具，依照萨满的观念，他便可将宇宙分割开来，穿越其间，然后再将其重新拼接起来。

四、"安巴窝陈"的过程

"安巴窝陈"的头一日同样以占卜开始。夜晚等星斗出齐时，主祭萨满张福首先烧香，到院中升斗前叩拜，将三子高香合在一起点燃后插入升斗中。在院中经风一吹，香火燃起，"香烟像一条条白线直入天穹。张大萨满非常高兴"，他说，"每次祭祀都首看香火"。这次，由于"这香直拔高天，升得这么快，这么急，这么直，说明神灵多时未享烟火，现收到信儿啦，非常高兴，必会即请即到，万事顺意，一切吉祥，大喜啊，大喜！"于是，又让家主张村长再进室内取来三子高香，张福又合拢一起点燃。开头点的香早已快燃尽，只有一缕香火根还在燃烧，就又把这束香也插入升斗，"熊熊的香火烟直冲天空，香火迸发，出现数十数百个香火星点，闪耀着，迸发着，跳跃着，像欢乐的马群，飞驰天穹，还能听到噼噼啪啪的香火火星跳跃声。'这是千军万马来为张大萨满助阵的！'张大萨满连连笑着这样说"。——可以续香火，追求更多的火星，于是香火不仅作为一种占卜的手段（通过星火可以知晓"神灵"的意志）而存在，这些火星也变成一种超自然的力量。这样，象征物便转化为一种超自然的存在。

星斗则是满族最高的"神灵"，被认为代表宇宙整体。通过叩拜、烧香的行动与之沟通，便可表达对于宇宙正义的尊重与确信。同时，也可求助其改变一些基础层次事物的运行方式，以达到治病救人的目的。据其逻辑，各个层次事物的运行规律由各个层次的"神灵"所掌管，通过占卜，萨满便可知晓最高"神灵"及其下级"神灵"是否愿意协助改变这些秩序。而这些改变，实际上是要使"宇宙正义"重新得到伸张，并且回到自己应有的变化轨道上去。同时，这也反映族人对于正义一定会得到伸张的自信心，因为正义的恢复仅通过续香火的行为即可轻易得到印证。于是，萨满便通过自己的实践，使宇宙的规律得到维持或发生改变。

在张福萨满占卜的同时，张庆刚和张玉祥两位萨满在屋里将存放神服的木箱打开，开始在神堂前摆出萨满神服。摆神服，又称亮神威，"因为神服是神界的象征，凡神服一摆出，万邪惊遁，神武盖世"。按照规矩，摆神服一节族中任何人都不得插手，只有萨满才能动。同时，摆神服时，要由众栽力敲托离（满语 toli，神镜，即铜制的萨满道具），摇晃洪乌（满语 honggon，摇铃），击响通肯（满语 tongken，双面鼓），"以碎点连续音响，像群马奔跑的马蹄声音"。有时有的栽力还要边敲鼓边学"布谷""布谷"的叫声，"象征百鸟齐鸣，迎春报喜"。托离，被认为可用来阻挡不受欢迎的超自然力量；摇铃，被用来召唤神灵；双面鼓，被用来鼓舞战士前行。想来，神衣被认为只有穿在萨满的身上时，才能发挥其应有的功能，但实际上在穿上身之前，神服自身含有的某种力量即可显示其威力。因而，将神服从箱子里拿出来这一行动本身，便成为程序的一部分。通过这种亮神服的行为，萨满就可强势改变事物的规律，或者维持正义。严格说来，人的所有行动都可引起宇宙秩序在某种程度上发生改变，不过，萨满的行动主要集中在事物变化轨道的纠偏上，有时甚至可能需要在某种程度上违背应有的规律，以达到人们特定的目的。这便是萨满存在的意义。

在陈放神服时，一位萨满要大声宣讲："恩都力额德库团必！"（enduri etuku tuwambi，即亮神服）

首先，由张庆刚萨满用木杆支起一领神服，立于神堂左侧"丁"字神服支架上。有专门的支架存在，说明亮神服是必须有的程序。这一套神服，襟、衫、袖以牛皮制成，上面挂满铁环、铁链、铁钟、铁铃等，以及喇叭形的小型铁垂饰三十余件。由此看来，这些饰物重在弄出响声上，以引起交涉对象的关注，其中涵盖各种类型的超自然存在。此外，尚有大小铜鹰七只，天鹅三只，野鸭三只。其中有天鹅与野鸭，恐因看重其能够从空中钻入水里的本领。还有虎、豹、熊、狼、獾，以及鲸、鲶、勾辛鱼形铸铁雕塑物十余件，坠在下摆，围绕在神服衫的四周。这些动物的活动范围涵盖天空、陆地及水下三种空间，且均处在食物链的顶端，此处应取其勇猛的特质。该套神服是大萨满张福的个人藏品，神服颜色已经变成黑黄色，一部分的皮板已经出现洞孔，且上面的各种动物图案都已磨光，就此判断，其年代已经十分久远。该神服据称是萨满驱邪时所必穿的，全神服重二百四十余斤，十分沉重。在仪式进行的过程中，萨满需要在各种特定的场景中展开活动。这些场景只有萨满心里知晓，外人需通过其各种动作才能加以判断。然而，这些动作毕竟具有极大的模糊性，因而其真正所指仍然缺乏明确性。于是，萨满神服上的图案装饰便可起到直观地指示这种场景的作用，亮神服的程序便成为萨满演出舞台的场景搭建过程之一环。

其次，由张玉祥萨满用木杆支起另一套神服，立于神堂右侧的"丁"字支架之上。在这套布绣的所谓"穹宇神服"上，有绣出的百卉百鸟，以及蜥、蛙、蝶、水獭等图案。神服也已变成黑黄色，不少地方已经磨出裂毛，花线已经折断，有不少小花饰已经看不真切。据记录，此神服图案象征土地山川，在请神、排神、卜问病情灾异时，必穿该套神服。显然，该神服基于万物均可显灵的古老观念制作而成，并以此将世界整体分解成若干个片段，涵盖从鸟类到陆上爬虫类直至两栖类动物，而并不注重于水下的世界，所象征的是除水下以外的其他组分，同时也显示了原始分类学的特征。此神服据传是张姓氏族在江东六十四屯时所制，至少有二百年历史。因为他们认为神服越旧越有灵异，所以该套神服就备受族人的崇慕，被视为镇宅之宝、护卫之神。显然，随着年代的积累，其象征意义会随之增加。有别于前述神服，该神服由全族保管，算是氏族的共同财产，现在则刚巧在张庆刚萨满处珍藏。

最后，张玉祥萨满又用木杆从神箱中取出几领小型半身神服，有水獭皮神服、鹿皮白板熏制神服，以及鱼皮熏制、上有垂饰的神服和神裙等，共计七件。这些神服都被摆在神堂右侧的长桌之上。这些神服涵盖水陆各种动物，便于助手根据不同的场景协助萨满行动时选择使用。

以上摆神服程序完成之后，大萨满张福指示："尖色打布！"（满语

jingse dambu，即加顶子）随即由张庆刚、张玉祥揭开另一个大木箱盖，取出三顶大神帽，全部并排摆在神堂正面供桌之下。神帽都是用铜铁制成的，上有铜花和各样垂饰、铜铃等，可发出嘤嘤的声响。神帽后面缀有各种不同的飘带（满语 girdan），长达丈余，左右两端则各有一条镶嵌百鸟花饰的护卫条带及小铜铃。飘带恐为羽毛乃至鸟雀的象征，铃声则为鸟鸣的象征。

"安巴窝陈"第二日头一个环节为处置鳇鱼。首先动鼓，神案前进献姆鳇鱼一条，鳃尾左右摆动，是一条从江中新近捕获的活鱼。如前所述，这条鱼是根据萨满神谕所指示，专门为此次祭祀活动捕获的。为此，张家曾专门派出数名伙计出江捕获，后在鱼汀中养育，准备届时网上后装车，运进神堂，在神前宰杀。依据张家祭仪的要求，鱼血要洒神堂，鱼心鱼肝要在煮烂后，割数块敬神、敬天、敬地、敬摆神案。此后，鱼心、鱼肝被视为神心、神肝，能除百病，于是也给张家老夫人吞咽一块。从生物学角度看，鲟鱼和鳇鱼种类比较接近，不易分辨，民俗上的分类则更加模糊，因而当地往往将二者混为一谈。这两种鱼体量均十分庞大，属于肉食性鱼类，为最大的淡水鱼类，有"淡水鱼王"之称，将其在神案前杀死，势必带有一种悲壮的色彩，无疑能让族人感到心灵上的震撼。另一方面，姆鳇鱼之所以要鲜活的，似因需要取血的缘故。如前所述，血液在各种文化中都有特殊的功能。另外，鱼心及鱼肝等与生命有直接关联的特殊部位，需要当场给病人吞食下去，以便将其"生命力"传达给病人，因而也需要活鱼。当然，还有一层意义：将此活鱼献给鱼之主，便可使其获得新的生命。①

主祭大萨满张福，此时不穿大神服，只穿白汗衫，下身围着水獭皮裙——他之所以有这样的装束，似意味着其"灵魂"要从陆上前往水下活动。接下来击鼓咏神，咏神完毕后，日头已经过了晌午。接着，撤香案，

---

① J. G. 弗雷泽：《金枝——巫术与宗教之研究》，汪培基、徐育新、张泽石译，商务印书馆，2012，第822页。

息鼓，众栽力将大鲟鳇鱼供撤下，然后由五个壮小伙抬出神堂，送到院西边新搭成的灶房，开始解全鱼，下锅熟鱼。这里之所以不用屋里的锅灶，而用院里新建的灶房，似在表明该调理有别于日常饮食的制作，不能将二者混淆。不止在这里，对圣俗差异的区分，实际上贯穿在整个仪式当中，其所强调的是二者在宇宙结构中层次上的差异。照其逻辑，"俗"的只能代表事物基础的、表面的特征，而"圣"的则代表事物高层次的、本质的特征。

出锅后，将熟鱼在大方盘上重新整齐摆上，鱼头鱼尾要求必须按照原样摆好，上插一把尖刀。鱼身之所以要分解，是因为要调理的缘故，将鱼做熟表明对其业已施加人工影响的事实；按原样摆好，是因为该鱼尚处于象征性的活着的状态，故与其他任何牺牲物一样，这种摆法要显示其完整性；上面插上一把尖刀，恐寓意是以巫术的方式获取的鲟鳇鱼。鲟鳇鱼作为整个鱼类的象征，捕获其中的一条即等于捕获各种鱼类。当然，此时由于是疾病治疗仪式中的一环，其意义应当更在强调恳求"神灵"的一面，让其出手诊治老太太的疾病，因而是在犒劳"神灵"，表明该牺牲物已经变为食物。鱼肉摆好后再由栽力们恭敬地抬到神堂神案前，张庆刚萨满开始祭神——将鱼作为牺牲物，专门与"江神"进行交流。萨满上身穿白汗衫，下身围灰鼠皮围裙，不穿神服。这种装束显示萨满并非是在召请"神灵"过来，而是在亲自前往"江神"处与之交涉：由于要前往水下，因而萨满身着白色汗衫。至于身着灰鼠皮围裙，或许是要穿过山林的缘故。

接着，萨满迎请萨哈连比拉都云（满语 sahaliyan bira duin，黑水之四）神祇降临，将族人敬献的鱼供带入天穹。此举可能是因萨满的功力不够，无法前往天宫，故要请这些"神祇"将族人的意愿"上达天听"，也可能仅仅是一种顺口的说法而已。同时，萨满也明确表达感谢"众神"惠临张氏门庭，拯救家主之母，使其从病苦中脱身，早日康泰，阖家吉宁顺遂等意愿。据记录所言，此处的"萨哈连比拉都云"，又被尊称为"萨哈连乌拉都云格赫"（满语 sahaliyan bira duin gege，黑水之四姐姐），是北方至高无上的女神，住在萨哈连比拉深宫之中，统驭北疆，还是位无敌天下的江神。据称，张氏家族世代都会祭奉该都云格赫大神，而且都云格赫大神百求百应，爱护萨哈连子孙，光明永照，极为灵验。就此看来，都云格赫大神虽只掌管一方，而且仅掌管与水族有关的各种事项，但却近乎为满族最高神的存在。

以上进行的鲟鳇鱼献祭以及大萨满张福与张庆刚萨满的神鼓神歌，都属于"报祭"（满语 uyun jafambi，直译"献九"）类的程序，是大祭前的告神祭礼，表示大祭就要开始。神歌的大致内容如下：

> 敬请众神祇暂时放下其他神务，赶快做好准备，张氏家族有急难之事，跳神祭祀。请众神按时降临，协助张家驱祟除邪，拯救被急症折磨的危重病人，使其早日康复，能下地做饭，能用针线做衣，能提筐采猪菜喂鸡鸭，能照看嗷嗷待哺的儿孙，能快快乐乐活百岁，无病无灾。

报祭的举行之所以如此隆重，盖因大祭关乎对宇宙较为宏观层面运行秩序的干预，故需积蓄充足的力量以投入。

供献鲟鳇鱼之后，因"神祇"已经"享用"，栽力们遂将方盘上摆好的一块块鱼肉撤下。此时，鼓声停下来，人们开始吃饭。萨满在南炕，族人在院里四张大条桌上各自用膳，享用"神祇""吃剩"的鲟鳇鱼和糜子米饭。江神属于重要的神灵，与其共享食物，无疑可以分享其"神力"。至于萨满被请在西屋的炕上，显然是因为只有他们才能完成本次的实践活动，所以被置于重要的地位。

这样，第二日白天的献祭全部结束。等晚上星斗出齐之后，张氏家族祭祀将继续击鼓进行。此处以星斗出齐为信号，意味着接下来的行动要从对宇宙整体的介入入手。

第二节 "掘室祭"的判定及实行

接着白天的报祭，亥时初刻（晚上9点多），当星斗满天时，由大抬鼓声做先导，摇响恰拉器（满语 carki，扎板）、洪乌、哈勒玛刀（满语 halmari，神刀），"安巴窝陈"祭祀活动开始正式。

一、"安巴窝陈"转变为"掘室祭"

首先，由大萨满张福身穿前述布绣"穹宇神服"——并非张福个人所藏那套——到院里升斗前颂神、排神。不是在星斗前，而是在升斗前作法，说明场景从整体上被微缩。两位助神人，即张庆刚和张玉祥两位萨满，也都穿着布绣彩绘神服，三位萨满都戴着神帽——三位萨满所穿神服一致，似表明三人分工一致，欲齐心协力共同完成一件事情。萨满叩拜完升斗后，击鼓进入房中，来到西屋神堂。能够看出来，从最早的星斗到"祖灵"等，其交流对象的神格层次在逐渐下降，越来越关涉具体的层次。接着，击鼓，叩拜神堂祖先神案众神——与叩拜星斗一样，按照现实的逻辑，只有在微缩的场景中才能通过简单的空间移动，实现与众多"神灵"的相会。

接着是"圣别"的程序，即向"神灵"进献牲物并求得接受的仪式。"众栽力与锅头这时用木杠抬进来一只三百斤重的黑毛猪，猪在叫着，放到神堂前的地中央。"无疑，该牲猪是专门用来与祖先"神灵"交流的。接着进入赞美牲猪的环节。大萨满鼓敲得更响，边唱神歌边围着猪咏唱，然后阖族同萨满一起跪下。因为是圣别仪式，即使在策略上，也需以虔诚的态度恳求"神灵"接受牲物。继而由大萨满张福接过家主捧来的一个小方盘，上面放一个白瓷花小饭碗，里面盛满清亮的井水。以井水充当圣别的中介物，较后来广泛使用白酒当更为古老，因为白酒的出现年代要晚得多。大萨满接过来后，诵念"佛箔蜜"，即"佛罗布姆必"（满语 forobum-bi，祷祝、祈祷），其目的自然是呼唤众神的名字，求其接受牲物。萨满用流水板快速诵颂祝词。据传，多数萨满都能非常熟练地一口气诵颂祝词。大萨满似乎是在唱讲"达拉尼"（满语 tarni，咒语），而族众都屏住呼吸，跪地聆听，不允许有一点响动和闲谈、咳嗽声。萨满诵完，将手中一碗水滴进猪耳，猪叫着晃头甩耳，说明"神"喜悦，受领族人所献之牲。众人高兴，齐声呼喊"安巴乌勒滚"（满语 amba urgun，大喜），叩头。族人如此表现，表明其内心里相信宇宙正义一定会得到恢复。接着，锅头迅即拿来长刀和血盆，共同刺杀献牲，然后把猪抬到院中，脱毛开膛，解成大块后入锅煮成半熟。再用大铁钩钩出，用大方盘端到神堂，重新按部位摆供全猪，使之朝向神堂，跪俯在那里。这一系列的行为与通常杀猪的一贯步骤相类。从单纯生猪消费的角度看，圣别行为也是人类对屠杀行为的正当化过程。

接着进入占卜的环节。由张玉祥萨满重又穿上"穹宇神服"，戴上九鸟长飘带神帽，击鼓敬神，继续诵颂。唱完以后，众栽力协助满身大汗的张玉祥萨满脱下神服和神帽。大约在丑时初刻（即凌晨 1 点多），东天似乎已微见光亮之时，大萨满张福接过锅头提来的一只大野公鸡，开始野鸡占卜。张玉祥萨满的神帽及大野公鸡被当作占卜用具，无疑都与鸟类的飞翔能力有关。鸟类飞到天上，能够与高处的事物接触，于是即可以之占卜。室内点着五根"霞棚"（满语 hiyabun，糠灯），又拿来几块火堆炭火，使全室通明。野鸡用火燎毛，熄净羽毛后，刹脖子，接血；野鸡则由栽力拿到室外，到远处野地里全部埋尽，不可露出野鸡的任何影迹。野鸡之所以被这样处理，大概是因被杀死的野鸡已经成为卦象，里面包含来自"神灵"的信息，故不可食用。再者，从单纯消费的角度看，仪式上已有其他大量的牲物，少量的野鸡肉便可忽略。

接下来，萨满用野鸡的血沾上五枚獾牙、五枚草根鱼的喉牙——占卜用牙齿之所以达十枚之多，无疑是因为需要卜知的信息较为复杂。于是，张福萨满手捧牙齿前往西暖阁病重老太太的面前，口中默念祝祷，恳求众神将"额勒根"（满语 ergen，命、气）注入其中。然后，大萨满将手捧的十枚沾血的獾牙和鱼牙，哗啦一声边摇着手，边突然散落在老太太面前摆着的小木桌子上。这些牙"摊开在桌上，形态各一，有仰有俯，有叠有竖，有双牙相合，有双牙相背"，萨满要从散落在桌上的牙齿所形成的样子，占卜吉顺，审度病家的病位、病程、病期等。萨满将牙齿反复扬散在桌上再断再审，直到众萨满取得共识为止。卜测长达一个时辰（即两小时），最终结果判定为"外邪劲侵，伤及老娘，患入膏肓，掘室逐秽"，正式确认了本次的"安巴窝陈"将以"掘室"的方式进行下去。究其占卜过程，野鸡血被萨满用来充当来自"神灵"的信息传递物，獾牙及鱼牙则充当信息承载物。将这些带血的牙齿与病人接触，便可以从牙齿的布局上，依据既有的知识，对病患的处置方法做出判断。由于需要反复卜占，因而从客观上讲，在一定程度上便有萨满个人的意志参入其中。根据事先所准备牲物的规模看，掘室逐秽仪式是否举办，实际上已经能决定，占卜只是确定具体的执行过程而已。仪式于是就能按照萨满所期待的方向展开，实际上也就等于人的意志在"神灵"的名义下得到实践。

丑时卜后，息鼓，萨满三人轮换祈祝、燃香、护守神堂。想必，既然已将"神灵"请来，按照世俗的规矩，请神期间自然应当一直有人陪同，不可冷落"神祇"，要不间断地祝祷才行。此时，家主与参祭族众则择地安歇，病母室内可熄灯静息。不过神堂内灯火如昼，中堂糠灯数根仍在燃烧，有栽力按时点燃新的糠灯。按照要求，室内绝不可黑暗无光，这是祭礼的禁忌。因为"光明可镇邪、驱邪、惊邪，黑暗则养邪、藏邪、助邪。故祭期要求室院篝火熊熊，灯火齐明，鼓可不鸣，明火不可缺"。以上这一过程涉及治病环境的整备。除去萨满连续的祝祷之外，祭典通过营造有别于日常生活的这种光亮环境，把持续数日的仪式连接成一个整体，将被仪式各环节切割成片段的世界黏合在一起。

占卜后，卜牙由萨满用江心清水洗净，又在篝火中之明亮炭火上烤干，熏气，全干燥之后方可珍藏，以备再用。卜牙是萨满常用的工具，自然需要收藏再用，而上面所沾鸡血，由于仅为此次占卜时有关"神灵"信息的载体，自当清除干净。至于将卜牙以江心清水清洗后再用篝火烤干等情景，恐与"感染巫术"的观念有关。野鸡血既然有"神灵"的某种气息包含其中，依据"感染巫术"的原理，就有可能发挥各种功能。"感染巫术"的观念遍布世界各地，如利用他人身上掉下的毛发，或别人随意丢弃的物品，乃至别人触碰过的东西，都可加害其人。接下来，用野鸡的鲜血，给病患之人洗脚、双手、双目、口、鼻，以及太阳穴和脑后"风池"穴位。据称，这是因为野公鸡血性"大寒"，有"除热症、除风瘟"的功效。并且，野公鸡血也可生饮，或纯血饮或搅入清水冲饮，可"壮身祛病、除瘟疾"，对久病之人或对孕妇、老幼皆有大益。有关鸡血的"寒热"性质及其功能的这些观念，显然来自于中医文化，为满族同汉人接触以后才产生的思想。另外，除去包含来自"神灵"的信息之外，血液自身亦被认为具有各种功能，可用来改变事物本来的存在方式，使之朝着人们期望的方向变化。当然，这种变化也仅会发生在微观层面上，事物更深层次的变化还需要诸如"掘室"这样更大的杠杆才能撬动。

所谓"掘室"祭，满语为"包衣胡突嘎牛达布"（boo i hutu ganio dabkambi，屋里鬼怪作祟）。① 据称是张氏家族大神祭祀中最神圣、惊险、繁复且禁忌最多的一种战魔大祭。按照要求，掘室祭一经萨满占卜审示，"祈请主神并获得众神允许，萨满与家主共同商定后"，只能彻底完成，而不能中途停止或改变初衷，否则会惹神震怒，招致惩罚。据称，掘室祭一旦决定举办，即意味着祭礼进入重大祭祀日程，相当于要祭祀更高一级的"神灵"。在日程上则需要增加七昼夜，其中三昼夜做准备，三昼夜祝祭斗魔，最后一昼夜恢复室内原状。该祭祀似乎为张氏独有的祭祀项目，虽然举办频率可能不高，但由于规模盛大、消耗甚多，因而需要再三斟酌。也由于仪式需要劳顿高级"神灵"，能够对"宇宙秩序"整体产生一定的动摇，因而只有在社会秩序陷入相当混乱的情况下才会举办，故需慎之又慎。这种大祭，应当就是流行于满族各氏族之间的"春秋大祭"的原型。"春秋大祭"由于结合了从官府按时领取俸禄的因素，因而可以定期举办。而作为其原型的这种掘室祭，由于涉及财富的大量消费，且出于祛病等随机产生的具体原因，因而须经过评估，综合家境及秩序的混乱程度等各种因素便宜行事。故而该大型祭祀仪式有特殊的因素制约，并非定期的

---

① 满族的这种掘室祭，似乎与古罗马人掘坑、用公牛血洗浴以象征再生的观念相通（见 J. G. 弗雷泽：《金枝——巫术与宗教之研究》，汪培基、徐育新、张泽石译，商务印书馆，2012，第561页）。

活动。

二、掘室祭的构成

掘室祭原则上由以下日程构成:

第一日,天明,神前报祭(满文原文)。杀头一口祭猪,摆供。

第二日,天明,神前报祭,杀第二口祭猪,摆供。

第三日,天明,神前占卜,神断病因,驱秽祭程、祭向,杀第三口祭猪,到祖先茔地祭拜,摆山林供,就地食尽。

第四日,天明,神前二次占卜,神断病因,请祖祭主治神祇,确定祭程、祭址,杀第四口祭猪,到江岸祭拜,摆山河供,就地食尽。

第五日,天明,神前祭祀,杀牛杀羊杀猪一口,摆神堂供、院子供、祖坟供、山林供、山河供,牛头、羊头、猪头摆神堂,牛、羊、猪的腱子解好,各供皆要摆齐,不许遗漏。三牲之血洒在各处,不要收存,物回大地,润育土地。

第六日,白天敬设祭供,夜晚星星出全,杀第六口猪,室内掘地,猪血浇地,埋猪头猪全骨,设驱秽神堂,萨满大祭,跃进穴地驱秽求吉祥,一夜跳神,不可中辍。

第七日,天明,跳神大祭,杀第七口祭猪,治病,晚至午夜驱秽,平室地除邪,收鼓,祭止。

从该日程可大略看出以下几点事实:其一,每日都会用猪一口,当为满族通常祭祀活动的做法;其二,祭祀对象从概略到具体,从向"神灵"大致报告祭祀缘由到确认精准祭祀方位,再到确定主治"神灵"及治疗地点等,这些程序与日常的思维逻辑相一致;其三,对于各种"神灵"的祭拜,目的在于谋求各种征兆正确显示其内部性质,因而萨满将大量的功夫花在对各种征兆的解读上;其四,与病魔展开决战的两昼夜,即为在破解征兆意义的基础上加以实践,创造出一种新的现实的过程。整个祭祀过程便为萨满及其族人认识世界、改造世界的行为过程。

张氏家族这次举办的治病仪式，就是在上述例程基础上的一次实践。

三、掘室地点的确定

在确认只有通过"掘室"的方式才能"除秽"以后，还需要确认"掘室"即挖坑的具体位置。这一确认过程于次晨寅时（即凌晨3—5点之间）由大萨满张福率张庆刚、张玉祥、张振玉三人进行。这次，几位萨满不穿神服，不戴神帽，只穿白汗衫，下身系红带小摆镶三条黑色水纹的蓝裙，击鼓前往院外升斗之前。升斗，如前所述，象征最高层次的神灵。由于仅为占卜，且"江神"已被请来，故不用盛装而仅着潜水用服装即可。燃高香三子一束，香燃起红火——如仪式开始前的占卜，香火被认为可用来与"神灵"沟通，体现"神灵"的意志。张福重又从身上取出长而粗大的野猪牙两枚。野猪牙若仅一枚的话，占卜时随意性变大，将无法准确判定"神意"。本来，占卜的原则即是在去除偶然的因素后，在形式上尽量趋近于必然，故而使用两枚野猪牙，以最大限度地消除偶然的成分。

接着，张福端平抓鼓，由家主将牙放在鼓面上。猪牙"沾染"了家主的气息，然后通过抛掷的结果，识别"神灵"的意志。这时，张庆刚等三位萨满猛力敲响神鼓助威，然后都面向升斗跪下，中间的张福则手捧放有两枚野猪牙的神鼓，将野猪牙突然用鼓向上一扬，两枚野猪牙被抛向天空，然后落下。两个野猪牙很奇怪，"扬抛起来也未分开，像有个见不到的细绳索连接在一起似的，稳稳当当落在地上一个大海碗里"。放置海碗的目的自然在于将野猪牙抛入其中，因而该行为本身实际上已经预先设立了目标，余下的事情，就是看这种目标是否能够达成而已。而目标达成与否的决定因素，最终又被加在"神灵"的头上，也就是说最终可以检验这种行动目标能否达到的，就只有目标是否设置合理这件事情。

四个萨满也大惊地都跪向大海碗，仔细端详碗中两枚粗而长的野猪牙。海碗虽然较大，但是两枚大野猪牙所占面积要比海碗的容积要大得多，不用说往天上抛着扔，掉下来不偏不倚地正巧落入碗中，真像是人为给装进去的，令人不可思议。

在萨满的各种卜求中，这种方式被称为"猪牙卜"（满语 ulgiyan weihe foyodombi，野猪牙占卜）。据称，"卜的内容很丰富，一切由卜者自定，定后验其形是否与卜言相合，合则顺，不合则逆"。显然，卜相虽然看似由"神灵"决定，但其中由萨满自己解释的余地也很大，即人为干预的成分较大，反映萨满所期结果的事实也很明显。此次张福大萨满清晨卜问"掘室逐秽"的"神示"之意——"掘室"是在室内进行还是在室外某地进行。若结果为室外的话，需要再度卜问才能知道掘室的方位。大萨满张福此次抛野猪牙占卜，"两枚猪牙在空中自行相吸而结合不离，一同落入大海碗中"——证明两枚猪牙呈现的这种状况并非出于偶然，而齐落碗内，就是证明"神示"掘室祭要在"碗"内，而非在"碗"外举行。

据称，此"碗"在萨满祭卜中象征家室，碗内即室内，碗外即室外。由此占卜结果证实此次为病患治病要在家室神堂之内掘地逐邪，因为伤害病患的"邪秽"就隐匿在张氏家族所住的西上房。只要请萨满在其室内将害人的"邪秽"清除干净，病患便会好转，转危为安。"掘室除秽"这种方式本身无疑早已存在，以上本环节的占卜只为确认是否运用及在何处运用等事项。实际上，如前所述，在治病当初，当事者就大致已经预感到要以这种方式治病，因此预备有充足的家猪。

四、掘室祭所需诸物的追加

"凡族中祭始，必先聚齐诸物"，起初家主虽然预感到祭祀活动要转变为"安巴窝陈"，为此也有大量的消耗品准备，但彼时并未明确具体为何种祭祀方式。通过以上占卜，既已确定为掘室祭，于是接下来便以三昼夜的时间准备所需各种牺牲及物品。以三昼夜之久准备各种需求物，盖因所需物件繁杂而特殊。同时，这也可使"安巴窝陈"延续七日——这种类型的"安巴窝陈"原初可能一概需要连续七日进行。

追加准备的各种所需之物大概可分为以下几种：

其一，为绿蓝红黄四色头累缎各一尺二寸，即鹅黄缎一尺二寸，南红缎一尺二寸，蓝月白缎一尺二寸，绿缎一尺二寸，共四尺八寸；

其二，为两种纸张，即大力纸七张，大油纸七张；

其三，为蓝颜色的套布，即正蓝套布一对，毛蓝套布一对，大蓝套布一匹；

其四，为各种杂物，包括裁纸一把，大针一裹，红丝线三支，袍子两件，夹皮大缸三口，苇子三捆，铡刀三把，马叉（即鱼叉）七根，大铁钉一百根，三尺木橛九根，年息香十斤，通宵蜡十七对；

其五，为饮食类，包括黄米两石，苏子两斗，小豆两斗，黄酒五百斤，白酒三百斤；

其六，为牲物类，包括七十斤重祭猪七口，雌雄健牛一头，羊公母不限五只。

从以上所备家畜及物品看，其中：各色缎子恐象征彩虹，一尺二寸即十二寸，大概取其十二的意义；各种蓝布恐象征天；猪的体量较小，恐因太大的话，无法消费完。再从大量家畜头数及对其品质的要求看，本次的"安巴窝陈"加上掘室祭，相当于举办一次"夸富宴"（potlatch），从经济人类学的角度看，也是一种财富的再分配过程。

在三昼夜的备办过程中，各种所需物均须选取上等品质者，由家主与萨满一一审验过。在第三天，猪、牛、羊经宰杀后，被陈放于屯中夏日公用的地窖中，以防腐坏。由此看来，各种牲物似乎并非仅仅取其象征意义，在外形上求得相似即可，而是还要追求较高的品质。此举除了意在展示富贵一层的意义之外，还缘于前述在牺牲动物毛色及性质的要求方面，只有最纯、最善者才能"真正"代表该类事物。大量牲物可在第三日一次性宰杀，主要是因为村里常备地窖。地窖在河边的林荫地，专为各姓祭祀存放祭品而设，其斜坡深入地下丈余——该地因处永久冻土地带南缘，故可以挖到这个深度而不出水，后述正堂地上挖掘深坑亦同理。据描述，地窖四周叠围粗榆，以防塌颓，另盖有松檩等五层，上层积土，阳光难照地窖，冬日在江中取冰百块，运入窖中，围墙陈放，寒气冽冽。故而夏日存放血肉肠及各种果物，能够一直沿用至秋冬。地窖既为常设设施，可知村民经常举办类似的活动。据此可从侧面推知，本地的社会秩序经常会陷入某种混乱当中，因而需要展开活动恢复其原状。

掘室祭的关键环节在于挖掘土坑。在家人与村友的帮助下，于神堂正室地中央，一个"两丈长、两丈宽、一丈五尺深之地室"被挖掘出来，"人下地室举臂手尖可触及地表"。据此描述判断，这是一个长宽约 2.5 米、深约 2 米①的土坑。该巨坑的挖掘，无疑需要投入很大的人力，这从另外一个角度表明，只有族众和村民齐心协力，才能完成这件事情。大坑完成以后，在其四面各钉两根一尺高的木橛，并且在木橛的下部缠绕羊小肠，上部缠绕牛大肠，形成一圈鲜红的肠墙，"使地室的深度又陡然高出地表一尺许"。由此推测，大坑当为埋葬"邪祟"的坟墓，而以肠子围成这样的墙，在萨满将"邪祟"驱赶入内的时候，可起到使其不至逃窜出去的作用。或者该大坑也有可能象征与生命体有关的部位，如子宫。在其中，萨满或病人得到重生，或者使萨满获得治病的能力，同时亦可将"邪祟"打回到初始状态，使其脱胎换骨，加以无害化处理。按要求，在仪式的过程中，"萨满要站在地室外面的后沿，面向神堂击鼓跳神"。以上准备事项一切就绪之后，家主与萨满再次共同在院中香斗前焚香叩拜，决定次日寅时（约凌晨 3 点）以后开始祝祭——可见，在进行到每一个关键环节之前，都要将往后的行程向最高"神灵"汇报，以此便可将未来纳入自己的规划和掌控之内。

---

① 原记载该坑长宽各两丈，深一丈五尺，经换算可知为一长宽各 6 米、深 4.5 米的大坑，据常识判断恐其有误。若以其"人下地室举臂手尖可触及地表"的描述估计，其深度当在 2 米左右，尚在合理范围。据此比例，大致推算出这样一组数字。

五、掘室祭的过程

除秽仪式于寅时（凌晨3点）正式开始。大萨满张福身穿前述祖传二百四十余斤重的驱邪百饰神服——其重量显然有夸大的成分，不过说明族人对此很在意；头戴十九雀大神神帽——当属高级别萨满神帽。张庆刚、张玉祥、张振玉三位萨满也穿戴好神帽、神服，阖族八位栽力都上身穿白汗衫、红坎肩，下身围两黄、两蓝、两绿、两黑且裙下沿各有三条色泽艳丽水纹的神裙，十二面抓鼓同时敲响。尤卡吉尔人（Yukaghir）认为神鼓是一个湖，萨满可以通过该湖进入冥界[①]，张氏族人生活在黑龙江流域，或许也有同样的观念，亦在再现同样的情景。另有一位栽力敲大抬鼓，五位栽力三人手执恰拉器，一人手摇洪乌，一人手振哈玛力刀，"全神堂顿时天摇地动，互相说话只见口动听不到声音，只能互以手语传意。声音犹如惊雷轰鸣，令人振奋无比"。仪式开始之时，首先如"过渡礼仪"理论所示，需要将现有的秩序彻底打乱。

众栽力击鼓后，接着由族人接续击鼓。据称，大人小孩不论男女，只要是张姓族人，就都要到神案前抓鼓祭神。就击鼓来说，萨满祭神时的击鼓自然是在与"神灵"沟通，栽力则是帮助萨满营造氛围，而族人击鼓则似乎有娱神的性质。如赫哲人家家有鼓，以之为寻常的乐器，用于娱乐。不过，用作乐器的鼓要小于萨满所用的鼓。[②] 因而可以想见，张氏所处的地区，人们也以鼓作为娱乐响器之一。在他们看来，祭典为全氏族需要共同出力的活动。"这是张姓一个百余年不变的老习俗。只要是阖族重要的祭礼，必须阖族心齐一致，众志成城，互相帮助。本族中任何一支一户有事，就被视为全族各户共同的大事，大家千方百计，同心协力想办法，出智慧、出工、出力去完成。因此，满族张姓家族人丁兴旺，欢乐富裕，很

---

① 凌纯声：《松花江下游的赫哲族》，上海文艺出版社，1990。
② 凌纯声：《松花江下游的赫哲族》，上海文艺出版社，1990。

少有相互殴斗口角发生之事，俗话讲很'抱团儿'。"看来，当地人将"人丁兴旺"和"欢乐福裕"等正面的事情与氏族的凝聚力联系在一起，因而男女老少都去积极参与。

天明时，萨满张福到院中香斗前叩拜——大萨满的这一行动，似乎是每一节程序的前奏和结尾处必不可少的环节，此次由总穆昆达和家主陪拜，祭告驱秽祈福大祭正式启鼓。这就等于是在宣告张姓家族萨满祭礼"安巴窝陈"的前一阶段程序已经结束，现在要进入"驱邪祈福"的掘室祭阶段。

掘室驱秽祈祥需要迎请以下神祇协助进行：

主神七位：德力格音阿林额真（满语 dergingge alin ejen，东方、上方山之主）；齐穆沁岱敏德德（其中"齐穆沁"不明，"岱敏德德"满语当为 damintaade，指雕伯伯）；包呼泰莫尔根衣嘎尔霍青（满文不明，原注"育世护佑群神"）；阿布卡依兰额顿妈妈（满语 abka ilan edun mama，三云天穹女神）；给孙衣勒沙延宝呼罗（恐为满语 gisun irusu hiyan bohori，言辞之沉香之宝盖）；图门牛纫衣恩都额真（满语 tumen garunggū i enduriejen，万鸾之圣主）；斑达玛沃衣额真玛发（满语 banda mafa i ejenmafa，猎神之主）。

辅神十九位：阿斤德德（满语 ajintada，鳇鱼伯伯）、勾新赫赫（满语 gosin hehe，仁爱夫人）、它呼连赫格（满语 tahūra gege，蛤蜊格格）、纽呼鲁赫格（满语 nioheri gege，狈格格）、嘎思哈哈（满语 gasha haha，鸟伯伯）、牟朱丫丫（满语 mujuhu yaya，诸位鲤鱼）、委黑嘉嘉（满语 weheje-je，石头爷爷）、塔思虎都都（满语 tasha taada，虎伯伯）、它玛连塔钦（不明）、毛作妈妈（满语 mojihiyan mama，小熊奶奶）、混活妈妈（满语 honggon mama，铃铛奶奶）、飞亚屯妈妈（恐为满语 fiya mama，桦树奶奶）、多活伦玛发（满语 doholon mafa，瘸子爷爷）、索勒妈妈（满语 solo mama，人参之须奶奶）、飞惹呼妈妈（满语 ferehe mama，蝙蝠奶奶）、斑达玛发（满语 banda mafa，猎神）、巴纳吉玛发（满语 banaji，土地神）、崖达堪玛发（满语 yadakan，女萨满神）、固鲁固玛发（满语 gurugu mafa，兽神）。①

据记录人富希陆自张福萨满处打听到的信息，这些神祇"皆张姓家族世代保宅护命神祇，多系塞北天地山川众自然生物，山川、森林、鸟兽、虫鱼皆有"。区别于前述掌握宇宙整体的最高神"北斗星神"，这些神祇中"主神"掌管自然规律，"辅神"则掌管各种具体事物，因而均为掌管某个方面的职能神。能够看出来，在他们的心目里，"主神"主宰宇宙各个主要层次事物的规律，"辅神"则掌管自然界的各个细节。

正式除秽亦首先从占卜开始——每个环节进行之前都需占卜，只有在预知未来行动路线的基础上，才可作为。因而可以说，这种萨满占卜是当地人预知未来的最重要方式。人之区别于动物之处就在于对过去、现在与将来的把握——这也是宗教的几个主要功能之一。

萨满首先迎请的是"德力格音阿林额真"，据称这是一族祖先数百年前居住地的邻居神祇，为"山林大神"，数百年来始终保护张姓儿孙；另请一位"阿布卡依兰额顿妈妈"，这是位女神，也是张氏数百年来的家宅保护神。据称，此次正是他们降临神堂，卜告此次祭祀的吉顺详情，告知近年家宅有"秽气"，只要在室内掘地除秽，埋秽焚秽，便可吉顺，张氏家母可再活十载。根据其性别判断，这二位神祇似为夫妻关系。"山神"与"风神"虽非"天神"，但都是仅次于最高神的功能神，专管某一类重要的事物，主宰宇宙整体秩序之下次一层级事物的秩序和运行规律。作为与宇宙整体相对的重要存在氏族集团，其祸福因而也只有他们才能知晓。于是，一族在被告知只有"以牛血灌宅，以牛骨奠宅，以牛角护宅，以牛蹄踏秽，以牛尾扫秽"，才能"平安永日，宅门无灾，事事如意"的时候，族人就只能倾其所有举办"安巴窝陈"。至于这种"秽气"需以牛镇之，一来因为用牛需要大的花费，可示重视程度，二来，也有可能如所前述与罗马掘坑重生的传统有相通之处。

三位大萨满身穿驱魔神服，击响全宅大小神鼓、神铃、神板。子夜，

---

① 以上诸神之满文系笔者据汉字发音所猜测而来，谬误之处恐不在少数。

张福大萨满穿戴好神服："上身穿白汗衫、七星红背心，下身穿上青下黑长裙，赤脚赤臂，光发，脖前系驱魔安斑托离（大铜镜）一枚，用红丝绳系好，悬于前。"二大萨满张庆刚、三大萨满张玉祥、四大萨满张振玉每人手捧半海碗白酒，大萨满必一饮而尽，"此时大萨满非本身之躯，而为无敌的德力格音阿林额真神祇在体"。饮下白酒，又要饮一碗奴勒（满语 nure，自家酿的黄酒），由张庆刚和家主两人手捧奉上，亦需仰头一饮而尽。萨满饮酒一节为民间惯常的做法。白酒向有能够驱寒的说法，在下到冰冷的水里或井底的时候，人们往往会喝一些白酒。因而，从此饮酒的情节可看出，萨满是要准备前往阴冷的水下同"邪秽"搏斗。接着，萨满从神案前取来磨砺得白光闪闪的锋利的百斤重三股大马叉（满语 jofoho，鱼叉）——鱼叉只有在水域才能派上用场。这种神器在通常的萨满仪式上很难见到，似为该氏族在此类仪式上特有的神器。三位萨满猛敲神鼓，全室灯光尽熄，一片漆黑，族人罗跪地上，屏息叩头，祈祝平安。该仪式由于需要萨满前往暗黑的"地下世界"与"邪秽"作战，自然需要营造暗黑的环境。同时也说明，引起疾病的这种因素处在不可见的领域，萨满必须深入到这种环境中与之战斗。实际上这也意味着，他们认为引起混乱的因素处在事物的内部。

张庆刚继续一边击鼓，一边高唱助威："恩都玛发哇希哈……"（满语 endu mafa wasiha，圣祖刨地）张大萨满则在室内围着地坑边跳边舞，猛力旋转马叉，叉上的钢环飞滚着哗哗作响。在日常生计活动中，捕鱼使用的马叉上面自然不会用钢环装饰。这种有环的马叉当为专门用于掘室祭的神具，这也从侧面说明这种仪式曾经频繁举办。"正当马叉舞动时，突然只听暗中马叉哗的一声响，就飞进入已设好的九尺地坑之中，众族人惊恐叩头祈祷。"——这里应当是在描述"邪秽"被刺中时的情景。"只听地坑中马叉有穿地之声，又听见坑中隐隐地传出来什么邪怪惊遁之声、被刺痛的呼叫声。"——这里应当是在描述把"邪秽"叉住时的情景。既然使用鱼叉予以整治，此"邪秽"无疑为"水中之怪"。挖坑填埋，意即将其镇压在水底。从逻辑上讲，水域的"邪气"侵袭到陆域，就会导致宇宙秩序发生混乱。

临近早晨的时候，张庆刚第二次敲响神案上悬摆的铜镜。据称，此铜镜是夜里背灯驱魔时使用的，敲击此镜可互相传报时序、进程。它共会被敲响三次：第一次为夜祭始行，第二次为夜祭即临结尾，第三次为夜祭结束时。结束以后室内灯烛便会点燃。这时既然是第二次敲响铜镜，即意味着夜祭即将结束。只听张庆刚唱道："恩都力赊夫，霍顿亚箔……"（满语 enduri sefu hūdun yabumbi，神灵师傅快走）意在催促"神灵"赶快离开。而在此场合，之所以区别于仪式各个大的环节以大鼓声为诱导，而改以铜镜为号，恐由于铜镜可以发挥其阻挡"恶灵"的作用。众族人正在聆听张庆刚唱神歌，精力都集中到其嘹亮的唱诵时，坑中马叉突然环铃振响，铜环声从坑内似乎又响彻全室，从全室仿佛又响着在头顶上穿过。这期间因是背灯祭礼，看不到人，全室漆黑一片，只有满室震耳欲聋的马叉铜铃响动声，响声飞似的传到外屋。根据此描述，应当是"邪秽"挣脱马叉从坑里逃窜出来，萨满又将其驱赶回坑里的情景。

最终，神堂中响起第三次敲响铜镜的声音，驱魔祈祥祭礼即告结束。随着铜镜的敲响，有人将室内的蜡烛、油灯碗全都点亮，室内光明如昼，众人看清了室内的一切陈设。站在地坑四周的族众和众栽力们，都拿着铁锹，往室内挖出的深坑里填土。一锹锹的土被迅速填进地坑，黑土飞扬。众人一边扬锹填坑，一边大声喊叫："安斑乌勒滚!"（满语 amba urgun，大喜）众人迅速将室内深深的土坑填平，埋上，不少人还在上面猛劲地踩踏，使积土更加沉实坚固。

这时，张庆刚、张玉祥、张振玉三位萨满都跪在外屋地上敲着鼓，口诵神语，张福则直挺挺地闭眼躺在地上，昏迷未醒。张庆刚等三位萨满正在边唱着神歌、祈祷，边轻轻敲着手鼓在呼唤他，使他苏醒过来——唤醒进入失神状态的萨满的方法各地有所不同，如在传说"尼山萨满"中，除敲鼓呼唤之外，还要往萨满的脸上淋水。稍后，张福睁开双眼，张庆刚扶他坐起来，又扶着回到正屋神堂。四位萨满开始击鼓在神案前叩拜，感谢神灵保佑，一切顺利吉祥，又到西暖阁里，看望此时精神很好的家主之母。

驱秽祈祥祭礼顺利结束。家主将操办祭礼的人请至家中，安排盛宴款待。家主按旧俗赠送一只肥羊给每位参祭萨满致谢。两大推车全部剩余祭肉则答谢连日操劳、同心合祭的族众，其中一部分作为"窝陈牙离"（满语 wecen yali，祭肉）由家主亲率家丁挨门分送到各户，一部分则分送给前来祝祭的本村其他姓氏满族人家。秋收后，张家需要再行举办一次鳇鱼宴，庆祝张老太太的康愈。

这样，通过"安巴窝陈"以及追加的掘室祭，张家一族人在数名萨满及村人的协助下，将引起人体及氏族混乱的"原因"予以形象化、人格化处理以后，将其彻底处置掉。

第九章

满族传统民俗的当代审视

以女娲、颛顼、炎帝、黄帝等传说人物或者孔子、孟子等历史人物为对象的祭典活动，近年来在全国各地开展，同时，一些满族祭典活动也在开展。不过，满族传统文化活动又与20世纪前后产生于西太平洋岛屿，或者19世纪发生在北美的类似运动存在明显的差异。其差异主要反映在自我观照的不同上，即参与者在多大程度上对自己所从事的活动能够进行自我观照，或者如何观照。

　　从结论上说，自本章展示的个案中可以看出，满族祭典的参与者除以主位（emic）的视角外，同时还以客位（etic）的视角审视自身在其中充当扮演者角色的文化。从客位的视角审视自身所处的文化，原本为一种从事科学研究时采用的"虚拟"方式，有研究者曾经培训当地人以客位的角度从内部审视其自身的文化，然而终告失败。因为其中会出现一种无法回避的悖论。而在本章所展示的祭典中，这种虚拟化的方法最终变成现实的祭祀活动，文化行为者产生客位化的倾向，从而使这种文化活动产生新的特征。同时，这种客位化的倾向，又同文化表演存在显著的差别。从理论上看，其可能产生两个极端：其一为完全沉浸于自我的主位化倾向，其二为倾向文化表演的客位化倾向，而现实中的文化活动则位于这两个极端所连成的线段的某一点上。在宁安市开展的满族祭典活动即是如此，行为者同时以主位与客位的视角审视自己的祭祀行为。在祭典中，行为者在主位与客位之间不断转化角色，使祭典成为一个主位化与客位化行为的混合体，呈现出有别于传统祭典的第三种状态。

第一节　宁安关氏家祭的概况

满族的氏族祭祀活动由来已久，一直到二十世纪三四十年代，在东北各地依旧相当兴盛，后满族的祭祀活动中止。近年来，一些地方又开展了祭祀活动。将恢复后的满族祭典与从前加以比较，可从中发现一些显著的变化。

先看 1938 年 12 月日本学者于吉林市口前村（现永吉县口前镇）针对关氏祭典所做的田野调查。该关氏原为"春"氏，后改为"关"氏。关氏的神位设置在西屋的西墙上，神龛上置放神衣收纳匣子两个。祭祀活动于 1938 年 12 月 18 日举行。依据从祖上传下来的祭祀规则，祭祀活动包含淘米与制作米糕，分别请六位和八位"神祖"列位并祭神，复请八位"神祖"并猪祭，以及背灯祭、杆祭等环节。其中"六位神祖"和"八位神祖"分别以黄布及白布覆盖。前者供以安楚香、打糕、白酒、米酒等；后者首先以安楚香等供献，然后杀猪祭祀。此外，参加人众除关氏家族之外，亦有两位从黑龙江宁安请来的萨满，且在仪式当中，萨满诵读满语祭词。在背灯祭时，等主祭人叩完头后，灯火撤去，香火熄灭，窗帘拉上，门扉关闭，屋里仅留主妇一人，其余人等则全部退出屋外。主妇独自行九跪九拜礼，拔下插在牲猪头上的刀，将其放在桌上后，便招呼灯火。于是屋外静候的人应声入内，点灯焚香，打开窗帘，共食祭品。①

再看日本学者大山彦一于 1939 年 11 月针对吉林市牛马行复成店满族赵家的祭祀活动所做的调查。此次祭祀活动分为祭神、祭祖及祭天三个部

---

①　民生部社會司禮教科：『滿洲旗人の祭祀に就て』（宗教調査資料，第 6 輯），1939 年，第 11~13 頁。

分。赵家两个神龛分别设置在北墙及西墙上。用木板制成的神龛长 1 米，宽 20 厘米，上面供放"祖宗匣子"。祭祀活动从该年的 11 月 22 日开始。头一天装饰祭坛，做年糕等，从事准备活动。次日有早祭和夕祭的程序，早祭之神为佛、菩萨、关帝以及"九位神祖"，西向礼拜，然后"共食祭肉"。[1] 而"惟夕祭之神，则各姓微有不同。原其祭祀所由，盖以各尽诚敬，以溯本源，或受土地山川神灵显佑默相之恩而报祭之也"[2]。比起早祭，夕祭较为复杂："请八位神列位"，北向拜祭，萨满以汉语念诵"愿祖宗的神灵光临享用"，其祭祀对象无疑为列祖列宗。在跳神的同时，萨满也向西墙上的神位礼拜。第三日，行背灯祭，祭祀北墙上的列位祖宗。祭祀时，将他姓人员请出屋外，告诫在场人众不能出声，亦不可拍照。背灯时允许进入室内者，原则上限定为同姓宗族的男性，但据称具亲戚关系的男子近来亦得入室。第四日在庭院中央举行"祭天还愿仪"，南向拜祭。同时举办"柳树求福仪"，即用万历索将神龛与柳树连接起来，祭拜西墙上的神龛。在所有这些程序中，萨满发挥中介的功能，将人与神连接起来。此外，萨满诵念祝词时均使用汉语而非传统上的满语。[3]

再看黑龙江宁安市伊兰岗的祭祀情形。2009 年 9 月 12 日始，该村满族瓜尔佳（关）氏连续两天举办祭祀活动。根据传统规则，该家祭原本在进入农历十月以后，依照"黄道吉日"去确定祭祀的日期，该次祭祀则出于特别的安排，临时决定于秋天举办。祭祀内容虽经精简、压缩，原本需要三天才能完成的程序被浓缩到两天，但对照该族于 2003 年 11 月举行的祭典，其程序从总体上并未改变，包括第一天的"淘米""镇米"及"祭星"，第二天上午的"祭天""换索"，以及下午的"堂祭"和傍晚的"背灯祭"。本次祭典是在瓜尔佳氏本族的"满族民俗馆"里举办的。祭典由以下环节所组成：第一天下午"挂草把"，用一根绳子将以一束红线绳捆

① 大山彦一：《萨满教与满族家族制度》，见大间知笃三等：《北方民族与萨满文化——中国东北民族的人类学调查》，中央民族大学出版社，1995，第 107 页。

② 刘厚生：《清代宫廷萨满祭祀研究》，吉林文史出版社，1992，第 236 页。

③ 大山彦一：《萨满教与满族家族制度》，见大间知笃三等：《北方民族与萨满文化——中国东北民族的人类学调查》，中央民族大学出版社，1995，第 103~129 页。

扎的谷草绑在杆子上。该草把将在活动结束后烧掉，或被抛进牡丹江里。下一节为"淘米""镇米"，祭献给农神"乌忻贝勒"（满语 usin beile）。傍晚时分，集合族人前往村口的一棵大柳树下，做"星祭"，祭拜北极星及北斗星。同时在庭院里点燃篝火，举办萨满肉神祭即"猎神祭礼"。第二日上午，请祖先神。将祖先的画像悬挂在墙上拜祭，再从供奉在"祭祀大厅"西墙上的"祖宗匣子"内请出"六位神祖"拜祭，最后族人共享食物。下午，祭祀活动继续进行。傍晚的时候拉上窗帘，关门熄灯，举办背灯祭。第三日早上举办立杆祭天活动。因在院子里举行，此环节亦称为"院祭"，族人共进"小肉饭"。下午举行"换索"仪式，祭拜"神树"，最终将"草把"取下来抛入牡丹江后，全部祭祀仪式结束。

第二节　宁安关氏家祭的特征

将宁安市关氏与吉林市关氏、赵氏的祭典加以对比，可发现：在神龛的设置上存在三种情形，宁安关氏与吉林关氏仅在西墙上设有神龛一式，而吉林赵氏则在西墙及北墙上分别设有神龛。不过，吉林关氏的神龛上设有"祖宗匣子"两个，分别收纳"八位神祖"与"六位神祖"，而宁安关氏则保留其中的"六位神祖"以代表神与佛，而另以祖宗的实在画像替代以抽象符号存在的"八位神祖"。若将吉林赵氏的神龛当作原初版本的话，可以看出，在佛教的影响下，本应另置于北墙上拜祭列祖列宗的神龛，在宁安关氏及吉林关氏处消失后，与设置于西墙上祭拜佛主的神龛合为一体。宁安关氏以具体的人物画像形式将"祖宗"分离出来，而在吉林关氏及赵氏处，"祖宗"仍为一种抽象的象征性符号。另外，在吉林赵氏处，除去前述两个祭台之外，尚有祭祀"火神"的祭台，而在关氏处则无类似的设施存在。因此看来，"火神"由于具有"虚幻"性，而首先成为被精简的对象。不过，用来"祭天"的设施，两者都因其极为简单而趋于一致。总之，在吉林关氏处，北墙上的神龛虽被合并于西墙，但其内涵却未产生变化，而在宁安关氏处，则产生根本的变化。

再看背灯祭环节。不论是宁安关氏还是吉林赵氏的家祭，原本都无观众参与。这些家祭活动均为将观众阻挡在场外的行为、仪式或演剧。然而，实际上"观众"就在附近的村庄或同一个村庄里，在祭祀活动行为人的意识中，这些观众等于是不在场的在场。通过"背灯"的方式，一方面可根据身份的不同，将祭祀人众分成两种，另一方面可以将同氏族的成员，与在场或不在场的"观众"隔离开来。如今，经过演变，即使非本族的"观众"亦可进入祭祀场地。此时的背灯，虽亦有闭门的环节，但其原有的大部分意义显然已经失去。于是，"背灯"环节虽仍然存在，但由于"外人"并未被排除在外，因而，关氏的家祭活动便带有客位观察结果的性质。

从本质上看，这里虽未产生真正的变化，然而形式的改变带来性质上的改变。在观众进入祭祀场地之后，在不经意间，祭祀的形式已带有客位观察的性质，这促使祭祀者从客位的角度去审视自身的行为，从而使祭祀仪式原本存在的场内外主客位的对立，变成主客位的统一。而其复杂性则体现在，客位与主位的审视同时产生于同一个行为者身上，并且这种主客位审视的统一可能是通过主客位角度的不断转换，或者是通过将二者在时间上的间隔缩短到无限小的方法达成的。凭借此过程，亦可反观满族祭典原初的性质：通过背灯与闭门的程序，将所有的人众分为两种，并使身处屋外的人群立刻转变为行为者的一部分，亦使场外人群转变为不在场的在场人物。而屋里的具体行为，与闭门这一行为比较起来，则反而显得意义不大。当然，背灯以后场内行为所产生的宗教意义，则属另一层次的问题。以前，笔者曾经前往内蒙古呼伦贝尔就鄂温克人举办佛寺开光仪式从事田野调查。时身着便装的笔者与盛装的鄂温克人形成鲜明对照。然而，当地人并未表现出异样的神情，他们似乎以视而不见的方式消除与"外人"的对立。他们的文化复兴方式就与宁安满族大相径庭，人们均处在场景当中，其文化复兴的路径是按照传统的方式进行的。

此外，从上述各祭典中所念诵祝词看，20 世纪 30 年代时，吉林赵氏所念为汉语，吉林关氏则念诵"清文祝词"。而在宁安关氏的祭典上，祝词则为以汉语大致标注出满语的发音。因而看来，宁安满族的仪式所关注的更多是程序本身，而其与"神佛""祖宗"或"天神"间的语言交流，则被隐于"剧场"之外。

第三节　关氏祭典及其性质

有关满族的身份认同，关纪新先生认为，母语并非某一民族文化构成的全部内容，以为某一民族转用他民族语言文字以后即会从文化上彻底否定自我的看法并无道理。他认为满族已经进入"后母语"阶段，并提议对当代满族的精神类型进行常识性归纳。① 由此看来，关纪新先生同样感到目前的满族已经处于新的阶段。不过，对于"后母语"阶段满族文化的具体内涵，关先生似乎并未做出详细的展示。

想来当是为使满族的传统信仰能够得到弘扬，乾隆皇帝曾经特敕收集、整理并诠释满族民间的各种祭祀礼仪及祝词，并将其考订后汇编成册，于乾隆十二年（1747 年）形成《钦定满洲祭神祭天典礼》：

我满洲国，自昔敬天与佛与神，出于至诚，故创基盛京即恭建堂子以祀天。又于寝宫正殿恭建神位，以祀佛菩萨、神及诸祀位。嗣虽建立坛、庙分祀于佛暨神，而俗未敢或改，与祭祀之礼并行。至我列圣定鼎中原，迁都京师，祭祀仍遵昔日之制，由来久矣。而满洲各姓亦均以祭神为重，虽各姓祭祀皆随土俗，微有差异，大端亦不甚相远。若大内及王、贝勒、贝子、公等，均于堂子内向南祭祀。至若满洲人等，均于各家内向南以祭，又有建立神杆以祭者，此皆祭天也。②

其目的则在于"各尽其诚敬，以溯本源"。乾隆朝通过对典礼本文的

① 关纪新：《"后母语"阶段的满族》，载《满语研究》2009 年第 2 期。
② 允禄：《钦定满洲祭神祭天典礼》，见刘厚生：《清代宫廷萨满祭祀研究》，吉林文史出版社，1992，第 55～56 页。

整理，试图将满洲传统的宗教礼仪予以理性化的提升。

传统宗教是由许多组织松散的、具体界定的宗教实体所构建而成，其中涵盖一些烦琐的礼仪过程及以万物有灵论为基础的生动偶像，这些过程和偶像可以某种零星、独立和直接的方式，卷入几乎所有的现实事件当中。而根据克利福德·格尔茨的说法，就其理性化的程度而言，一种理性化的宗教不仅具有自我意识，同时老于世故。① 根据马克斯·韦伯的观点，宗教在历史上表现为"理性的"和"传统的"两个极端。② 乾隆皇帝尝试将满族传统的宗教往理性化的一端推进，然而，因要顾及神佛、祖宗及天神三者地位的平等，故欲将三者整合到同一个理性框架内十分困难。即使经过百余年的演变，到 20 世纪 30 年代的时候，三者依然地位平等，并列存在。而到 21 世纪初宁安关氏举行祭祀礼仪时，代表神佛的"六位神祖"和代表天神的"硕木杆"虽然仍被保留，但是代表祖先的"八位神祖"却被分离出去，为祖先的画像所代替。"六位神祖"及"硕木杆"可以说保留了经乾隆朝整理后业已条理化的祭仪"理性的"部分，而"八位神祖"的演变与从前相比，则更具机会主义的色彩，恐与当下祭祀传说或实在人物的时潮相呼应。因而看来，满族的祭祀目前在理性化的道路上有所迈进，既非理性与传统的并列，亦尚未完全理性化，而是处于通往理性化的第三种状态，今后或将变得更加理性化、抽象化。若将满族祭祀中显示出来的该趋势做进一步的扩展，则满族文化的整体现状亦存在同样的演变趋势。关纪新先生所言满族文化所处的"后母语"阶段，其脉络当在这里。

要之，在文化再现过程中，理论上当事人的行为存在两个极端，其一为彻底的"主位化"行为，其二为传统文化的仪式化表演。而在黑龙江宁安市满族开展的祭祀活动中，当事人既以主位亦以客位的视角审视自身的

① 克利福德·格尔茨：《文化的解释》，纳日碧力戈等译，上海人民出版社，1999，第 197～198 页。

② 帕森斯：《社会行动的结构》，张明德、夏翼南、彭刚译，译林出版社，2003，第 630～644 页。

行为。在其祭祀活动中，当事者们试图排除祭祀涉及机会主义的成分，从而使祭祀成为既非理性与传统并列，亦非完全理性化的行为结果，而是处于通往理性化的第三种状态。

第十章

人与神的对话：大桦树林子的野祭

从结果上看，一种仪式不仅要具备明确的目的，还要有象征和信息的存在（意识、范式、隐喻等的临时具象化），演示潜在的主张（对意识不到的社会心理事项、社会文化体系中存在的矛盾进行展示或将其加以隐蔽），影响社会的关系以及文化与混沌（对抗文化的不确定性的主张）。[1] 以上这些功能在满族的仪式上是如何实现的，以及满族的仪式为何最终会收敛至程式化的仪式上，这些都是需要阐明的问题。1943 年初秋，大桦树林子满洲臧姓家族举行了一次隆重的萨满"巴音波罗力比干衣富陈"（满语 bayan boloribigan i wecen），即萨满秋天野祭盛典。通过对该野祭的解读，似乎可以得出以上问题的答案。据称，该仪式每隔二年即举办一次，附近村屯同姓甚至外姓亦可光临宴席。1943 年的这次仪式，后于 1958 年由富希陆口述，富育光记录，形成"大桦树林子臧姓郊祀祭纪实"[2]，再往后，其少部分内容被收入富育光、赵志忠合编的《满族萨满文化遗存调

---

① S. F. Moore and B. G. Myerhoff, Secular ritual: Forms and meanings. In S. F. Moore and B. G. Myerhoff（Eds.）, *Secular ritual*. Assen, The Netherlands: Van Gorcum, 1977.

② 原稿虽标记为由富希陆"口述"，但根据该纪实文中所载"（口述人）协助笔录满洲语，兼作齐爷的代书之事"，以及"不顾其琐碎，均收录文稿之中"等内容判断，口述人当初已经就祭祀活动的状况形成大致的文本。

查》① 中。

第一节　野祭的背景

大桦树林子距黑龙江边十余里地，原为一片密林，清代屯田后陆续被开垦为农田。该屯时有住户二百多户，以满族人居多，满族大姓有臧、关、吴、张诸姓。其中臧氏（满语 sakda hala，萨克达哈拉）② 家族是附近一带的望族，其男主人臧秋罄曾为村长。全村臧姓人家居多，多数为臧家所雇佣。臧秋罄主要从事政务，家务则由其弟及弟媳主持。

臧家藏有一份家谱，其显著特点在于女性入谱。谱书成于光绪三十年（1904 年）。据谱序记述，臧氏一族为江东六十四屯补丁屯之老户，起初以渔猎兼农耕为业，后以农业为主。康熙二十一年（1682 年）攻打罗刹时被收编入籍，在满洲正红旗牛录率领下，于雅克萨战争后屯田补丁屯。1900 年被逼过江，屯居大桦树林子，年长日久后人丁兴旺遂成望族。该谱总穆昆皆出自大桦树林子，而从前六代可查"总穆昆"（即总穆昆达，亦即哈拉达）皆由家主之妻管理，曾祖太母以下均入族谱。分村穆昆则散居各县。臧秋罄家上下二十余口人，最高长辈臧关氏六十五岁，屯人尊称其臧老奶奶，据称她原为附近名门之秀，能写一笔清秀的满文。其丈夫即臧秋罄兄弟之父，因打鱼而殒命。丈夫去世后，家政即由臧关氏主持。臧关氏重视教育，曾出资办学，在屯中口碑极好。

从以上记载中似可总结出如下几个特征：其一，臧氏家族大穆昆达通常由女性担当，其是否有实权虽不明，但大穆昆达的功能似乎在于整个氏族的聚拢上，因而可以判断其至少握有一种象征性的权力，这也正是祭祀活动所要达到的重要目的之一；其二，在家庭内部，则由丈夫掌握实权，

---

① 富育光、赵志忠：《满族萨满文化遗存调查》，民族出版社，2010，第 92～95 页。
② 萨克达氏，见于《八旗满洲氏族通谱》卷三十五。另据史禄国调查记录，该氏族无分支，有穆昆若干和族外婚单位两个，氏族萨满不能在其他哈拉甚至其他穆昆跳神（史禄国：《满族的社会组织——满族氏族组织研究》，高丙中译，商务印书馆，1997，第 36～37 页）。

但在丈夫去世后，妻子可以主权；其三，此时的社会环境较之于清代，已经发生巨大的变化。

社会环境的变迁而引发的家族内部环境的变迁，使本地事物的边界及其关系变得模糊起来，引起混乱。女性掌握大穆昆象征性权力，以及家庭内部当丈夫亡故以后妻子可掌握实权的传统，给臧老奶奶复兴本族祭礼、去除混乱提供了条件。据族人追忆，臧姓家祭曾有两次中断。第一次是因前述1900年逃难。当时一族在大桦树林子安家四年之后，方才举行秋天萨满祭祀。除家祭外，尚有山河祭。第二次中断在伪满洲国建立之时。因社会动荡不安，后于1935年秋才得以举办家祭，然无山河祭。祭祀的荒废，具体是因家主对聚拢财富的过分关注而忽视其再分配。臧氏男主人在世时，曾一心振兴家业，率领族人披星戴月耕种土地，饲养牲畜，醉心于与邻屯的富户比肩，却经常拖欠雇工工钱，对雇工的病灾也很少过问。这就引发了妻子臧老太太的怨言："畏根玛发①，你该张罗办办家祭的大事了。自从老额真走了以后，你光顾西地营的那些地和牲口了，家祭荒废，族人心散，再忙于田亩，舍本求末，忘了以礼为先的祖训，就像先不修缮好家室，不唤起众心，能御更大的风寒吗？"然而，丈夫仍不在意。于是，臧氏家族已有二十来年未曾正式举办祭礼。臧老奶奶"主政"以后，臧氏家族凡遇大事均由臧老奶奶吩咐做主，逐项办妥。首先，她将丈夫住在他屯的同族弟弟"七爷"接回来。七爷曾因祭祀荒废之事与臧家主人吵过多次，一怒之下携妻搬到外屯。其次，又将"七爷"的兄长臧博实库及其弟朱阿玛哈接回来供养，这二人均为本家族主祭大萨满。兄弟二人曾在七岁和五岁时染上天花，痊愈后又得癫痫，请过不少走屯郎中诊治而无济于事。阖族便凑钱请鄂伦春萨满看病，结论是祖上萨满要抓萨满，兄弟二人只有成巫才能痊愈。经同族长老合议后，二人遂被同时选为萨满。一次选中两名，虽较特殊，但众人不敢违拗，生怕"神祖"嗔怒，便举办祭祀，使二人承继臧氏萨满之职。然而祭祀之后，兄弟二人因家境贫寒，臧家主

---

① 畏根玛发（eigen mafa），指夫君。

人又不愿接济，便在外屯打工，长久不归，臧氏家族祭礼仍无法及时进行。本次祭祀，在臧老奶奶的亲自主持之下，就由兄弟二人执鼓，由七爷当司祭。七爷四屯通信，邀请本族本姓远住本县、外县的家人和亲戚、朋友，得到回应者达二百余户，近三百人，规模盛大。总之，臧氏由于社会环境的动荡，导致家族凝聚力降低，需要举办一次大型的仪式消除这种危机。

第二节　野祭的过程

臧氏野祭可大致分为阐述祭祀缘由的报祭、祭坛的准备及在野外连续举办数日的祭祀与欢庆几部分。其中异于满族寻常家祭之处者，为其存在"对答"的部分。

一、报祭

大祭日黎明时，由穆昆达率阖族跪在院中香斗前——由太阳未出之时即行活动以及跪在院中香斗之前的情节判断，该组行为当与北斗星有关。锅头抬黑毛祭猪一口到升斗前，猪口及四蹄用绳绑好，四蹄置于猪身两侧。选黑毛祭猪为常有的习俗；将猪捆绑过来，无疑有强制的意思，说明祭猪仅为供献给"星神"之用，而非为与"祖先"沟通。同时，将猪口绑上，应当意在防止牲猪嚎叫，将自身的痛苦传达到"神灵"之处。

两位萨满身穿全套神服，后面各有男女栽力两名。栽力上身着白汗衫，下身穿神裙，没有神服，各人均执抓鼓；萨满、栽力六人外，左有四大栽力手执洪乌，右有四小栽力手执恰拉器。在左右八小栽力后面，更有六小栽力，三女三男，每人手平举哈力玛刀。此外，置大抬鼓两面，由两位壮年手执大鼓槌；大门口外站立三名马上男儿，手执长鞭。臧氏族众则站在抬鼓和哈力玛刀仪帐之后。以上服饰，以不同的装束突出两位萨满的存在。同时，仪式意在以这种阵仗在"星神"之前展示一族的阵势，表现一族的诚意。

首先申明本次祭祀的目的所在。由两萨满同时敲响抓鼓开启仪式：大门外驱邪祈福，皮鞭连续甩响；众栽力手打响器。当萨满的抓鼓敲到大约"乌云朱"（即满语90）次的时候，众栽力止鼓，萨满兄弟击鼓报祭：

> 选定吉日，阖族举行盛大隆重的野祭，祈谢山川大地寰宇神灵保佑，子孙儿女天天喜乐满堂，年年衣食丰盈，无病无灾，人寿其昌。特恭献祭牲，请神祇恩降享祚。……所有神事我们尽力办，心里祈福的话语向众神表述，不怕苦累，敬祈天神众神多多护爱子孙，多护佑，做不周到多多担待。

萨满阐明祭祀的缘由并承诺尽全力办好后，进入牲猪的处理流程：

> 香斗前宰杀献牲猪，接血，装入血酒盅。两位察玛①站起来，降牲血浇洒，敬天，敬地，分别浇洒到主家所有墙角……象征神祇已巡视了儿孙的住室，一切由平安的福血荡涤污秽，吉祥如意。

鲜血被认为既可用来清除污秽，又可增加力量。接着，与满族还愿祭同样，"在院中点燃篝火，将猪头和猪蹄燎毛，供于香斗前"，猪全身各处割下一部分，扎在草把中，立院中神杆，祭告"天神"。此所谓"天神"，恐为萨满的各种"天"，同时这种"天神"已经成为退位神，仅从整体上干预宇宙的事物，人们在举办祭祀活动时顺便予以关照。全猪带毛烤肉，族人边烤边祈祷众神来享，烤黑焦半熟后，锅头将之放大木槽中用清水刮洗干净，在院中煮熟——以上做法，显然都是在极力模仿野外环境下的情景。

等星星出来时——牲猪的处理当经过一整天的时间——院中放大木槽

---

① "察玛"即萨满。

数个，族众以草棍、木棍为筷，围在木槽盆四周，沾盐水割烤皮肉，与糜子米合吃。饭后，所余猪肉饭菜不得拿进房中，尽量由族人用尽，在星光中送入田园旷野，扬撒供乌鸦、小兽、小鸟、小虫食用，猪骨则要埋在院中四角及烟筒下边，"可祈吉除秽"。这是当事人的观点，但其深层意义当在欲使牲猪返回"神灵"所在之处，生死肉骨后再度来到人间，这是存在于北方民族中的循环理念。想来，各种动物都由其前世转生而来，但人们无法确认其前世为何物，因而都需予以关照。"尼山萨满"的传说中便展示了各种生物在"阴间"转世的情景。①

二、祭坛的设置

天明时，阖族齐到屯外二三里远的空地上，设立祭坛、祭柱与祭棚。其实，此前已有族众在该处展开准备活动。祭址由萨满卜选，后杀公鸡一只"开祭场"，鸡血洒地，鸡骨埋入坛下。祭坛地上以彩绳、彩布装饰，四周围以小树，四边设立四门，正面向南，后门面北。正门立兽头柱六根，约九尺（3米）高，柱上刻有虎、鹿、熊、鹰、蟒、豹等。从正面入祭场，中央为甬道，正北向南处设祭坛，树旗杆、图喇杆，彩旗上绘有蟒、虎、熊、豹、猫头鹰、鹿等，神坛上摆设臧氏家族祖传瞒爷祖像，用木、石、革、茅、陶质料刻镂编绘而成，有三十余尊。祭坛两侧设有宿营帐篷，宰牲用棚及灶房，为献牲而备的牛羊圈，活鸡、鸭、野鸡笼子，小鳇鱼及其他大小活鱼的鱼槽。此外，祭场外有马桩、马圈、大车存放之地。

以上祭坛的设置较之前述阿伊努人及尼夫赫人的祭坛更为复杂。后两者的祭坛，亦均设在村庄生活区域里用木桩隔离出来的空地上。阿伊努人祭熊的神座，称为"奴夏桑卡塔"（nusyasankata），四周立高约三尺（1米）的桩子，以细竹系在一起，并以白杨削成的"木币"连接后，周围再

---

① 荆文礼、富育光：《尼山萨满传》，吉林人民出版社，2007，第398页。

围以文席，里边陈列有长短刀、弓箭、玉器及耳环等。[1] 尼夫赫人则将杀熊的地点用削制的木桩围起，顶上悬挂卷曲的刨花，以显示其为圣地。[2] 因而看来，在该区域里，祭坛的格式都是相通的。

三、野祭的过程

野祭由启鼓仪式展开，该仪式与此前的报祭仪式相近。次晨，初请"德乌特里大神"——来自传说中祖先曾经生活过的山岭的阇族最高神灵，供献各种牺牲动物和花鸟鱼虫形状的食物及各种山珍。接着，选树叶茂密的古树锯断，打掉枝叶，竖立在神案前，之后砍凿德乌特里大神神像。再用树干刻出虎、熊、豹、鹿、鹰、蛇、鱼等形象。神坛前点燃篝火，在野祭的日子里，族众都住在用松枝苇草搭建的棚中，围绕篝火日夜参祭。

四、仪式中的对话

一般满族祭礼以家祭为主，有满文神谕，言简意赅，背诵即可。而臧氏祭祀，多数祭程并无世传神谕，萨满皆由神授，口耳相传，熟记在心，一切依萨满请送诸"神祇"之情绪而定，无法未卜先知，随时随事随情自如答对。这便要求祭者满语纯熟晓彻，否则，各栽力不解其意，助阵时便"手足无措，不能侍神"。而栽力之所以不止一位，恐因神谕需要多人互相印证才能准确领会其意之故。据当事人说，由于时代变迁，谙熟满语且口若悬河者日渐稀少，本次祭祀前，两萨满亦惴惴不安，没有多少把握。然而，臧老奶奶执意诚祭不苟，理由是对"臧家诸神祇数年未尽孝道之心，务应均按祖制行之"，足见其对仪式中答对的重视。

---

① 藤本秀贤，『アイヌ』，写本，1917，第2~3页。

② J. G. 弗雷泽：《金枝——巫术与宗教之研究》，汪培基、徐育新、张泽石译，商务印书馆，2012，第800~801页。

为准确解读神谕，臧氏野祭藏有祖传的《臧氏察玛比特曷》，即"臧氏萨满本子"。凡萨满、栽力必先学习该本，谙熟其礼义，方可在祭典上效劳。据称，从前不少氏族都有类似的本子，只因后来仅余家祭，此册便遭忽视而至消失。本子中所记均为满语日常动作类词语，约有词条五千条，汇集满语口语词语并参照《五体清文鉴》中的词类编成。词条以类排序，从天文、地理及至花鸟鱼虫等均有，丰富而详细。

而野祭上需要答对的问题，如前所述，则带有随机性。对于跳野神时哪部分问题居多的提问，臧拔什库回答："这事儿不好说，主要看萨满请神降临都请干什么，期望神都帮助解决什么事，答对就是回答这方面的事情。所以，神前答对，实际上就是人间要急办的急难问题，请祖先神灵和各方面负责此项专门技艺的神祇，告诉该具体怎么操作，怎么去顺利如愿地实现。"就此可以判断，答对是有一定的目的和主题的。

据称，这些问题可分为祈问年景及生产状况、卜问前程及休咎状况、诊治各种杂症状况等类别。在此基础上，还需同承担某一项专务的"神祇"做进一步的答对，以"确认是何神，该神有何喜好、秉性、脾气，为办好这宗降神程式，主家得有什么准备或有何特殊准备，请送神祇中有何禁忌和规训"等。这些内容都需要使用满语在萨满与栽力之间对答，因而据称，只有话语想得细致、周全，答对虔诚可悯，才会引起"神祇"的同情。故此，在萨满祭祀特别是野祭中，答对尤为重要。为此，世代臧姓萨满都会告诫大小萨满承继人："对满语答对务须严谨用力，不能马虎、应付，而是要用准确词句，该是什么词就得用什么词，说鹰不能说是鸡，说南向不能说成北向，是冷是热，是急是缓，是来一位或者来几位，带什么家具、兵刃、医药、器皿，一定要答对千真万确。"按照臧拔什库的看法，"有些家主只重视祭程、祭祀形式，如此壮观、隆重，似乎神祇们就高兴了。不是的，关键是萨满的迎神素质，还有栽力们的答对技能达到何种层次，是最为紧要的。这就要求答对的用语，一定要极为诱惑神祇，迷醉神祇，使神祇听后义无反顾，乐而效力"，因而，"栽力的责任最为重要"。为达到这样的效果，栽力就要自如使用满语日常口语，"神祇们都习惯用老满洲口语唠嗑，都是方言方音，这在神降时，萨满所说的话就会清楚地觉察到，甚至竟用些古时方言，一听就有百多年前老人到你面前来了"。

按照这种说法，准确的答对自然是为求得"神灵"的欢喜，以便用迷惑的手段得到"神灵"的帮助。然而，若再深入一层，似可看出他们是要以满语而非汉语对宇宙万物加以切分，只有这样，才能与先前的切分结果对接上，并在此基础上，觉察到其中的差异，或予以修正，或予以创新。同时，萨满严格要求承继者答对时声音一要洪亮，否则"神灵"便听不清楚，即使族众也难以辨听；二要不能慌慌张张，须逐字把话语说清楚；三要条理清楚，事情须一件件讲明白，"不能混成一锅粥"，分不出主次。这些要求都从侧面显示出与"神灵"准确沟通，以及将沟通结果与族众分享的重要性。

满族臧氏的野祭注重语言的准确性，切合罗素所主张的"原子主义"。这种主张认为，实在由简单而有明确边界的事实所构成，语言则由简单而有明确边界的表述所构成。通过仪式，臧氏家族将与"神灵"之间模糊的关系通过语言确定下来，使其边界变得清晰。"神"的意志通过萨满被模糊地提起，再由栽力们予以精确表述。这一过程又是即兴的，此系关键之所在。

历史的进程会随着知识的增长而改变，"假如有增长着的人类知识这样一种东西的话，那么，我们今天就不可能预见我们明天将知道什么"[1]，因而臧氏家族需要不时地加以重新抉择。仪式并非为了单纯的重复，也非对于既定路径的确认，而是在遇到混乱状态或在进路不确定时的一种自由选择。因而，当臧氏家族陷入一种迷茫状态时，他们需要以在仪式中对话的方式明确边界，以便对社会规律及人与事物之间的关系进行重新定义和

---

[1] 卡尔·波普尔：《历史主义贫困论》，何林、赵平译，中国社会科学出版社，1998，第3页。

确认。

臧氏所祭的表现为各种食物链顶端动物的这种"神灵",实为自然事物及其运行规律,而自然事物又包括各种物件及其相互关系。社会环境的变动及家族内部关系的变迁,会使事物的轮廓持续发生变化,因而就需要与"神灵"进行对话,对其轮廓不时地予以重新确认。另一方面,人与宇宙间的整体性关系,亦因知识的增长而需要进一步层次化,应对其予以切分,亦需对其边框予以重新确认。而对话之所以是即兴的,是因为感觉是"此时"的,是对旧有框架的一种否定——旧有的框架是由萨满嘴里的古老方言所提示的。而"此时"可能正是最近一段时期困扰族群的各种疑问,这些疑问使一族陷入某种存在主义的困境里。

由于满族的宇宙观是整体性的,外部事物可从整体上被全部纳入自己的范式之内,因而对他们而言,世上没有解决不了的问题。同时,他们又通过宗教建有明确的愿景,所以或积极或消极地顺应由"神灵"指定的路径前行即可。而要"神灵"指明路径,只需通过精确的仪式即可实现。因而,其要点在于:必须要有仪式;在仪式上随机解决具体的问题,并灵活制定路径;决定野祭的对话是随机的。"必须要有仪式"的需求(亦即一种最低的需求)由程式化的家祭即可完成,而随机产生的问题则需由野祭来解决,这是野祭之所以存在的原因所在。

在野祭中,萨满的感觉通过语言被组织起来,进而传达给在场的所有族人。萨满的感觉含糊而神秘,是隐喻的和整体性的;栽力的整理则现实而明确,是转喻的和具体的。祭者通过语言,形成一个"神灵—萨满—栽力—族人"的连接过程。然而,不论是家祭还是野祭,都是通过程式和行为去表达的,因而其隐喻、象征的色彩自然就浓厚,于是,就需要以直接对话的方式将整体予以分层,以众人熟悉的语言去确认事物的轮廓。

野祭这种形式较家祭当更加古老,似可将其视为家祭的原型。清代,满族在执政以后,其野祭渐趋衰微,被程式化的家祭所替代。程式化的仪式其方便之处在于,只要正确举行仪式,便可轻松达到与"神灵"沟通的目的。而随机应变的应答则需要特殊的技能,因而其操作变得越来越难,也就逐渐萎缩。究其背后的原因，恐首先在于满族母语的"丢失"。其次为社会环境的变迁，这种变迁导致氏族危机的救助方式发生改变。再次则为乾隆朝《钦定满洲祭天祭神典礼》的示范效应。这几种因素共同作用，最终促使满族的祭祀收敛至注重程式化的仪式上。

结　语

生态人类学家罗伯特·内亭（Robert Netting）认为，当地社会大多数人是实际的、理性的行为者，他们在环境和生计方面的经验知识经常比那些"客观的"（objective）科学家要深；人们并没有关于环境的正确认识，但他们摸索出了长期实用的解决办法。因此人们与自然之间取得的平衡是实际行为的结果，而不是仪式上自我平衡的设计，并且操作起来是不需要他们——操作者的知识的。与此相对，罗伊·拉帕波特（Roy Rappaport）关注的则是仪式和信仰，他认为生态系统的"文化"（cultural）认知模式和"客观"（objective）运作模式之间是分离的。①

从满族祭祀活动的例证看，连接人与环境的是表现为氏族组织与"动物之主"信仰的"操作系统"。这两者是该操作系统的两个侧面，而非两个事物，其核心则是其所处的生态环境。生态环境是决定因素：人与猎物相遇具有或然性，而操作系统的"作用"就在于应对这种或然性，实现生计系统的平衡，从而实现社会的平等。因而，内亭所强调的"经验知识"以及拉帕波特所强调的仪式和信仰，在这里实际上只是这个"操作系统"的两个侧面罢了。

---

① 内亭：《文化生态学与生态人类学》，张雪慧摘译，载《民族译丛》1985 年第 3 期。

人们批评早期文化生态学，认为其没能够充分考虑到人对环境的影响，而这些影响本应当被视为一个相互依存的自然－人类系统的组成部分。这种批评显然是在沿着斯图尔特的方向前进了一段时间以后返回头来所做的批评。实际上，在研究美国西南部土著人肖肖尼后，斯图尔特提出了"核心文化"，即文化中与维持生命的活动及经济结构具有密切关系的集团特性，随着时间的推移，因其所利用的特定或"有效"环境（土壤、气候等）而变化，又会反过来促使其他文化特征即"次级文化"（社会组织）的形成。按照这一"核心文化"的观点，环境和文化之间在形成文化变迁的过程中是互动作用的。这一想法实际上为文化生态学奠定了基础。

斯图尔特在考察这种文化变迁的时候，自然就要将生计系统中文化与生态这两个侧面分割开来。接下来的研究者就是在此基础上讨论这二者的关系的，然而似乎是在纠正前期对于生态决定作用的强调，生态这一决定作用反而被忽视。斯图尔特在了解文化变化的过程和原因时，是站在一种"可能主义"的视点去解释当历史和环境提供选择机会的时候，一种文化是如何做出选择这一问题的。他强调，在文化的变迁中，生态因素是一个重要的决定因素，尽管可能不是唯一的决定因素。他认为文化生态学就是要研究环境对文化的影响，认为作为文化载体的人的特征取决于其所处的特殊类型的生态环境。

不论内亭还是拉帕波特，他们都认为很多当地社会之所以能够最终维持自己的生计，都是由于其能以自身的社会和文化手段来取得生计系统的某种平衡。不过，在人们究竟是以何种方式实现这种平衡的问题上，他们之间却产生了分歧。拉帕波特将关注的焦点放在仪式和信仰上，认为在生态系统中，"文化的"认知模式和"客观的"运作模式之间是相互分离的。他们之间最主要的差别就在于，内亭认为认知模式（人们理解自身环境的方式，即主位的角度）和操作模式（一个客观的外界研究者预想的人与环境之间联系的方式，即客位的角度）之间的差距是维持生计的关键问题，而拉帕波特将此差距视为解决问题的最大希望。[①]

内亭认为，在一个具体的社会环境里，人们总是努力选择能够最大限度地满足自己需要的事物，然而，对于这些所要选择的物质的影响因素，人们却只能模糊地意识到。内亭意识到，有关本地的动植物及其他资源的丰富知识，生活在不同地区的人们通常都有所积累。人们之所以能够很好地适应并生活在边远落后的环境中，可能正是因为具备了这些知识。研究这些小型社会系统的重要方面，在于了解人们对其所处环境的认识达到何种程度以及在这样的环境中如何行动等问题。"更重要的是，从来没有一个人以一种全无偏见的、理智的、精确的方式适应周围环境。每个人所继承的文化只是应付各种事物的手段的总和，过去证明它们是有价值的，可是对目前来说也许就没有过去那样大的作用。"[②]

内亭这种强调当地人具有丰富本地知识的想法，实际上带有"最佳觅食模式"的意思，只是他们的这种对应环境的知识体系又是模糊的，不为当地人所明确意识到罢了。而拉帕波特在注重仪式和信仰的同时，实际上也强调了这种知识体系具可操作性的一面。拉帕波特将文化认知模式与操作模式分离开来以后，分析前者对后者的影响。而在内亭那里，二者是模糊地混合在一起的。

然而实际上在这样讨论的时候，他们又都撇开了斯图尔特所强调的生态的要素。生态在其中所起的核心作用在这些讨论中并不在场。如果将生态的要素同时添加进来的话，那么这些讨论所关注的原本就是个人与生态环境之间发生关联方式的问题。一方面，在许多当地社会那里，从主位（emic）的角度看，人与环境之间的界线分割与现代是不同的。另一方面，从客位（etic）的角度看，联结人与环境的实际上是一个操作系统，这个操作系统具有几个不同的侧面，而这些侧面就包括内亭所强调的模糊的经

---

① 拉帕波特和内亭在观点上存在分歧，这种分歧与"冷战"前经济人类学界有关形式主义（formulistic）与实质主义（substantivic）之差的争论相呼应。

② 内亭：《文化生态学与生态人类学》，张雪慧摘译，载《民族译丛》1985 年第 3 期，第28 页。

验系统以及拉帕波特所强调的仪式和信仰。同时，如斯图尔特讨论文化变迁方式时所暗示的那样，人与环境之间又是互动的。

传统上，满－通古斯民族连接人与生态的操作系统，其"硬核"是基本社会单元如满族的"托克索"或北方通古斯的"乌力楞"这样的组织①。连接人与生态操作系统的一个侧面就是生计活动"经验"。该社会基本单元就是存在于世界各地狩猎采集社会的"队群"，其功能与世界上其他地方发挥类似作用的组织是没有什么不同的。支撑"托克索"的基本理念就是重视生计活动的"经验"，丰富的经验可以保证集团的存活，这要比枪支或者马匹等生产工具重要得多。连接人与生态操作系统的另一个侧面则是有关"动物之主"的信仰或观念。"他们对于山的崇拜更是突出的。……他们认为一切野兽都是属于山神所有和饲养的，猎手之所以获得这些产品，不是别的，乃是山神'恩赐'的结果。"② 如前所述，这种"动物之主"的观念在北方民族中普遍存在。"动物之主"也被称为"野兽之母"或"野兽之父"，是支配特定种类的动物或全体动物的"精灵"，是使狩猎文化具有特征的表象之一。"动物之主"与其各自的强弱或支配范围等相对应，多少存在阶层组织。而"动物之主"与人的关系对于狩猎、渔捞活动具有决定性意义。如果破坏"动物之主"的情绪，狩猎的好运就将不会降临，因而，猎人就会努力保持与"动物之主"的良好关系。

满－通古斯民族试图以这种主动结识、祈求神灵的方法，战胜这些现象带给人的不方便等。这些不便，并非像通常人们所认为的那样是他们难以抗拒和克服的东西。实际上他们通过祈求神灵的方式已经"克服"了不便。禁忌的遵守意味着和"神灵"达成了协议，因而只要遵守协议（通过牺牲、崇拜、敬畏等），"神灵"就会答应送来食物。这种古老的施加于自然的方式与现代人的思维模式有根本的区别。最为显著的是，现代社会的

---

① "乌力楞"向被译作"家庭公社"，区别于较之更大的社会组织"氏族公社"。然而，两者可能并无包括的关系，其功能完全不同。前者与氏族外婚制有关，后者与生计活动方式有关。因而，两者之间并不存在"过渡"的问题。

② 秋浦等：《鄂温克人的原始社会形态》，中华书局，1962，第90页。

人，知道人的能力以及时间空间都是有限的，在自然面前也是无力的，具有收敛的理性。因而，哪怕是小小的一步，现代人也要把已知的有限能力尽量往前推进，努力扩大人的可能性，从而也使科学技术得到促进。而传统的狩猎民则相信人的能力是无限的。自然界存在着支配、统驭其自身的存在，而人们只要与其保持友好的关系，人及对象之间所期望的某种关系便可得到维持，于是作为自然之一部分的人的宇宙世界，其秩序便可得到维护。此超自然的存在便是"动物之主""精灵"或"灵魂"。① 不过，日、月、山川或野兽本身有时也会成为崇拜或祭祀的对象。当然，这是狩猎民从狩猎、渔捞等生计活动的经验中积累而来的，他们熟知鸟兽的习性，也可正确预知天气等。

他们关于世界的根本看法体现在具体的操作模式中，在他们从事狩猎生产时，也有不少的禁忌要遵守。如在打猎的时候，他们忌讳说"我们打围去"或"我们是同猎者"等话语。在行猎长分配给每个猎手任务以后，不能说"你能打到……"，只能说"你可能有运气"，或"老天爷可能给你点东西"。因为在他们的意识中，收获猎物是"神"的"赏赐"，如果说出了打猎或是打到什么野兽，将会引起"神"的"不满"。由于他们把野兽看作是"山神"所饲养的，故高山峻岭、悬崖绝壁被视为"山神"隐居的所在，每逢遇到必定要加以献祭。②

总之，像托克索或乌力楞这样的操作系统，具有重视生计活动经验以及信仰"动物之主"两个侧面。而决定此操作系统的主要侧面则是他们所处的"生态"环境。此生态的要素内包于托克索或乌力楞当中，是其赖以成立的一个重要因素。这一侧面不是与"人"相对立的，只是我们在讨论

---

① 既从精神的侧面也从物质的侧面把握灵魂，可谓原始灵魂观的特色。按照西方哲学原理，人由灵魂与身体共同构成，因而可称其为二元论的人论，其灵魂仅有一个，且以此统一身体的各种机能。而原始灵魂观则认为，人有数个灵魂寄宿且这些灵魂实际上亦可分为两种。即原始灵魂观虽为二元论的，但其并非是肉体与灵魂上的二元论，而是在灵魂当中可发现与身体具有密切关联的灵魂和不为身体所束缚的灵魂的二元论。因而可见，其对于世界的分割，与现代社会存在很大的区别。

② 秋浦等：《鄂温克人的原始社会形态》，中华书局，1962，第91页。

这一问题的时候，需要将托克索或乌力楞的生态的侧面从中分离出来罢了。而从"科学"的角度看，在他们所处的生态中，人与猎物之间存在相遇的不确定性。他们出去打猎经常会空手而归，有时为了打到一头犴，猎人可能得在一个地方蹲守数日。[1] 有时候连续数日遇不上猎物，他们就得靠捕鱼充饥。[2] 因而，只是由于存在这样的"生态"要素，托克索或乌力楞这样一种组织方式才有成立的必要。有了这样一种组织状态以后，满－通古斯人观察、接触乃至操作环境就都是通过托克索或乌力楞来进行的。

---

① 唐戈：《在森林　在草原》，新疆人民出版社，2000，第58页。

② 秋浦等：《鄂温克人的原始社会形态》，中华书局，1962，第42页。

参考文献

一、专著及历史文献类

［1］班札罗夫. 黑教或称蒙古人的萨满教：蒙古文［M］. 乌云毕力格，编译. 呼伦贝尔：内蒙古文化出版社，2013.

［2］波普尔. 历史主义贫困论［M］. 何林，赵平，译. 北京：中国社会科学出版社，1998.

［3］勃罗姆列伊. 民族与民族学［M］. 李振锡，刘宇端，译. 呼和浩特：内蒙古人民出版社，1985.

［4］大间知笃三，等. 北方民族与萨满文化：中国东北民族的人类学调查［M］. 辻雄二，色音，等，编译. 北京：中央民族大学出版社，1995.

［5］弗雷泽 J G. 金枝：巫术与宗教之研究［M］. 汪培基，徐育新，张泽石，译. 北京：商务印书馆，2012.

［6］富育光，荆文礼. 天宫大战　西林安班玛发［M］. 长春：吉林人民出版社，2009.

［7］富育光，赵志忠. 满族萨满文化遗存调查［M］. 北京：民族出版社，2010.

［8］格尔茨. 文化的解释［M］. 韩莉，译. 南京：译林出版社，1999.

［9］何晓芳，张德玉. 满族历史资料集成：民间祭祀卷［M］. 沈阳：辽宁民族出版社，2016.

［10］吉田祯吾. 宗教人类学［M］. 王子今，周苏平，译. 西安：陕西人民教育出版社，1991.

［11］荆文礼，富育光. 尼山萨满传［M］. 长春：吉林人民出版社，2007.

［12］拉帕波特. 献给祖先的猪：新几内亚人生态中的仪式［M］. 赵玉燕，译. 北京：商务印书馆，2016.

［13］利奇. 文化与交流［M］. 郭凡，邹和，译. 上海：上海人民出版社，2000.

［14］辽宁省图书馆古籍部. 八旗满洲氏族通谱：影印本［M］. 沈阳：辽沈书社，1989.

［15］凌纯声. 松花江下游的赫哲族：影印本［M］. 上海：上海文艺出版社，1990.

［16］刘厚生. 清代宫廷萨满祭祀研究［M］. 长春：吉林文史出版社，1992.

［17］马克. 黑龙江旅行记［M］. 吉林省哲学社会科学研究所翻译组，译. 北京：商务印书馆，1977.

［18］麦肯齐，等. 生态学：影印版［M］. 北京：科学出版社，2000.

［19］帕森斯. 社会行动的结构［M］. 张明德，夏翼南，彭刚，译. 南京：译林出版社，2003.

［20］清太祖武皇帝实录［M］//潘喆，李鸿彬，孙方明. 清入关前史料选辑：第一辑. 北京：中国人民大学出版社，1984.

［21］秋浦，等. 鄂温克人的原始社会形态［M］. 北京：中华书局，1962.

［22］史禄国. 北方通古斯的社会组织［M］. 吴有刚，赵复兴，孟克，

译. 呼和浩特：内蒙古人民出版社，1985.

[23] 史禄国. 满族的社会组织：满族氏族组织研究［M］. 高丙中，译. 北京：商务印书馆，1997.

[24] 斯大林. 马克思主义与民族问题［M］//中共中央马克思恩格斯列宁斯大林著作编译局. 斯大林全集：第2卷. 北京：人民出版社，1953.

[25] 宋和平，孟慧英. 满族萨满文本研究［M］. 台北：五南图书出版有限公司，1997.

[26] 泰勒. 原始文化［M］. 连树声，译. 上海：上海文艺出版社，1992.

[27] 唐戈. 在森林　在草原［M］. 乌鲁木齐：新疆人民出版社，1999.

[28] 特纳. 象征之林：恩登布人仪式散论［M］. 赵玉燕，欧阳敏，徐洪峰，译. 北京：商务印书馆，2006.

[29] 特纳. 仪式过程：结构与反结构［M］. 黄剑波，柳博赟，译. 北京：中国人民大学出版社，2006.

[30] 维特根斯坦. 哲学研究［M］. 李步楼，译. 北京：商务印书馆，2000.

[31] 沃尔夫. 欧洲与没有历史的人民［M］. 赵丙祥，刘传珠，杨玉静，译. 上海：上海人民出版社，2006.

[32] 无名氏. 盖州瓜尔佳氏宗谱书［M］. 手抄本，1924.

[33] 无名氏. 瓜尔佳纳音关氏谱书［M］. 铅印本，1937.

[34] 无名氏. 赫舍里王氏族谱全书［M］. 手抄本，1924.

[35] 无名氏. 辽滨塔瓜尔佳氏家祭［M］. 手抄本，1944.

[36] 无名氏. 钮祜禄氏礼仪［M］. 手抄本，约清代中叶.

[37] 无名氏. 他塔喇氏宗谱［M］. 印刷本，约清代晚期.

[38] 无名氏. 佟赵全书［M］. 手抄本，1940.

[39] 阎崇年. 满学论集［M］. 北京：民族出版社，1999.

[40] 伊利亚德. 神圣的存在：比较宗教的范型［M］. 晏可佳，姚蓓

琴，译. 桂林：广西师范大学出版社，2008.

［41］伊利亚德. 神圣与世俗［M］. 王建光，译. 北京：华夏出版社，2002.

［42］伊利亚德. 宗教思想史［M］. 晏可佳，吴晓群，姚蓓琴，译. 上海：上海社会科学院出版社，2004.

［43］永吉县民间文学集成编委会. 吉林省民间文学集成：永吉县卷［M］.内部资料，1988.

［44］于敏中，阿桂. 钦定满洲源流考［M］. 台北：文海出版社，1966.

［45］张伯英，等. 黑龙江志稿［M］. 哈尔滨：黑龙江人民出版社，1992.

［46］张佳生，何晓芳，关克笑. 满族文化史［M］. 沈阳：辽宁民族出版社，1999.

［47］BARTH F. Ethnic Groups and Boundaries：The Social Organization of Culture Difference［M］. Bergen，Oslo，Troms：Universitets for laget，1969.

［48］CHAUSSONNET V，CENTER A S，INSTITUTION S. Crossroads Alaska：Native Cultures of Alaska and Siberia［M］. Washington DC：Arctic Studies Center，1995.

［49］ELIADE M. Patterns in Comparative Religion［M］. New York：Seed & Ward Inc.，1958.

［50］FRAZER J G. The Golden Bough：A Study in Magic and Religion［M］. London：Macmillan Company，1925.

［51］MOORE S，MYERHOFF B. Introduction：Secular Ritual：Forms and Meanings［M］// Assen und Amsterdam：Van Gorcum，1977.

［52］SAHLINS M. Historical Metaphors and Mythical Realities：Structure in the Early History of the Sandwich Islands Kingdom［M］. Ann Arbor：University of Michigan Press，1981.

［53］SHIROKOGOROFF S M. Psychomental Complex of the Tungus

［M］. London：Kegan Paul and Co.，Ltd.，1935.

［54］CHAUSSONNET V. Crossroads Alaska：Native Cultures of Alaska and Siberia［M］. Washington DC：Arctic Studies Center，1995.

［55］WEBER M. The Theory of Social and Economic Organization［M］. New York：Free Press，1997.

［56］間宮林蔵. 東韃紀行［M］. 北斗社，1911.

［57］民生部社會司禮教科. 滿洲旗人の祭祀に就て［M］//宗教調査資料：第6輯，1939.

［58］鳥居竜蔵. 満蒙の探察［M］. 万里閣書房，1928.

［59］藤本秀賢. アイヌ［M］. 写本，1917.

［60］鈴木正崇. 東アジアにおける宗教文化の再構築［M］. 風響社，2010.

［61］煎本孝. 东北アジア诸民族の文化动态［M］. 北海道大学図書刊行会，2002.

［62］青島俊蔵. 蝦夷拾遺・熊胆・熊皮［M］. 写本，1786.

［63］知里真志保. 知里真志保著作集：第3巻［M］. 平凡社，1973.

［64］赤松智城，秋葉隆. 満蒙の民族と宗教［M］. 大阪屋号書店，1941.

［65］佐々木長左衛門. アイヌの熊狩と熊祭［M］. 佐々木豊栄堂，1926.

［66］松宮觀山. 蝦夷談筆記［M］//高倉新一郎. 日本庶民生活史料集成（第四巻）探検・紀行・地誌・北辺篇. 三一書房，1968.

［67］岸上伸啓. アイヌの飼い型の送り儀式と北方交易［M］. 民博通信，1997.

二、论文类

［1］波·少布. 多克多尔山祭奠仪式研究［J］. 黑龙江民族丛刊，

1987 （2）：31－34.

　　［2］定宜庄. 神树崇拜与满族的神杆祭祀［J］. 北方民族，1989 （1）：100－106.

　　［3］贡特玛赫尔，索罗蒙诺娃，王桂珍. 阿穆尔河流域土著民族的种族联系［J］. 北方文物，1994（2）：118－121.

　　［4］关纪新. "后母语"阶段的满族［J］. 满语研究，2009（2）：100－103.

　　［5］郝时远. 对西方学界有关族群（ethnic group）释义的辨析［J］. 广西民族学院学报：哲学社会科学版，2002，24（4）：10－17.

　　［6］内亭，张雪慧. 文化生态学与生态人类学［J］. 世界民族，1985 （3）：23－29.

　　［7］王明甫. "民族"辨［J］. 民族研究，1983（6）：1－23.

　　［8］张佳生. 满族的八旗意识与国家意识：清代满族民族意识的形成发展（续）［J］. 满语研究，2013（2）：104－109.

　　［9］张杰. 清代满族萨满教祭祀神杆新考［J］. 社会科学辑刊，2003 （5）：99－104.

　　［10］张敏杰. 吉雅其神画像研究［J］. 北方文物，2004（1）：70－77，114.

　　［11］HALLOWELL A I. Bear Ceremonialism in the Northern Hemisphere ［J］. American Anthropologist，1926，28（1）.

　　［12］KYOSUKE K，MINORI Y. The Concepts behind the Ainu Bear Festival：Kuma matsuri［J］. Southwestern Journal of Anthropology，1949，5 （4）.

　　［13］LEACH E R. Ritualization in Man in Relation to Conceptual and Social Development［J］. Philosophical Transactions of the Royal Society，1966， 251（772）.

　　［14］TREKHSVIATSKYI A. At the Far Edge of the Chinese Oikoumene： Mutual Relations of the Indigenous Population of Sakhalin with the Yuan and

Ming Dynasties〔J〕. Journal of Asian History, 2007, 41 (2).

　　〔15〕大井晴男. 熊祭りの起源をめぐって〔J〕. 考古学雑誌, 1997 (1).

　　〔16〕大林太良. 熊祭の歴史民俗学的研究：学史的展望〔J〕. 国立民族学博物館研究報告, 1985 (2).

　　〔17〕大塚和義. アイヌの動物飼育〔J〕. どるめん季刊/人類学・民俗＝民族学・考古学, 1997 (7).

　　〔18〕渡辺仁. アイヌの熊祭の社会的機能並びにその発展に関する生態的要因〔J〕. 民族学研究, 1965 (3).

　　〔19〕野茂樹. 江戸期におけるアイヌの霊送り儀礼：和人が記した記録からその様相をみる〔J〕. 環太平洋・アイヌ文化研究, 2006 (5).

　　〔20〕佐藤孝雄. 飼熊儀礼の研究：現状と課題〔J〕. BIOSTORY, 2013 (20).